KB130049

▲

**행동투자학의
최전선에서
밝혀낸**

▼
▲

제3의
부의 원칙

▼

THE BEHAVIORAL INVESTOR

Copyright ⓒ Harriman House Ltd.
Originally published in the UK by Harriman House Ltd. in 2018,
www.harriman-house.com All rights reserved

Korean Translation Copyright ⓒ 2020 by Chungrim Publishing Co., Ltd.
Korean Translation published by arrangement with Harriman House Ltd.
through Imprima Korea Agency

이 책의 한국어판 저작권은 Imprima Korea Agency를 통해
Harriman House Ltd.사와의 독점 계약으로 청림출판㈜에 있습니다.
저작권법에 의해 한국 내에서 보호를 받는 저작물이므로
무단전재와 무단복제를 금합니다.

행동투자학의
최전선에서
밝혀낸

제 3 의
부의
원칙

대니얼 크로스비 지음 | 조성숙 옮김

THE
BEHAVIORAL
INVESTOR

DANIEL
CROSBY

청림출판

한 그루의 나무가 모여 푸른 숲을 이루듯이
청림의 책들은 삶을 풍요롭게 합니다.

통장을 살찌워 준
내 인생의 투자서

나는 금융 전문가나 투자자들과 30년 동안 무수한 거품과 붕괴, 광기와 파산을 함께 겪으면서 확고한 믿음이 생겼다. 성공한 투자자와 실패한 투자자를 가르는 분수령은 자기 행동을 조절할 수 있는지 여부다. 월스트리트에서 난다 긴다 하는 사람들과 동료로서, 혹은 그들 밑에서 30년을 일하다 보니 자연스럽게 확신이 들었다. 세계 최고의 금융 지식을 갖춘 천재일지라도 그에 걸맞은 자기 이해가 없다면 투자에서는 아무 소용이 없다. 모든 탁월한 투자에서 핵심은 행동투자behavioral investing다.

나는 2012년부터 대니얼 크로스비와 함께 모험을 시작했다. 그는 우리 회사의 금융 전문가들이 말은 쉽지만 실천은 어려운 '행동 알파behavioral alpha' 개념을 확실히 파악하도록 체계적 기본 틀을 마련하는 작업에 합류했다. 행동 알파란 쉽게 말해 건전한 투자 행동에 대해 교육받은 투자자들이 거두는 초과 실적을 의미한다. 첫 교육이 성공적인 결과를 내어 우리는 대니얼과 제휴를 맺고 행동재무학 프로그램을 강화한 아웃컴 센터Center for Outcomes를 창설했다. 이 센터는 정식으로 재무 자문을 받고서도 고집을 꺾지 않는 50%의 고객을 설득한다는 것을 목표로 세웠다. 아무리 훌륭해도 고객을 실천으로 이끌지 못하는 자문은 좋은 자문이 되지 못하기 때문이다.

이 책에 나오는 개념들은 투자심리 서적을 종합적으로 고찰하고 여기에 수년간의 현장 실무를 결합한 결과물이다. 이론과 실제가 결합할 때 비로소 우리는 우리 자신이라는 최대 강적으로부터 우리 개개인을 보호할 수 있다.

새 책을 펼칠 때마다 나는 미지의 지식에 한 걸음 들어설 것이라는 기대감에 잔뜩 설렌다. 나는 어떤 새로운 지식을 배우게 될 것인가? 내가 애지중지하는 신념에 의구심을 가지게 될 것인가? 내가 새로 얻은 정보가 내 삶의 방식을 바꾸게 될 것인가? 꽤 많은 투자서가 케케묵은 개념과 아이디어를 재탕하는 수준에 그치지만, 이 책은 완전히 새로운 투자 계획과 패러다임에 필요한 비전을 제시한다.

대니얼이 이끄는 여행은 깜짝 반전이 있는가 하면 어느샌가 아득히 먼 곳까지 나아가고, 가끔은 기묘하기까지 하지만 언제나 유익하다. 원숭이와 금융시장을 비교한다거나, 괴상한 독일 마을과 현상 유지를 원하는 마음을 비교하면서 복잡한 이야기를 술술 읽히게 하는 재주를 뽐낸다. 독자 여러분은 사람을 먼저 이해하지 않으면 시장도 이해할 수 없다는 진실을 머리 깊이 새기게 될 것이다. 대니얼은 인간 행동이라는 미궁을 능숙하게 안내한다.

우리의 뇌는 무엇보다 정교하지만 장기 투자 실력은 여전히 어설프고 모자란 부분투성이다. 대니얼은 과학과 역사를 효과적으로 혼합해 그 사실을 입증한다. 우리는 지구라는 행성에서 가장 진화했지만, 현대의 삶이 요구하는 것에는 아무 준비가 안 된 종이기도 하다. 그러나 이 책에서는 마지막에 희망을 보여준다. 대니얼이 우리 인간 종의 단점을 줄줄이 나열한 이유는 우리가 그토록 쉽게 빠지는 심리적 함정의 덫에서 벗어날 해결책을 알아보는 눈을 길러주기 위해서였다.

이 책에서 선보인 재치 있고 지혜롭고 열정적인 온갖 아이디어는 내 통장을 살찌워 주었고 내 인생도 풍요롭게 해주었다. 최고의 투자서는 자신을 이해하지 못하면 부의 성장도 없다고 말하는 공통점이 있고, 이 책 역시 더 새롭게 발전한 시각에서 금융 세계를 이해하게 해주는 귀감이다.

이 책은 우리를 생각하게 하고 질문하게 하고 웃게 하는 귀한 투자서다. 독자 여러분도 내가 경험한 재미와 충격을 고스란히 느끼게 될 것이라고 자신한다.

— 노린 D. 비먼Noreen D. Beaman, 브링커 캐피털 CEO

인간을 먼저 이해하고
투자를 시작하라

이 책의 목표는 가장 종합적인 자산 운용 안내서가 되는 것이다. 대단히 거창한 목표다. 나도 인정한다. 그러나 이 정도로 원대한 꿈은 꿔야 책을 쓴다는 비합리적인 일을 시작이라도 해볼 용기가 생기지 않겠는가.

이러한 탄생 목표에 구색을 갖추기 위해서라도 포트폴리오를 구성하는 세부 사항에 들어가기 전에 인간 본성을 구석구석 여행하는 작업부터 진행하고자 한다. 우리는 우리 인간이 '왜' 그런 결정을 내리는지 깊이 이해한 다음에야 '어떻게' 투자를 해야 하는지 작은 단서나마 얻을 수 있기 때문이다.

이 책은 총 4부로 이뤄져 있다.

제1부에서는 합리적 투자 결정을 방해하는 사회학적·신경학적·심리학적 요인을 설명한다. 독자들은 외부 요인이 어떻게 선택에 영향을 미치는지를 조금은 더 이해하고, 나아가 자유의지를 다른 방식으로 생각하게 되면서 존재론적 문제까지 고민하게 될 것이다.

제2부에서는 투자 행동에 영향을 미치는 네 가지 중요한 심리 성향을

소개한다. 인간의 행동이 아무리 복잡하다 해도 우리의 투자에 크게 영향을 미치는 심리 성향은 그 네 가지로 종합된다. 독자들은 자신의 행동을 조금은 더 이해하고, 좀 더 겸손해지고, 세상에서 좋은 일을 해야겠다는 마음도 깊어질 것이다.

제3부에서는 제1부와 제2부의 '어떻게 해야 하는가?'를 조명하면서 앞 장에서 소개한 문제점을 극복하는 데 도움이 될 실제 방안을 제시한다. 제3부까지 읽고 나면 자신을 믿는 마음이 크게 줄고, 세상을 예측하기가 불가능하다는 인식에 마음이 불편해질 것이다. 그래도 걱정하지 말기 바란다. 희망이 없지는 않다.

제4부에서는 이른바 패시브 투자와 액티브 투자와는 다른 '제3의' 투자 방법을 제시하고, 우리 인간의 상황적·행동적 결함을 상쇄하면서 부를 관리하기 위한 기본 틀을 알려준다. 가치 투자와 모멘텀 투자 같은 일반적 투자 접근법에 깔린 심리적 기반을 조금 더 이해하게 되고, 더나아가 모든 성공 투자의 핵심에는 항상 심리학이 자리하는 이유가 무엇인지도 알게 될 것이다. 제4부까지 읽은 독자는 지금 쓰는 투자 접근법을 완전히 뒤바꿔야겠다는 생각이 들 것이다. 그리고 투자 접근법을 뒤집은 것이 옳은 결정이었다고 확신하게 될 것이다.

진정한 의미의 부는 재무적 안녕만이 아니라 심리적 안녕과도 크게 관련이 있다. 나는 이 책이 독자 여러분이 부에 대한 전체적 이해를 한층 높이는 계기가 되기를, 그리고 수익률이 높아지고 모임에서 대화를 주도하는 실력까지 높이는 계기가 되기를 희망한다.

더 멋진 세상으로 나아가게 되기를.

|차례|

PART 01

우리의 투자를 가로막는 장애물

PART 02

투자를 결정짓는 심리학

PART
01

우리의
투자를
가로막는
장애물

THE
BEHAVIORAL
INVESTOR

DANIEL
CROSBY

Chapter 01

사회학적
장애물

"왜요, 나는 아침 먹기 전에 적어도 여섯 가지 불가능한 일을 상상하곤 했어요."
— 루이스 캐럴(Lewis Carroll), 《이상한 나라의 앨리스(Alice in Wonderland)》

당신은 지금 최고급 항공기의 일등석에 앉아 있다. 조금 있으면 당신이 긴 휴가를 보낼 하와이를 향해 이륙할 것이다. 당신은 쉬는 날도 없이 야근을 밥 먹듯 했다. 자리에 앉아 승무원이 환영 인사로 건네는 샴페인 잔을 받으니 뻐근했던 목과 어깨의 긴장이 풀리는 느낌이다. 게다가 옆자리 승객도 괜찮아 보인다. 그 사람과 기내에서 흔히 주고받는 인사말을 나눈 뒤 대화를 시작하니 지루한 비행시간도 후딱 지나가는 느낌이다.

이륙하고 한 시간 후 비행기가 난기류를 만난다. 그래도 아주 불쾌하지는 않다. 팔걸이를 꽉 움켜쥐면서 옆 좌석 사람과 우연찮게 손을 맞잡는 기회가 생겼기 때문이다. 가벼운 웃음에 두려움이 사라지지만, 비행기가 계속 심하게 흔들리면서 보통 폭풍우가 아니라는 걱정이 든다. 기내를 돌아보니 승무원들이 걱정 가득한 표정으로 무언가를 하고 있는 것이 보인다. 비바람이 순식간에 격렬해졌고, 비행기가 덜컹거릴 때마다 당신은 속이 심하게 메슥거린다. 이륙 전에 안전하고 편안한 비행을 장담했던 사무장의 목소리에 지금은 두려움이 가득하다. "머리를 숙이세요! 불시착 충격에 대비하세요!" 비행기가 한쪽으로 기우뚱하면서 흔들린다 싶은 순간 승무원이 크게 외친다.

의식을 차리고 보니 저기 100미터쯤 떨어진 곳에 비행기 잔해가 보인다. 최악의 상황이 벌어졌다. 당신 말고 생존자는 아무도 없는 것 같다. 두 손으로 움켜쥔 머릿속에서는 수천 가지 복잡한 시나리오가 펼쳐진다. 이랬을 수도 있고, 저랬을 수도 있다. 그리고 '이제 뭘 해야 하지?'라는 생각도 든다. 그런데 갑자기 이상한 소리가 들린다.

벅벅. 벅벅. 쿵.

낯선 환경을 두리번거리던 두 눈은 이내 이상한 소리가 들려오는 진원지를 발견한다. 우그러진 우리에서 나는 소리였다. 우리에는 '애틀랜타 동물원 소유'라는 작은 푯말도 붙어 있다. 우리 안에 있는 것의 정체도 알게 되었다. 그것은 앙골라 콜로부스 원숭이였다.

인간 대 야생동물

이 사고실험을 더 진행하기 위해 수색대가 당신이 추락한 무인도를 발견하는 데 18개월이 걸리고, 비운의 비행기 사고 생존자인 당신과 원숭이는 그때까지 알아서 살아남아야 한다고 가정하자. 구조대가 도착했을 때 당신과 원숭이 중 누가 더 잘 살고 있을 것 같은가? 솔직히 대답하자. 오지 한가운데 떨어져 살아남아야 하는 처지라면 당신이나 나보다는 원숭이가 더 잘 적응해서 살 것이 분명하다. 구조대의 눈에 들어온 당신은 햇볕에 건강하게 탄 것이 아니라 허옇게 탈색되어 뼈만 남았지만, 앙골라 콜로부스 원숭이는 소풍 나온 꼬맹이들의 웃음소리에서 벗어난 자유를 만끽하기라도 하듯 행복하고 튼튼하게 잘 살고 있다.

유발 하라리Yuval Noah Harari는 TED 명강연 '천국의 바나나'에서 이 낯선 사고실험을 다소 짓궂게 뒤틀어 제시한다.[1] 이번 비행기에는 승객 1000명과 원숭이 1000마리가 함께 탔고, 다행히 전부 생존해 무인도에서 살아가게 되었다. 1년 반 뒤 해안에 구조대가 도착했을 때도 앞서 실험과 똑같은 장면이 펼쳐질까? 아닐 것이다. 두 번째 시나리오에서는 인간이 훨씬 유리한데, 인간에게는 위대한 사회와 기능적인 자본시장을 건설하는 능력이 있고 유기적으로 협력할 수 있는 능력도 있기 때문이다.

벌이나 개미 등 일부 동물도 서로 협력을 잘한다는 것은 하라리도 인정한다. 그러나 그들은 엄격한 계층 구분을 지키며 협조할 뿐이다. 역사가들은 벌은 여왕벌을 내치기 위해 쿠데타를 획책하거나 벌 공화국을 세우려고 여왕벌을 암살하지도 않는다고 일축한다. 벌도 개미도 위대한 집단을 이루기는 하지만, 그들의 인지능력은 어떤 유연성도 발휘하지 못하기 때문에 먹이사슬의 상층부로 올라가는 능력이 제한되어 있다. 반면에 원숭이는 고도의 지능을 가지고 있고 사회를 복잡하게 구성할 수는 있지만, 의미 있는 사회적 상호작용을 나눌 수 있게 해주는 집단 구성원의 수가 제한되어 있다. 심리학자들은 인간의 경우 그 수가 약

150명 정도라고 하는데, 이것은 우리의 영장류 형제들의 사회적 능력을 평가하기에도 좋은 척도다. 원숭이는 사회적 관계를 나누는 무리 구성원의 숫자가 100을 넘어서면 동료를 제대로 파악하지 못하기 때문에 서로의 행동 방식이나 성격, 의도를 정확히 판단하기가 힘들다. 결국 원숭이 문명의 크기와 복잡성에는 상한선이 쳐질 수밖에 없다.

벌이 타고난 위계와 규율에 맞춰 조직을 이루고 원숭이가 끈끈한 사회적 상호작용으로 집단을 이룬다면, 인간이 동물의 왕국에서 최정상에 오르는 기적을 이룬 이유는 사회적 서사에 맞춰 행동하는 성향을 가지고 있기 때문이다. 한마디로 말해 우리 인간은 세상에 대한 스토리를 만들고는 그 스토리가 진짜라고 믿으며 행동한다. 하라리는 걸작 《사피엔스Sapiens》에서 이렇게 말했다. "우리가 아는 한, 오직 사피엔스만이 본 적도 만진 적도 냄새 맡은 적도 없는 모든 실체에 대해 대화를 나눌 수 있다."[2] 원숭이는 "강가에 카리부 한 마리가 있어"라고 말할 수는 있지만, "강가에 있는 카리부는 우리 도시의 신성한 수호자야"라는 말은 하지 못한다.

실재하지 않는 것을 말하는 능력이 있기에 우리 인간은 모든 종류의 사회적 구조를 만들어서 예측 가능한 행동을 하고 신뢰를 기를 수 있다. 앨라배마주, 가톨릭교회, 미합중국 헌법, 인간이 가진 양도 불가의 시민권까지. 이것들은 엄밀히 말해 '실재'하지 않지만, 우리는 그것이 진짜로 실재한다고 믿고 그렇게 행동한다. 그리고 그런 신념이 밑거름이 되어 상호 신뢰가 깊숙이 뿌리내린 질서 정연한 문명이 탄생한다.

집단 전체가 허구를 만들고 받아들일 수 있는 능력이야말로 "(…) 사피엔스는 세상을 지배하지만 개미는 우리가 남긴 부스러기를 먹고, 침

팬지는 동물원에 갇혀 살게 된"이유다.[3]

　인간 종이 지배 종이 된 것이 허구를 만들고 그에 관한 신념을 공유하기 때문이라면, 그중에서도 최고의 허구는 바로 '돈'이다. 하라리는 이에 관해서도 거침없이 의견을 말한다. "돈은 인간이 만들어낸 가장 보편적이고 효율적인 상호 신뢰 체계다."[4] 물론 이 종잇조각은 열심히 노력하고 꿈을 꾸고 그러다 좌절하는 우리의 인생에서 본질적으로 아무런 가치도 지니지 못한다. 우리가 공유하는 돈과 자본시장이라는 환각이 가진 것은 물리적 가치가 아니라 심리적 가치다. 인간의 정신이 금융시장을 탄생시켰다. 그러므로 금융시장의 창세 신화에 관한 적절한 배경 지식도 없이 금융시장을 이해하려 드는 것은 대단히 어리석은 짓이다. 사람을 이해하지 못하면 시장도 이해할 수 없다.

축복인가, 저주인가

아이의 탄생과 잠 못 드는 밤은 함께 오고, 당신이 떼돈을 벌면 사촌이 배 아파한다. 인생에서 누구에게나 공평하게 좋은 일은 거의 없다. 인류의 가장 위대한 선물도 마찬가지인데, 주식시장의 탄생을 이끈 서사의 응집력은 우리가 이 시장에서 잘못된 결정을 내리도록 종용하기도 한다. 휴고 머시어Hugo Mercier와 댄 스퍼버Dan Sperber는 《이성의 엔진The Engine of Reason》에서 인간의 이성은 엄밀하고 엄격하게 '정확히' 발휘하기 위해서가 아니라, 우리 종이 성공하도록 주춧돌이 되어 준 공통의 신념을 안정적으로 정착시키기 위해 진화했다고 주장한다.[5]

동물과 인간 모두에게 적용할 수 있는 신념 실험의 예를 생각해 보면 두 저자의 주장이 좀 더 확실하게 이해된다. 철저히 믿었던 신념에('내가 지지하는 정당의 당원들은 똑똑하고 친절하다.') 반대되는 생각이 들면 고통스러운 인지 부조화가 생길 수 있다. 굳건했던 믿음을 흔드는 잘못된 정책이나 무능한 지도부, 정당 방침과 엇갈리는 과학적 현실 등 명백하고 객관적인 증거가 나타나도 정치 신념은 변화에 대단히 강하게 저항한다. 공동체가 공유하는 신념은 인류를 단단히 묶는 아교와도 같아서 그 결속력을 끊기가 결코 쉽지 않다. 열혈 당원이었다가 심경에 변화가 생긴 사람은 사회적으로 큰 비용을 치르게 되고, 친했던 사람들이 떠나가며 사회적 유대마저 끊기고 '내가 틀렸어'라는 뼈아픈 현실에 직면해야 한다. 이런 심경의 변화는 아무리 논리적이고 타당한 것일지라도 우리를 인간으로 만드는 그 무언가를 크게 좀먹는다.

여기, '이 근처에는 사자가 없어'라고 굳게 믿는 가젤 한 마리가 있다. 그러나 이 가젤도 덤불이 바스락거리며 흔들리는 모습을 보면, 곧바로 달음박질을 쳐야 한다. 그러지 않으면 잡아먹힌다. 동물은 아주 기본적인 의사소통만 가능하고, 생각도 이진법적으로만 한다. 사자가 있는가, 없는가? 도망쳐 숨을 것인가, 아니면 가만히 있다가 잡아먹힐 것인가?

동물보다 생각의 폭도 깊이도 훨씬 넓고 깊은 인간은 그에 걸맞게 자기기만과 비합리적 행동도 무궁무진하게 한다. 인간처럼 복잡하게 사고하는 가젤이 있어서 풀숲이 흔들리는 것을 보고도 온갖 이유를 들며 사자가 아닐지도 모른다고 생각한다면, 순식간에 맛있는 먹이가 될 것이다. 뛰어나지도 않은 객관적 사고 능력에 몰입하는 가젤은 오래 살지도 못하고, 자손을 낳아 개체 수 증가에 기여하지도 못할 것이다.

그러나 인류는 다르다. 오히려 집단주의와 비이성적 만용은 인류의 개체 수 증가에 크게 기여할 수 있다. 우리 인간은 내집단in-group 충성을 거의 으뜸으로 치기는 하지만, 자신을 과대 포장하고 '타인'을 깔보고 과학을 멀리하는 사람들이 최고 권력자가 되어 타인의 존경을 받게 되는 일도 많다. 머시어와 스퍼버의 주장처럼, "주지주의자intellectualist 관점에서 보기에는 괴상하고 바보 같고 전혀 말도 안 되는 정신적 습성이 사회적 '상호작용주의자interactionist' 시각에서 볼 때는 대단히 현명한 처신일 수 있다."[6]

주식시장의 예외 규칙

주식시장에서는 휴리스틱heuristic(체험적 발견)이라는 예외가 있는데, 여기서는 사회적 결합력이 논리에 우선한다. 당신은 사회에 모나지 않게 융합되어야 하지만, 투자에서는 남을 앞서야 한다. 당신은 에고를 보호하도록 프로그래밍 되어 있지만, 시장에서 성공하려면 에고를 이겨야 한다. 뇌에서는 '왜 그런가?'라는 질문이 더 자연스럽지만, 투자자는 '왜 안 되는가?'라고 질문하는 법을 배워야 한다. 우리의 도시와 교회, 건국 문서, 자본시장이 존재할 수 있는 이유는 우리가 불가능한 것에 충성을 바치기로 같이 맹세했기 때문이다. 결국 당신을 인간으로 만드는 것은 공통의 신화와 신념에 대한 신뢰다. 그러나 무언가를 하지 않는 방법을 배워야 당신은 투자자로 성공할 수 있다.

"거북이 밑에 더 큰 거북이가 있지요"

1988년에 발표한 《짧고 쉽게 쓴 시간의 역사A Brief History of Time》에서 고故 스티븐 호킹Steven Hawking은 세상의 본질을 알고 싶어 하는 우리의 욕망과 본질을 탐구하는 과정에서 우리 인간이 이따금 저지르는 비논리적 행태를 상징적으로 보여주는 일화 하나를 소개했다.

"한 유명한 과학자가 한번은 천문학을 주제로 공개 강연을 했다. 그는 지구가 태양 주위를 어떻게 공전하며, 태양은 은하라고 불리는 방대한 별 무리의 중심을 어떻게 도는지 설명했다. 강연이 끝나고 뒷자리에 앉아 있던 작은 체구의 노부인이 일어서서 말했다. '다 말도 안 되는 소리예요. 세상은 거대한 거북이의 등에 올라앉은 평평한 접시 모양이에요.' 과학자는 득의양양한 미소를 지은 후 반문했다. '그럼 그 거북이는 무엇을 밟고 있는 건가요?' '젊은 양반, 다 안다고 생각하나 본데요.' 노부인이 대답했다. '거북이 밑에 거북이가 있고 밑에 또 거북이가 있죠.'"[7]

과학자들, 사제들, 철학자들은 태곳적부터 세상의 근원을 찾으려 노력했다. 그들이 추구한 과정은 완벽하지는 않았지만, 충분히 긴 연대를 살펴보면 몇 가지 인상적인 결과를 거두기는 했다. 고대 연금술이 그 예다. 오늘날 우리는 연금술을 비금속을 금으로 바꾸려는 욕심일 뿐이라고 착각하지만, 연금술사들이 최종적으로 추구하는 목표는 '가장 밑에 있는 거북이'를 찾아내는 것이었다. 루이스 토머스Lewis Thomas는 이렇게 적었다.

"연금술은 인간이 가진 가장 깊숙하고 오래된 소망의 표출로서 아득히 먼 옛날부터 시작되었다. 그것은 세상의 이치를 발견하고 싶다는 소망이었다. 이 작업 가정 – 지상의 모든 것은 단 하나의 태초 물질로부터 만들어졌다는 가정 – 이 그 후 수 세기에 걸쳐 최초의 물질을 분리해 그것을 연금술사가 원하는 것으로 재배열하려는 연구를 이끌었다. 만약 그 물질을 찾을 수만 있다면 인간이 이해하지 못할 것은 아무것도 없을 것이었다."[8]

이 광범위한 관점에서 본다면, 금융시장의 모든 관계자는 시장 현상의 근원을 찾으려 노력하는 연금술사라고 보아도 무방하다.

자본시장의 근원적 진실을 찾으려는 노력은 단지 철학적 성찰 주제이기만 한 것은 아니다. 그 반대다. 무엇이(여기서는 누가) 자본시장의 근원을 이루는지 이해하는 것은 더 나은 투자 결과를 거두는 데 필요한 첫걸음이다. 초기 원자론에서 상상한 원자는 작은 볼베어링 모양이었다. 다시 말해 단단하고 폐쇄된 구체 모양이었다. 그 후에는 쪼갤 수 없는 것으로 여겨졌고, 심지어 아원자 입자의 모양도 처음에는 잘못된 형태로 제시되었다. 처음에 학계는 전자가 태양계를 이루는 행성들처럼 양전하 구름 속을 떠다닌다고 생각했다. 그때도 우주는 본질적으로 여러 개의 아주 작고 작은 우주들로 이뤄져 있다고 가정했다. 질서와 대칭을 원하는 인간 욕구에는 더할 나위 없이 아름다운 가정이었지만, 기술記述 모델과 예측 모델을 세우는 데는 슬프게도 쓸모없는 가정이었다.

초기 원자 연구처럼 금융시장 연구도 이론을 고집하는 태도에 발목이 잡혀, 실제 적용 가능성보다는 수학적 우아함에 더 치중했다. 전통적 금융 패러다임의 저변에는 시장 참가자들이 '합리적'이라는 확고한 믿음이 깔려 있다. 여기서 말하는 합리성에는 크게 두 가지 특징이 있다. 첫째, 합리적 시장 참가자들은 언제라도 정보에 접근할 수 있고, 새로운 정보를 얻는 즉시 자신들의 생각을 바꿀 수 있다. 둘째, 합리적 시장 참가자들은 주관적 기대 효용Subjective Expected Utility, SEU에 어긋나지 않는 결정을 내린다. 주관적 기대 효용 이론은 1954년 레너드 J. 새비지Leonard J. Savage가 발표한《통계학의 기초The Foundations of Statistics》에서 처음 소개되었다.[9] 새비지의 설명에 따르면 어떤 선택을 했을 때 얻을 개인적 효용의 크기를 재단한 다음, 그 효용이 실제로 일어날 가능성에 따라 선택의 가부를 결정한다.

신고전경제학의 기대치 이론이 맞다면, 우리도 이런 종류의 고상한 사람일 것이다. 상상만으로도 기분 좋은 생각이다. 우리는 장기적 건강을 위해 균형 잡힌 영양 식단을 선택할 것이다. 주식시장의 하루하루 등락에 일희일비하지 않고 대신에 우리 개인의 목표와 니즈에 충실한 장기적 시각으로 시장을 바라볼 것이다. 선거에서도 지연이나 편견에 휘둘리지 않고 말만 잘하기보다는 국가와 공익을 위해 최대한 헌신할 정치 지도자에게 표를 줄 것이다. 인류가 이렇게 고상한 종이라면 얼마나 좋겠는가. 그러나 인간과 시장에 대한 이런 주관적 기대 효용 이론은 원자를 작은 행성과 비슷하게 가정하는 개념처럼 기술적으로도 예측적으로도 아무 효용이 없다. 그 대신 우리는 패닉과 비만과 편견에 사로잡힌 군중이 되어 우리 본성의 선한 천사에 호소하기보다는 최악의 인간성을 증폭하는 지도자에게 표를 던진다.

원자를 있는 그대로 보게 된 후에야 우리는 원자의 힘을 진짜로 이용할 수 있었다. 원자로 도시에 불을 밝힐 수 있게 된 것도, 도시를 완전히 무너뜨릴 수 있게 된 것도 우아한 원자 해부 모델을 버리고 정확한 모델을 세운 덕분이었다. 금융시장도 마찬가지다. 금융시장을 이끄는 인간 본성을 해명하지 못한 상태에서 시장을 이해하는 것은 용도가 제한적이다. 원자는 물질의 기본 단위다. 세포는 생명체의 기본 단위다. 단어는 언어의 기본 단위다. 그리고 인간은 시장의 기본 단위다.

다음 장에서는 투자 결정을 내릴 때 관련이 있는 인간에 대한 생물학, 신경학, 심리학을 자세히 살펴볼 것이다. 다음에 나올 내용에 놀랍기도 하고 우습기도 하고 어쩌면 당황스러울 수도 있다. 그러나 내용에서 눈을 떼지는 못할 것이다. 당신 자신을 이해한 후에야 진정한 부의 성장이 시작되기 때문이다.

핵심 체크

- 친사회적인 허구의 스토리를 공동으로 약속함으로써 신뢰를 구축하는 능력이야말로 인류의 가장 큰 자산이다.
- 이렇게 공동 약속한 허구의 서사 중에서도 가장 소중하게 떠받들어지고 가장 잘 기능하는 서사는 자본시장과 돈에 관한 서사일 것이다.
- 이렇게 공동의 서사를 강조하면서 우리의 이성은 객관적 기준보다는 사회적 기준 위주로 사고하게 된다.
- 인간은 자본시장의 기본 단위다.
- 따라서 자본시장 이론도 인간 본성을 이해하는 만큼만 발전할 수 있다.

뇌에
투자하라

"나는 뇌야, 왓슨. 내 나머지는 부록일 뿐이야."
– 아서 코난 도일(Arthur Conan Doyle), 《셜록 홈스 사건집》 중 〈마자랭의 다이아몬드(The Adventure of The Mazarin Stone)〉 편

밀레투스의 탈레스는 자연철학 학파의 창시자이며, 아리스토텔레스와 함께 고대 그리스 7현자였다. 델포이의 아폴로 신전에 짧은 지혜의 말을 새겨 넣는 일을 맡은 탈레스는 인간에게 가장 어렵고 중요한 일이 무엇이냐는 물음을 받았다. 그의 대답은 간단했다. "너 자신을 아는 것." 그다음으로 인간에게 가장 무익한 일은 무엇이냐는 질문에는 "조언을 하는 것"이라고 곧바로 대답했다.

투자자에게는 안된 일이지만 월스트리트에 조언은 넘칠 정도로 많은 반면, 자신을 아는 투자자는 아주 드물다. 이런 상황은 이따금 재앙과도 같은 결과를 불러온다. 그러나 우리는 다행히 지금부터라도 바로잡을 수 있다. 자신을 아는 것이 성공 투자의 필수 요소라면, 그 앎의 행위가

자리한 곳보다 더 좋은 출발점은 없다. 그곳은 바로 뇌다.

뇌는 늙었고, 배고프고, 참을성이 없다

연상기억법은 고대 그리스 때 발명되었고, 그 후 대대로 많은 학생이 즐겨 사용해왔다. 약어로 만들건('명복을 빕니다'를 뜻하는 'R.I.P Pluto!'), 운율이나 시각 효과를 이용하건, 지금도 많이 사용되고 있다는 것은 연상기억법이 효과가 있다는 증거다. 나 역시 투자를 논하기 전에 연상기억법을 이용하여 뇌를 이해하기 위해 뇌에 관한 중요한 사실 세 가지는 꼭 기억하라고 말하고 싶다. 트위드 재킷을 입은 70대 노인이 오후 4시에 고기 뷔페에 있는 모습을 상상해 보자. 뇌는 딱 이 노인과도 같다. 뇌는 늙었고, 배고프고, 참을성이 없다.

늙은 뇌

진화적 관점에서 보면 우리 인간은 오래된 종이 아니기 때문에 뇌가 늙었다는 것은 공정하지 않은 말이기는 하다. 그러나 우리가 살아가고 이용하는 현대 환경에 비하면 우리의 뇌는 아주 많이 늙었다. 제이슨 츠바이크 Jason Zweig는 《머니 앤드 브레인 Money and Brain》에서 이렇게 말했다.

"호모 사피엔스는 거의 20만 살이나 되었지만, 인간의 뇌는 그때보다 별로 성장하지 않았다. 1997년에 고인류학자들은 에티오피아에서 15만 4000년 전의 호모 사피엔스 두개골을 발견했다. 그 두개골 안에 담겼던 뇌의 부피는 약 1450세제곱센티미터 정도 되었을 것으로 짐작된다. (…) 평균적인 현대인의 뇌 크기보다 작지 않다."[1]

우리의 뇌는 지난 15만 년 동안 비교적 정체되어 있었지만, 뇌가 처리해야 하는 세상의 복잡성은 기하급수적으로 증가했다. 지금의 주식시장과 같은 공식적인 자본시장이 생긴 지는 불과 400년 정도밖에 되지 않았다. 딱 잘라 말해, 우리의 정신 하드웨어는 세월을 따라잡지 못했다.

오늘날 투자자의 행동에는 진화의 흔적이 고스란히 남아 있지만, 그렇게 행동해야 할 이유는 사라진 지 오래다. 옛날 우리 조상들은 추운 가을과 겨울을 버티기 위해 봄과 여름에 열심히 식량을 비축했을 것이다. 희한하게 현대에도 봄과 여름에는 저축과 투자가 늘어나는 편이다. 계절성이나 과거 실적, 광고, 유동성 요구의 영향을 통제하고 측정한 결과도 마찬가지다. 이런 결과는 미국과 캐나다가 비슷했고, 북아메리카와는 계절이 거의 정반대인 호주에서도 비슷하게 나타났다. 선조들처럼 식량을 저장해야 할 필요는 없어졌지만 현대 투자자들은 가혹한 가을과 겨울을 이겨내기 위해 봄과 여름에는 조금 과감하게 위험을 감수하는 것이 분명하다.[2]

진화를 거치면서 우리의 늙은 뇌는 두 가지 일을 처리하는 이중 뇌 구조를 가지게 되었다. 우리의 뇌는 원시적 구조와 함께, 초기 설계에는 들어 있지 않았던 위험과 보상에 대한 분석이라는 새로운 임무를 처리하는 구조도 가지고 있다. 공격 피하기와 같은 원시적 행동을 이끄는 뇌의 감정 중추가 금융 리스크 정보를 처리하는 작업에도 관여하는 것이 뇌 스캔에서 드러났다. 모든 포유류에 존재하는 이 감정 중추는 애초에 정밀한 사고가 아니라 재빠른 반응을 만들기 위해 설계된 투박한 설비였다. 조금도 미루지 않는 빠른 반응은 다람쥐가 올빼미로부터 도망가는 데는 도움이 될지 몰라도, 투자자에게는 도움이 되지 않는다. 대규모 연구에서도 입증되었듯이, 투자자는 행동을 적게 할수록 수익을 많이 낸다.

뱅가드Vanguard 산하의 펀드에서 투자를 전혀 바꾸지 않은 계좌와 자주 투자를 바꾸는 계좌의 실적을 비교했다. 짐작하겠지만 '한 번도 바꾸지 않은' 계좌가 빈번하게 매매한 계좌의 수익률을 가뿐히 앞질렀다. 행동경제학자 메이어 스태트먼Meir Statman은 스웨덴의 연구 결과를 인용해, 고빈도 매매 트레이더들은 거래 비용과 잘못된 시장 타이밍 때문에 매년 계좌 가치가 4%씩 하락하고 있으며, 이 결과는 전 세계에서 공통으로 나타난다고 말한다. 19개 주요 증권거래소를 봐도 매매를 자주 하는 투자자들은 장기 보유 투자자들보다 투자 실적이 매년 1.5%p를 밑돈다.

뇌의 행동 편향이 미치는 파괴적 영향에 관한 가장 유명한 연구도 매매 행동에 성 관련 편향이 존재한다는 통찰을 보여준다. 행동재무학의 선구자인 테런스 오딘Terrance Odean과 브래드 바버Brad Barber는 대형 할인 증권사의 개인 계좌를 분석한 후 놀라운 결과를 찾아냈다. 남자 투자자들의 계좌가 여자 투자자들보다 45% 거래 횟수가 많았고, 미혼남은 미혼녀보다 무려 67%나 매매를 자주 했다. 바버와 오딘의 설명에 따르면, 남자들의 매매 횟수가 더 많은 이유는 과잉 확신이며, 그런 행동의 심리적 이유가 무엇이건 수익률을 떨어뜨린다는 점은 다 같았다. 연구 대상에 포함된 남성 투자자들의 평균 수익률은 고빈도 매매 때문에 여성 투자자들보다 연간 1.4%p 낮았다. 게다가 미혼 남성은 미혼 여성보다 2.3%p나 뒤처졌는데, 이런 수익률 차이가 복리로 평생을 간다면 엄청나게 벌어진다. 결국 논점은, 무언가 행동을 하려고 하는 뇌의 진화적 편향은 원인이 과잉 확신에 있건 다른 요인에 있건 투자 수익률에 악영향을 미친다는 사실이다.

참지 못하는 뇌

뇌가 인내심을 어떻게 처리하는지 이해하기 위해 새뮤얼 매클루어Samuel McClure와 동료들은 참가자들이 즉각적인 금전 보상과 지연된 금전 보상 중 하나를 선택하는 과제를 여러 번 수행하는 동안 그들의 뇌 활동을 측정했다. 즉각 보상받기로 선택할 때는 약물중독이나 충동적 행동과도 관련 있는 부분인 복측선조체, 내측안와전두피질, 내측전전두엽피질이 모두 사용된다. 즉각적 보상이 기대되면 도파민이 분출되면서 응답자가 거부하기 힘들었다. 반대로 지연 보상을 선택하면 신중한 행동과 관련 있는 영역인 전전두엽피질과 두정엽피질이 활발하게 움직였다. 이 연구 결과에서 우리가 단기적 충동을 조절해 탐욕을 억제하는 능력에는 한계가 있으며, 모두에게 정도는 다르지만 즉각적인 보상을 원하는 성향이 바탕에 있음을 알 수 있다. 당신의 뇌는 언제라도 행동할 준비가 되어 있다. 전시에는 굉장히 좋은 자세이지만, 안락한 노후를 위해 열심히 저축해야 하는 투자자에게는 최악의 태도다.[3]

굶주린 뇌

이것으로 끝이 아니다. 당신의 뇌는 구식이고 참을성도 없을뿐더러 배고픔을 가장 많이 느끼는 신체 기관이기도 하다. 오래 쓴 아이폰처럼 당신의 뇌는 제한된 기능성과 짧은 배터리 수명으로 근근이 버텨야 한다. 뇌의 무게는 전체 몸무게의 2~3% 정도에 불과하지만, 에너지 소모량은 25%나 되고 심지어 우리가 자고 있을 때도 쉬지 않는다.[4] 이렇게 식욕이 과도하다 보니 우리의 뇌는 에너지 절약 태세에 들어갈 기회만을 호시탐탐 노리고 있으며 어지간해서는 열심히 움직이려 들지 않는다. 이것은 신체가 조화를 이루고 있다는 우아하고 자연스러운 증거인 동시에 우리가 타인의 뜻에 맞춰 설렁설렁 움직이면서 인지적 지름길에 의존하는 때도 많다는 방증이기도 하다. 이렇게 게으른 뇌는 정신적 에너지가 적게 들어가고 완벽하기보다는 대충 타협에 그치는 결정을 내리도록 이끈다. 뇌가 대충 타협해서 만든 인지적 지름길은 대부분 우리에게 아무런 해도 끼치지 않는다. 예를 들어, 익숙한 퇴근길을 아무 생각 없이 운전해도 어지간하면 큰 문제가 생기지 않는다. 그러나 나중에 살펴보겠지만, 이런 인지적 지름길은 투자 결정에는 회복할 수 없는 해를 입힐 수 있다.

• • •

인간의 뇌는 가장 정교한 기술과도 비교가 되지 않는 기적이지만, 이제는 때와 장소에 맞지 않는 기적이기도 하다. 수천 년을 기아와 전쟁과 전염병과 싸우던 생활이 끝나고 지금 인간은 훨씬 편한 사회에 살게 되었지만, 대신에 심리전은 고도로 치열해지고 있다. 현대 세상에는 기아로 죽는 사람보다 비만으로 죽는 사람이 더 많다. 매년 자살로 죽는 사람은 매년 전쟁과 테러, 폭력 범죄로 죽는 사람을 합친 것보다도 많다.

당신의 뇌는 오래전에 끝난 전쟁과 여전히 싸우고 있지만, 이제는 속도와 행동이 아니라 인내심과 일관성에 보상을 주는 새로운 전투에 맞는 무기로 재무장해야 한다.

현금은 내 주위의 모든 것을 지배한다

행동재무학을 비판하는 일부 사람들은 과제 수행 점수나 초콜릿 바가 아니라 진짜 돈을 보상으로 주면 실험 참가자들의 비합리적 행동도 사라질 것으로 가정한다. 간단히 말해, 판돈이 높아지면 몸을 더 사릴 것이라는 뜻이다. 이 비판이 맞는지 확인하기 위해 게임을 하나 해보자.

게임 참가자는 '제안자'와 '응답자' 둘이다. 게임 한 회차마다 두 사람 사이에 100달러를 올려둔다. 제안자는 자신과 응답자가 100달러를 나누는 방법을 제안해야 하고, 응답자는 그 제안을 수락하거나 거부해야 한다. 제안자는 돈을 나누는 비율을 자신이 원하는 대로 정해서 제안할 수 있다. 그러나 게임 규칙에 따르면, 응답자가 그 제안을 수락해야만 두 사람은 제안된 비율대로 돈을 나눠 가질 수 있고 거절하면 둘 다 돈을 받지 못한다. 당신이 응답자라면 제안자의 다음 제안에 어떻게 답을 할 것 같은가?

- 시나리오 1: 제안자가 돈을 50대 50으로 공평하게 나누자고 제안한다.
- 시나리오 2: 제안자가 자신이 99달러를 가지고 응답자인 당신은 1달러를 가지라고 제안한다.

1번 시나리오에서는 응답자인 당신이 흔쾌히 거래를 수락할 가능성이 크다. 공평하고 호혜적인 분배라고 생각해 '수락합니다'라고 말할 것이다. 1번 시나리오처럼 공정한 거래를 제안받으면 뇌에서는 자기 인식이나 복잡한 문제 해결과 연관된 영역인 배외측전전두엽피질이 활발하게 움직인다. 당신은 거래를 분석하고 평가한 후 서로가 '윈윈'하는 거래라는 결론을 내린다.

　그러나 2번 시나리오라면? 내 짐작이 맞는다면 당신은 그 제안에 '웃기지 마쇼'라고 대답할 것이다. 당신이 '사양하겠습니다'라고 대답한다면, 〈하버드비즈니스리뷰〉의 보고서에 소개된 사람들과 다를 것이 없다. "50% 이하의 낮은 비율을 제안받은 응답자들은 모욕감을 느끼면서 그 제안을 거부했다. 응답자들은 1달러라도 갖는 것보다는 제안자를 처벌하는 쪽을 선택했다."[5]

　응답자들의 행동은 제안을 거절했다는 점만이 아니라 다른 부분에서도 달랐다. 낮은 비율의 금액을 제안받을 때는 뇌에서 활성화되고 처리하는 영역도 완전히 달랐다! 이때는 이성적 분석과 관련된 전전두엽피질이 아니라, 두려움과 초조함 등의 부정적 느낌과 관련된 감정 처리 중추인 앞뇌섬에서 부당한 제안을 처리했다. 흥미롭게도 감정을 처리하는 이 앞뇌섬에는 소화계통에 많이 있는 방추세포라는 것이 있다. 제이슨 츠바이크가 이 세포를 설명한 표현이 재미있다. "투자가 잘못되고 있다는 '직감'이 드는 것은 상상에서 나오는 느낌이 아니다. 앞뇌섬의 방추세포에 불이 켜지면서 속이 뒤틀리는 느낌도 함께 올 것이기 때문이다."

　앞의 게임을 끝내기 전에 한 가지를 지적하자면, 응답자는 언제나 제안자의 제안을 수락하는 것이 이성적 결정이다. 분배 비율이 아무리 불공평해도, 그 돈은 어차피 응답자의 돈이 아니기 때문에 낮은 금액이라도 받아 챙기는 것이 무조건 이득이다. 그러나 어떤 행동이 이득인지 잘 알고 있어도 감정적 반응을 초월해 돈을 생각하고 공평함을 생각하기는 쉽지 않다. 논리적이냐 아니냐는 힘을 쓰지 못한다.

정통 경제학 모델에서는 돈의 효용이 간접적이라고 가정한다. 경제학에서는 돈이 우리가 원하는 무언가를 살 수 있을 때만 효용 가치를 지닌다고 가정하지만, 신경과학에서 하는 말은 다르다. 신경학적 증거에 따르면 돈은 아름다운 얼굴이나 재미있는 만화, 스포츠카, 약물 등 행동을 직접 촉발하는 다른 일차적 강화 인자와 똑같이 도파민을 분출시키는 보상이다. 우리는 돈을 돈이라는 그 자체로 좋아한다. 돈으로 무엇을 할 수 있는지는 부차적 문제다.

마찬가지로 전통적 소비 모델의 가정에 따르면, 우리가 주식 수익률에 신경 쓰는 이유는 갖고 싶고 필요한 것을 살 수 있는 재원을 마련하기 위해서다. 그러나 이 단순한 모델은 진짜 세계를 정확히 설명하지 못한다. 투자자들은 원하는 것과 필요한 것을 사기 위한 수단으로서가 아니라, 고수익 그 자체를 원하기 때문이다. 이미 상상도 하지 못할 부를 가진 거부들이 더 많은 돈을 벌기 위해 거짓말하고 속이고 훔치는 비이성적 행동을 했다는 기사를 보면, 우리 평범한 사람들은 왜 그랬는지 의아해한다. 하지만 우리의 뇌는 돈에 직접적 가치를 부여하고 더 많은 돈을 추구하면서 절대로 만족하지 않도록 프로그래밍 되어 있다.

하버드의 다른 연구에서는 돈을 잃는 게임에 참가한 피험자들의 신경 활동을 촬영했는데, 실험 결과 동기부여와 보상, 중독과 관련된 영역인 중격의지핵이 크게 활성화된다는 것이 드러났다. 이런 뇌 활동은 코카인 중증 중독자의 뇌를 찍었을 때 나오는 결과와 굉장히 비슷했다. 위험이 고조되면 빗장을 거는 사람들의 뇌 활동과는 정반대였다. 연구에 참여한 스탠퍼드대학교의 브라이언 넛슨Brian Knutson 박사는 이렇게 말한다. "돈만큼 사람에게 크게 영향을 미치는 것은 없다는 사실을 금세 알 수 있었다. 나체도 시체도 그만큼 영향이 크지는 않았다. 돈은 사람들을 들끓게 했다. 음식이 개의 동기를 자극한다면, 돈은 인간의 동기를 자극한다."[6]

회의적으로 보는 사람들은 돈이 우리에게 대단히 중요하기 때문에 우리 삶의 중심을 차지하면서 이성을 다듬어 주고 기지를 발휘하게 한다고 생각하지만, 뇌 스캔 사진은 다른 진실을 보여준다. 돈이 중요한 것은 맞다. 그러나 너무 중요하기 때문에 우리는 이성적 사고를 하지 못한다. 경제적으로 최상의 선택을 무시하고 감정적 만족을 주는 선택을 한다. 즉, 우리는 일종의 환각 상태에 빠진다.

우리는 변하지 않지만, 시장은 변한다

당신과 배우자는 저녁 약속이 있어서 시내로 외출해야 한다. 당신은 어린 자녀를 봐줄 믿을 만한 돌보미를 구하는 중이고, 가까운 친구에게 그날 저녁의 돌보미 후보 둘을 추려서 특징을 설명해 달라고 부탁했다. 친구의 설명은 다음과 같았고, 당신은 이 둘 중 한 명을 골라야 한다.

- 돌보미 1은 지적이고 근면하며 충동적인 성격이고 비난을 잘하며 완고하고 질투심이 많다고 한다.
- 돌보미 2는 질투심이 많고 완고하며 비난을 잘하고 충동적인 성격이며 근면하고 지적이라고 한다.

당신이 엄마나 아빠라면 누구를 선택할 것인가? 당신은 똑똑한 사람이므로 위에 나열한 특징이 정확히 똑같다는 사실을 알아챘을 것이다. 그런데 이상하게도 당신의 본능적 반응에서는 첫 번째 돌보미가 더 바람직한 후보라고 느껴진다. 이것은 목록이나 문장의 앞부분에 온 정보를 더 중요하게 보는 이른바 '비이성적 초두 효과irrational primacy effect'라는 편향 때문이다. 정보를 전달할 때 곧잘 생기는 초두 효과는 우리의 삶 내내 일어난다. 우리가 무언가를 처음 알게 되면서 겪는 경험이나, 무언가를 배울 때 그것이 어떤 상태였는지 등은 우리가 훗날 그 무언가를 보는 시각에 영향을 미친다. 첫 교훈이 평생을 간다.

매수, 매도, 보유 결정에 관여하는 뇌의 영역을 분간하기 위해 연구자들은 참가자들을 시장 조건이 다른 두 집단으로 나눈 후 그들의 뇌 활동을 뇌전도EEG 기술을 이용해 매핑했다. 1번 집단은 꾸준히 성장세를 보이는 시장에서 출발했고, 2번 집단은 변동성이 다소 높은 시장에서 출발했다. 참가자들은 몇 번 매매를 한 뒤 이번에는 시장 상황을 바꿔 거래를 했다. 상승세인 시장에서 출발한 참가자들은 변동성이 높은 시장으로 바뀌었고, 2번 집단은 꾸준하게 상승세인 시장으로 조건이 바뀌었다. 놀랍고도 매혹적인 결과가 나타났다. 두 집단이 미래 투자

초두 효과와 최신 효과

아래 나열한 단어를 외워 보자. 암기 시간은 딱 10초다. 10초가 지나면 무조건 책을 덮고 단어들을 암기해 본 후 책을 펼쳐 얼마나 맞혔는지 보자. 단어는 다음과 같다.

- 적
- 매년
- 긴장
- 알레르기성
- 세기
- 구멍
- 논란
- 만개
- 대퇴골

복귀를 환영한다. 얼마나 맞혔는가?

대부분 이 정도 암기하는 데 그쳤을 것이다. "적, 매년, 음. 음. 음. 대퇴골." 목록의 첫 단어와 마지막 단어는 기억했을 텐데, 심리학자들은 이런 현상을 초두 효과와 최신 효과recency effect라고 한다.

상호 행동의 처음과 마지막을 유독 잘 기억하게 되는 것은 의미 없는 낱말게임이나 장보기 목록을 외울 때만 일어나는 현상이 아니다. 초두 효과와 최신 효과는 우리의 학습 방식에서 아주 중요한 부분을 차지하고, 투자 방식에도 영향을 미친다. 초기의 투자 경험과 최근의 투자 경험은 실제보다 부풀려 기억되고, 시장에 대한 투자자의 주관적 경험도 정의한다.

두 효과에 휘둘리지 않는 방법은 얼마 되지 않는 직접 경험에 의존하는 것이 아니라 시장 역사를 꾸준히 공부하는 학생이 되는 것이다.

결정을 내릴 때 관여하는 뇌 영역은 처음에 경험한 시장 조건에 따라 서로 달랐다.

처음 경험에서 꾸준하고 안정적인 시장을 겪은 1번 집단은 규칙을 만들고 보편적이고 적용 가능한 시장 원칙을 추구하는 쪽으로 뇌 활동이 정리되었다. 연구자들의 말을 빌리면, "그들은 예측 가격과 실제 가격을 비교해 투자 결정을 내렸으며, 이성적으로 정한 규칙을 따랐다." 반대로 변동성이 높은 시장 조건에서 출발한 2번 집단은 그 후에도 시장 변동성에 대응할 때마다 1번 집단과는 전혀 다른 뇌 영역이 활성화되었다. 시장 변동성으로 일관된 규칙을 만들 여지조차 없었기 때문인지 몰라도 2번 집단 피험자들은 즉흥적으로(즉, 그때그때 감에 따라) 투자 결정을 내렸고, 시장 조건이 다소 안정적으로 변한 뒤에도 여전히 즉흥적으로 결정을 내렸다. 그들의 첫 시장 경험은 호된 상흔을 남겼고, 여건이 좋아진 뒤에도 그들은 규칙이나 최상의 행동 방침을 제대로 모색하지 않았다.[7]

투자만이 아니라 다른 활동 역시 뇌에 처음 찍힌 각인은 훗날의 결정에 관여한다. 전쟁으로 얼룩진 시리아에서 태어난 아이는 어린 시절부터 언제나 조심하는 태도가 몸에 배게 되고, 비벌리힐스에서 태어난 아이는 지금 당장 위험할 일은 전혀 없다고 생각하는 태도가 몸에 배기 마련이다. 출생지와 안전 같은 변수는 여간해선 변하지 않지만, 시장 상황은 계속 변하면서 우리 뇌에 잘못된 교훈을 각인할 수 있다. 2007년 말에 주식 투자를 시작한 사람은 때아닌 시장의 잔인한 된서리를 맞았겠지만, 1990년대 초에 주식 투자를 시작한 사람은 역사적으로 가장 호황기를 맞았던 주식시장을 경험하면서 주식 투자야말로 가장 안정적인 고수익 투자라고 생각하게 되었을 것이다.

　일상의 다른 상황에서는 아주 유용한 정신적 프로세스가 투자 세계에서만은 이상하게도 전혀 도움이 되지 않는다. 이 책이 끝날 때까지 두고두고 새겨야 할 교훈이다.

우리는 결코 만족하지 못한다

남신이건 여신이건 다수의 신이 등장하는 다른 다신교들과 다르게 불교의 주신인 석가모니는 인간의 뇌에 대해 몇 가지 날카로운 주장을 남겼다. 왕가에서 태어난 석가모니는 스물아홉 살에 작은 왕국을 물려받았다. 남들이 평생을 노력해도 갖기 힘든 것을 젊은 나이에 가졌는데도 석가모니는 만족하지 못하는 자신의 마음과 주변 세상의 불안정한 속성에 대한 깨달음을 얻었다. 젊건 늙었건, 부자건 가난하건 불만족은 모두의 공통점이었다.

　훗날 붓다라고 불리게 된 석가모니의 가르침을 보면, 인간은 궁할 때는 더 위대한 번영과 충만함을 누리는 날을 고대한다. 그러나 정작 부와 풍요를 얻고 나면 금세 익숙해져서는 더 강렬한 경험을 갈망한다. 붓다의 위대한 깨달음에 따르면, 인간의 번뇌는 천지간의 불화 때문이 아니라 자신의 마음을 다스리지 못하는 데서 오는 것이었다. 이기적인 탐심과 욕심이 세상을 살다 보면 피할 수 없는 고통과 충돌할 때 인간은 번뇌를 느낀다. 붓다는 기원전 500년 전의 사람이었지만, 뇌에 대한 한 가지 진실만은 정확하게 파악했다. 돈에 있어서라면 우리는 결코 만족하지 못한다.

보상 기대 심리는 깊은 만족감을 주지만, 보상을 받는 심리는 아무리 해도 만족하지 못한다는 것이 돈이라는 신기루를 더욱 절망스럽게 만든다. 상상 속의 보상에는 천장이 없으며, 실제로 엄청난 성공을 거뒀을 때 따라오는 (세금이나 철부지 아이들 등) 현실의 골치 아픈 문제도 생기지 않는다. 그래서 우리는 한껏 공상에 젖어 로또에 당첨되면 무엇을 하고 싶은지 마음껏 떠든다. 이런 심리에 대해 제이슨 츠바이크는 다음과 같이 말한다. "돈이 수중으로 들어오면 탐욕의 황홀감은 신경이 하는 하품 속으로 희미하게 사라진다. 원하는 만큼 이득을 얻었을지라도 말이다. 돈을 버는 것은 당연히 기분 좋은 일이지만, 돈을 버는 것을 기대할 때만큼의 기쁨은 주지 못한다."[8] 우리가 타고난 정신 프로세스는 자유롭게 풀어진 순간 불만족을 만들어낸다. 우리는 부를 갈망하지만, 그토록 오랫동안 고대한 부를 얻고 나면 부의 매력은 순식간에 반감한다. 심리학에서는 이렇게 시시포스의 바위처럼 모든 것이 원점으로 돌아가는 심리 현상을 '쾌락의 쳇바퀴hedonic treadmill'라고 부른다. 쾌락의 쳇바퀴에 이끌려 우리는 남들만큼은 살려 노력하고, 결국 실패한다.

'남들만큼 산다.' 귀에 못이 박일 정도로 익숙한 말이지만, 이 말이 우리가 생각하는 성공에 얼마나 깊숙이 각인되어 있으며 우리가 여기서 다룬 신경학적 과정이 그런 생각에 얼마나 기여하는지를 진짜로 이해하고 있는지는 의문이다. 갤럽은 매년 미국인들에게 다음과 같은 설문조사를 한다. '이 동네에서 4인 가족에게 필요한 최소한의 생활비는 얼마입니까?' 조사에 따르면, 평균 소득이 높은 응답자일수록 최소 생활비라고 답한 금액도 높여 말했다. '충분하다'는 것은 움직이는 표적이고, 우리는 이 결함투성이 신경 논리를 건드리지도 못한다. 먹고살기에 넉넉한 돈의 액수는 언제나 우리가 지금 가진 액수보다 조금 더 많기 마련이다.

선진국에서는 '상대적 부'와 '상대적 빈곤'의 개념이 굉장히 중요한 잣대로 작용한다. 선진국에도 절대적 빈곤은 존재하지만 – 미국에서도 아동 5명 중 1명은 결식아동이다 – 사회경제학적으로 중상위층 이상의 사람들은 부의 절대적 측정치가 아니라 남과 자신을 비교해 자신이 성공했는지를 가늠한다. 실제 연구에서도 돈이 행복에 미치는 영향은 오히려 부정적일수록 뚜렷하게 나타난다! 남보다 훨씬 많은 부를 가진 거부들은 행복을 막는 소소한 장애물을 즐기면서 살지만, 남보다 '가진 것이 없는' 사람들은 더 많이 가진 사람들을 올려다보며 절대적 비참함에 빠진다. 행복감 상승은 미미하고 부자가 전체 인구 구성에서 차지하는 비율은 낮다 보니, 결국 남과 비교해서 돈의 많고 적음을 따지는 성향이 커다란 슬픔을 느끼는 원천이 되는 것이다.

뇌는 우리가 남과 비교해 경제적 행복의 잣대를 재고 덧없는 행복만을 느끼게 만들지만, 우리가 가진 한계를 이해하는 것은 남과 다른 선택을 하기 위한 첫걸음이다. 실제로도 부를 외적으로 과시하고 상대적으로 부를 측정하는 성향이 서구의 모든 선진국에 퍼져 있는 것은 아니다. 스위스는 국민소득이 아주 높은 나라이지만 부의 과시에서는 백팔십도 상반되는 철학을 가지고 있다. '가졌으면 자랑하라'가 미국인의 슬로건이라면, 스위스인은 남들의 질시를 받지 않도록 '가졌으면 숨겨라'라는 태도를 지니고 있다. 스위스인들의 태도는 우리가 부를 바라보는 시각이 결정론적 인간 본성이라기보다는 어떤 특정 시각이 두드러지게 커진 것일 뿐임을 알려준다. 우리 인간의 본성은 최악의 충동이 집합된 결과가 아니다. 서로 질투하고 과욕을 부리도록 자극할지, 아니면 균형과 진정한 행복을 위해 서로 돕기로 결정할지는 결국 우리 하기 나름이다.

얼마면 충분한가?

대니얼 카너먼Daniel Kahneman은 '돈으로 행복을 살 수 있는가?'라는 고전적 질문에 답을 얻기 위해 같은 프린스턴대학교의 앵거스 디턴Angus Deaton 교수와 함께 연구팀을 꾸렸다. 그들이 얻은 답은 무엇일까? 바로 '어느 정도는 가능하다'였다. 연구진에 따르면, 돈을 적게 버는 것은 그 자체로 새로운 슬픔을 유발하는 원인이 되지는 않지만 원래 있는 걱정거리를 고조하고 악화하는 힘이 있었다. 이를테면 이혼한 사람들에게 전날 슬펐거나 스트레스를 받았느냐고 물었더니, 월 소득이 1000달러가 되지 않는 사람들은 51%가 그렇다고 대답한 반면에 3000달러가 넘는 사람들은 24%만이 그렇다고 대답했다. 지금 힘든 상황이어도 높은 소득은 그런 문제를 해결하는 데 필요한 자원과 안도감을 주는 것 같았다. 그러나 연 소득이 7만 5000달러가 넘으면, 고소득이 일상의 힘든 문제에서 오는 슬픔과 스트레스를 완화하는 효과는 줄어들었다.

연 소득이 7만 5000달러 이상인 사람들이 보이는 개개인의 차이는 돈보다는 행복감과 훨씬 더 관련 있다. 카너먼과 디턴은 왜 7만 5000달러가 마법의 숫자인지 구체적으로 언급하지 않았지만, 내 나름대로 짐작가는 데가 있다. 연 소득 7만 5000달러 이상인 가구는 안락한 집과 팬 좋은 학교, 적절한 여가 활동을 누리며 살 경제적 여유가 있다. 기본적 요구가 충족되면 그때부터 삶의 질은 돈으로 사는 행복보다는 개인의 태도와 더 관련이 깊다. 이러니저러니 해도 연봉이 75만 달러를 넘는 사람은 연봉이 7만 5000달러인 사람보다 더 안전하고 빠른 차를 살 수는 있지만, 차가 좋다고 이동 시간이 크게 줄어드는 것은 아니다. 먹고 살기에 필요한 기본 생활비를 충족한 다음의 행복과 불행은 전적으로 우리 개인에게 달린 문제라고 봐야 한다.

아름답지만 어리석은 우리 인간의 뇌

고대 그리스 철학자들은 쾌락 추구와 고통 회피라는 두 시스템으로 나뉜 뇌가 인간 행동을 대부분 지배한다고 가정했다. '너 자신을 알라'처럼 뇌를 두 시스템으로 나누는 것에도 날카로운 통찰이 담겨 있었다. 잠재적 보상이 도사리고 있음을 인지한 순간 뇌의 보상 체계는 활기를 띠기 시작한다. 신경학자이자 트레이더인 리처드 피터슨Richard Peterson 박사는 보상 시스템을 이렇게 설명한다.

"보상 체계는 중간뇌에서 시작하여 변연계를 거쳐 신피질에서 끝난다. 뇌의 보상 체계 영역 여기저기로 정보를 실어 나르는 신경세포는 주로 도파민을 분출하는 세포다. (…) 도파민이 뇌의 '쾌락' 물질이라고도 불리는 것은 뇌에서 도파민을 주로 분비하는 중추신경계에 전기 자극을 받은 피험자는 극도의 행복감을 느끼기 때문이다. 불법 약물을 투여해도 보상 체계의 도파민 전달 통로가 활성화하기 때문에 불법 약물을 은어로 '도프dope'라고 부르기도 한다."[9]

이어서 피터슨은 보상 체계를 활성화하면 "위험 감수 증가, 충동성 증가, (…) 그리고 신체적 각성 상승"의 증상이 나타난다는 것을 보여준다. 거액이 걸린 문제를 결정하는 데 결코 도움이 되는 행동은 아니다. 당연한 말이지만 두려움은 반대의 영향을 미쳐서 우리를 "소심하고 방어적이고 겁을 내고 위험을 회피하게" 한다.

다 한눈에 이해가 가는 설명이지만, 이것이 투자와 무슨 상관이 있단 말인가?

뇌가 강세장에서는 위험을 추구하고 약세장에서는 보수적으로 군다는 사실은 우리의 신경에 '싸게 사고 비싸게 판다'는 투자의 절대 규칙을 위반하는 성향이 내재한다는 의미다. 우리의 결함투성이 뇌는 실제로는 위험이 고조된 상황에서도 위험이 낮다는 주관적 판단을 내린다. 하워드 마크스Howard Marks가 '위험의 역효과perversity of risk'라고 말하는 현상이 빚어지는 것이다.

우리는 약세장일수록 고위험이라고 생각하지만, 사실 위험은 호황에서도 계속 누적되다가 약세장에서 순식간에 가시화하는 것일 뿐이다. 호황기에 투자자들은 상승장에 편승할 생각에 분별력을 잃고 위험 자산에 높은 매매 호가를 외치면서 턱없이 비싼 값도 기꺼이 치른다. 강세장 동안 위험은 중첩되지만, 모두가 돈을 벌고 도파민이 흘러넘치는 탓에 투자자 대부분은 고조되는 위험을 거의 알아차리지 못한다. 아마도 머리로는 위험을 알아차렸을지도 모른다. 그러나 뇌는 당신이 이성적인 행동을 하지 못하도록 모든 힘을 다 써서 방해한다.

도로변에 핀 꽃처럼 당신의 뇌도 아름답기는 하지만 장소를 가리지 못한다. 뇌의 구조는 아주 오래전에 버려진 장소와 목적에서나 쓸모가 있었고, 오늘날 우리는 이 부적합한 뇌를 이해할 때만 진정으로 부를 만들고 유지하는 능력을 기를 수 있다. 동물의 뇌가 바깥세상을 살피는 용도라면, 내부의 세상을 관찰하고 관조하는 능력은 오직 인간만의 것이다. 우리는 정신을 이용해 정신을 이해해야 한다. 무엇보다도, 우리 자신을 알아야 한다.

핵심 체크

- 15만 살이나 되는 당신의 뇌는 그 늙은 나이로 이제 겨우 400살인 시장을 항해해야 한다.
- 당신의 뇌 무게는 몸무게의 2~3%밖에 차지하지 않지만, 에너지는 25%를 소모한다.
- 인간은 행동하려는 성향을 타고났고, 시장은 행동하지 않는 것에 보상을 준다.
- 돈이 중요해질수록 의사 결정 능력은 올라가는 것이 아니라 떨어진다.
- 자본시장에서 한 첫 경험은 뇌에 각인되어 이후의 행동 방식에도 계속 영향을 미친다.
- 쾌락 적응이란 부가 늘어나면 기대치도 그에 비례해 증가하는 과정을 의미한다.
- 보상을 기대하는 뇌는 도파민을 분출해 우리를 감정적이고 비이성적으로 행동하게 한다. 성공에 대한 기대가 실패를 만드는 것이다.

투자자의
생리학

"남을 이기는 사람은 힘이 있는 것이며, 자기를 이기는 사람은 강한 것이다."
—노자(老子)

"돈이 없고 스타일 구겨도 / 널 웃게 해줄 여자친구가 없어도 / 걱정하지 마, 행복해지자. / 걱정하면 얼굴만 찌푸려지잖아 / 그러면 모두가 실망할 거야 / 그러니 걱정하지 마, 행복해지자. / 걱정하지 마, 이제 행복해지자."
— 보비 맥퍼린(Bobby McFerrin), '돈 워리, 비 해피(Don't Worry, Be Happy)'

보비 맥퍼린의 응원가는 1980년대 말에 세계적으로 인기를 얻었다. 그에게 그래미 올해의 노래 상, 올해의 레코드 상, 최우수 남자 팝 보컬 상을 안겨 주었을 뿐 아니라 1000장의 티셔츠까지 찍게 만드는 기염을 토했다. 조금 진지하게 읽으면, '돈 워리, 비 해피' 가사는 기분을 몸으로 내보이는 것(찡그림)과 그런 표현을 유발한 감정(걱정)의 일반적이고 직관적인 관계를 반영하고 있음을 알 수 있다. 걱정하면 얼굴이 찡그려지고, 행복하면 미소가 지어진다. 우리 생각은 그렇다.

그러나 정말로 그렇게 단순한가?

1872년, 이미 명성을 떨치고 있던 찰스 다윈Charles Darwin은 감정이 신체 상태를 유발할 수 있는 만큼 신체 상태도 감정에 영향을 미칠 수 있다는 생각에 어느 정도 신빙성이 있다고 말했다. 다윈은 《인간과 동물의 감정 표현The Expression of Emotions in Man and Animals》에서 "폭력을 휘두르는 사람은 분노가 올라간다"라고 적었다. 이것은 다윈의 독창적 주장은 아니다. 그전에 프랑스 뇌 해부학자 루이 피에르 그라티올레Louis Pierre Gratiolet가 이미 "심지어는 우연히 하는 신체 동작과 자세도 그것과 연관된 감정을 낳는다"라고 적었다. 두 위대한 과학자는 '걱정하지 마, 행복해지자'가 아니라 '걱정돼? 웃어, 그러면 행복해질 거야'라고 말하고 있었다.

신체와 감정의 관계에 대해 19세기에 나왔던 주장은 20세기 들어 실증주의를 통해 신빙성이 입증되기 시작했다. 로체스터대학교 대학원생인 제임스 레어드James Laird는 피험자들의 이마, 입가, 턱선에 전원을 연결하지 않은 전극을 붙인 후 상황이 변할 때마다 안면 근육이 어떻게 움직이는지 측정하는 시늉을 했다.

가짜 전극을 붙인 참가자들에게 레어드는 눈살을 찌푸리거나 미소를 짓거나 이맛살을 찌푸리는 등 다양한 표정을 지어 달라고 부탁한 뒤, 그들에게 여러 장의 만화를 보여주며 1~9점까지 재미 점수를 매겨 달라고 했다. 100년 전 다윈의 주장과 상통하는 결과가 나왔다. 찌푸린 표정으로 만화를 보던 피험자들은 만면에 웃음을 지으며 같은 만화를 보는 피험자들보다 재미 점수를 훨씬 낮게 매겼다.

이것보다 더 유명한 연구로는 프리츠 슈트라크Fritz Strack, 레너드 L. 마틴Leonard L. Martin, 자비네 스테퍼Sabine Stepper가 방법을 훨씬 단순화하여 진행한 공동 연구가 있다. 피험자들은 연구진이 정말로 측정하는 것이 무엇인지도 모른 채 웃음을 짓거나 찌푸린 표정을 지었다. 장애인들이 특수 사인펜으로 글자를 쓰거나 전화를 걸 수 있도록 돕기 위해 '정신 운동 협응 체계'를 측정한다는 것이 참가자들이 사전에 들은 연구 목적이었다. 피험자들은 두 방법 중 하나로 사인펜을 입에 물고 있어야 했다. 하나는 억지로 미소를 지으며 치아로 무는 것이었고, 다른 하나는 억지로 인상을 찌푸리고 얼굴을 구긴 채 입술로 무는 것이었다. 레어드의 실험과 거의 판박이 결과가 나왔다. 미소를 지은 참가자들은 만화에 평균 5.1점의 점수를 매겼고, 찡그린 피험자들은 평균 4.3점의 점수를 주었다.

이런 획기적인 연구들이 발표된 뒤로 인종차별을 없애거나 창의성을 높인다는 등 다양한 목적에서 '신체가 정신을 움직인다'는 가설을 입증하려는 응용 연구가 쏟아져 나왔다. 초기 연구를 본뜬 후속 연구들에서는 다소 복합적인 결과가 나오기는 했지만, 정신과 신체의 상호작용은 일방통행이 아니라 쌍방통행에 훨씬 가깝다는 기존 연구 결과는 뒤집히지 않았다. 인간의 생리가 투자 결정에 미치는 영향에 관해서는 아직 연구도 미흡하고 제대로 인정받지도 못하고 있지만, 반대로 생각하면 합리적인 투자자는 그 부분을 유리하게 활용할 수 있다는 말이기도 하다.

뇌는 투자가 아니라 생존에 최적화됐다

생리학과 투자의 관계에 엄연한 진실 하나를 추가해 보자. 우리의 몸과 뇌는 행복하거나 좋은 투자 결정을 내리기 위해서가 아니라 생존하고 번식하기 위해 만들어졌다. 단기 생존에 최적화된 몸과 뇌를 가진 사람에게 장기 투자자가 되라고 하는 것은 망치로 방에 페인트칠을 하라는 말과 다르지 않다. 못할 것은 없지만, 칠이 가히 잘되지도 않는다.

심신의 구조가 생존과 번식에 맞춰진 결과 중 하나가 나쁜 사건을 비대칭적으로 크게 두려워하는 손실 회피loss aversion 성향이다. 손실 회피 성향을 주도하는 것은 아주 작은 아몬드처럼 생긴 두 구조체인 편도체로, 모든 감정 반응의 중추다. 손실 회피는 진화적으로는 합당한 행동이고, 과학자들은 호모 사피엔스가 다른 종보다 오래 살아남아 먹이사슬의 정점에 우뚝 서기까지 이 편향이 크게 기여했다고 믿는다. 로스 맥더모트Ross McDermott, 제임스 파울러James Fowler, 올레그 스미르노프Oleg Smirnov가 공동 연구(2008)에서 지적했듯이, 식량 고갈은 목숨에 치명적이었기 때문에 우리 선조들은 손실 회피 편향에 따라 식량이 떨어지면 짐을 꾸리고 먹을 것을 찾아 새로운 장소로 떠날 수밖에 없었다.[1] 투자에서는 손실 회피가 비이성적인 행동이라고 조롱받지만, 그와 반대되는 유전적 기질을 가진 선조들은 그런 냉정한 판단력이 빛을 보는 시대까지 살아남지도 못했다.

실제로도 인간에게는 손실 회피가 대단히 중요하기 때문에 우리의 신체가 진화시킨 신경 표지자neural signature는 서로 특징이 뚜렷이 구분되고 뇌에서 처리되는 영역도 다르다. 금전적 이득이 기대될 때는 복측선조체의 중격의지핵이 활성화하는데, 예상했겠지만 이 영역은 긍정적 각성과 상관이 있는 부분이다. 반대로 손실 예상을 처리하는 영역은 앞 뇌섬으로, 이 부분은 신체적 고통이나 초조함이 생기거나 혐오 자극에 반응할 때 전원이 켜지는 영역이기도 하다. 거짓말 같을 수 있지만, 금전적 손실을 상상하기만 해도 물리적인 아픔이 느껴질 수 있는 것이다.

이처럼 뇌가 손실을 처리하는 특수한 방식은 충분히 짐작하겠지만 행동에도 근본적인 영향을 미친다. 스탠퍼드대학교 브라이언 넛슨 교수의 연구를 보면, 투자자들은 자기 이익에 도움이 되는 방향으로 이성적으로 행동하기는 했다. 문제는 손실이 발생한 다음부터였다. 넛슨은 연구 참가자들에게 세 가지 투자 방안을 제시했다. 한 가지는 저위험 채권 투자였고, 다른 두 가지는 위험과 보상이 불투명한 주식 투자였다. 채권 투자에서는 게임 1회당 무조건 1달러씩 보상을 받았다. 반면에 주식 투자의 보상은 들쑥날쑥했다. 첫 번째 주식 투자는 어떤 게임에서는 높은 확률로 10달러 보상을 받을 수 있지만, 반대로 낮은 확률로 10달러를 잃을 수도 있었다. 두 번째 주식 투자는 확률이 뒤집혀서, 낮은 확률로 10달러를 따는 회차가 있는가 하면 높은 확률로 10달러를 잃는 회차가 나올 수도 있었다.

넛슨은 참가자들이 투자 과제를 수행하는 동안 그들의 뇌 활동을 촬영했다. 대다수 참가자가 처음에는 이성적으로 투자에 참여했고, 투자 결정을 내릴 때도 뇌의 이성 중추가 가장 활발하게 움직였다. 그러나 그것도 예상하지 못한 손실이 발생하기 전까지만이었다. 일단 손해를 보자 뇌의 고통 중추가 각성했고, 그 후에는 이성을 잃은 결정이 자주 나오기 시작했다. 손실을 본 투자자들은 상처를 핥는 데만 몰두하면서 수익이 확실한 채권 투자를 편애하는 비합리적인 행동을 보였기 때문에 게임 전체의 수익률도 나빠졌다. 짓궂은 비약일지는 몰라도 우리의 선조를 생존하게 했던 성향이 오늘날 투자 실적을 악화하는 주범 중 하나가 되었다.

신체 상태가 투자 결정에 미치는 영향

정신과 신체의 쌍방 관계를 새롭게 이해하게 되었다면, 행동투자자는 이제 생리적 상태가 투자 결정에 현실적으로 어떻게 영향을 주는지 이해해야 한다. 이런 관계에 대한 이해가 엉성하고 무시되는 풍토가 계속될수록 먼저 이해한 사람에게는 고수익을 낼 수 있는 진짜 가능성이 열린다. 신체 상태가 재무 결정에 미치는 영향을 이해하기 위해서는 먼저 신체의 가장 중요한 역할이 항상성 유지라는 사실부터 이해해야 한다.

앞서도 말했지만, 신체의 두 가지 중요한 역할은 생존과 번식이다. 이두 가지를 다 하려면 생리적 균형을 유지하려는 작용인 항상성이 절대적으로 중요하다. 몸이 항상 유지하려는 체온은 36.5℃이다. 체온이 그 이하로 내려가면 몸은 말단의 피를 자동으로 끌어들인다. 체온이 그 이상으로 올라가면 몸은 땀을 배출해 체온을 낮춘다.

이런 과정에 조금이라도 도움을 주려고 우리는 항상성에서 벗어나면 기분이 나빠지면서 코트를 단단히 여미거나 에어컨을 튼다(나는 운동을 멈춘다). C. 캐머러C. Camerer와 G. 로웬스타인G. Loewenstein, D. 프렐레크D. Prelec는 공동 연구에서 이렇게 지적했다. "쾌락에 대한 더 현실적인 설명은 이것을 인간 행동의 목표가 아니라 항상성을 유지하려는 신호로 보는 것이다." 우리는 항상성 유지의 기준점으로 정해진 것보다 신체 상태가 위로든 아래로든 벗어날수록 나쁜 투자 결정을 내리게 된다.[2]

널리 알려져 있다시피, 딱히 나쁘지도 않고 특별할 것도 없이 여느 때와 같은 편안한 일상을 보내면서 겪는 온화하고 긍정적인 감정은 인지적 유연성이나 창의적 문제 해결과 양의 상관관계에 있다. 슬픈 일이 생기면 심리적 에너지가 소모되기는 하지만, 기분이 다시 좋아지기만 한다면 항상성은 여전히 기준점을 벗어나지 않는다. 그러나 중대한 재무 결정을 내려야 하는 날이 대체로 행복하고 특별할 것도 없고 중요하지 않은 날일 리가 없다. 돈은 굉장히 중요한 문제이기 때문에 우리는 재무 결정을 내려야 할 때면 생리적 각성 상태가 올라간다. 우리는 순식간에 항상성 역을 벗어나 과열과 흥분 역을 향해 달려간다. 과도한 수준의 생리적 각성은 작업기억과 인지력을 떨어뜨린다. 혹한의 날씨에 손가락과 발가락이 곱아 감각이 둔해지는 것처럼, 돈 문제는 뇌의 처리 능력을 차단한다.[3]

항상성을 벗어난 신체는 우리의 선호도를 바꿀 수 있는데, 문제는 별로 달갑지 않은 쪽으로의 변화일 수 있다는 것이다. 생각 같아서는 이성과 윤리, 시류에 구애받지 않는 원칙에 기반해 결정을 내리고 싶겠지만, 연구 결과에서도 나왔듯이 우리의 결정은 어떤 음식을 먹느냐에 따라 달라지기도 한다. "정의는 판사의 아침 식사에 따라 달라진다"라는 제롬 프랭크Jerome Frank 판사의 냉소적인 말에는 이스라엘 벤구리온대학교 샤이 댄지거Shai Danziger 교수의 연구가 발표한 불편한 진실이 담겨 있다. 댄지거는 10개월에 걸쳐 이스라엘 재소자들의 가석방 심사 1112건

에 대한 승인율을 분석했다.[4]

판사가 아침을 먹은 직후에 심사 대상이 된 재소자의 가석방 승인율은 65%나 되었지만, 이 비율은 점점 떨어져서 점심을 먹기 직전에는 가석방 승인이 좀처럼 나오지 않았다. 그러다 점심시간이 끝난 바로 다음에는 법리적 기적이 일어나 판사의 너그러움이 올라갔고, 두 시간이 지나고서는 또 곤두박질쳤다. 승인율이 언제 다시 올라갔을까? 짐작했겠지만, 오후의 간식을 먹은 뒤부터다.

댄지거 교수의 연구 결과는 대단히 충격적이면서도 불편한 기분이 들게 했다. 개인의 인생과 사회 전체의 안녕을 다 고려해야 하는 상황인 만큼 판사들은 고작 초콜릿 하나에 마음이 오가는 것이 아니라 감정을 배제하고 철저히 법리에 따라 판결을 내려야 한다. 투자 결정과 관련해 아직껏 비슷한 연구가 이루어지지는 않았지만, 공복과 같은 사소한 사안이 투자 결정에 극적인 영향을 미칠 수 있다는 것은 충분히 짐작할 수 있다. 어쩌면 하루에 800칼로리의 콜라를 마시는 것이 워런 버핏Warren Buffett의 투자 성공 비결일지도 모른다.

더 깊이 파고든 다른 연구에서도, 공복감을 느끼는 사람들은 식탐이 솟을 뿐 아니라 돈에 대한 탐욕도 커졌다. 관련 연구에서 단식 중인 사람들은 포만감을 느끼는 사람들보다 위험이 높은 재무 결정을 더 많이 하는 편이었다. 다나 스미스Dana Smith는 이런 경향이 인간에만 국한되지는 않는다고 설명한다. "이번 연구 결과는 동물에 관한 연구 문헌에서도 나타나는데, 동물들은 배를 채운 뒤에는 위험을 회피하는 성향이 늘어나고 배고플 때는 위험을 추구하는 성향이 늘어난다. 어쩌면 이 진화적으로 선택된 형질이 굶주렸을 때는 탐험심과 위험 추구를 재촉해서 새로운 식량원을 확보하게끔 이끌었을지도 모른다."

한 영역에서 항상성이 결여되면, 이 영역과 무관한 영역인 재무 결정에도 짐작 가능한 악영향을 미치는 것으로 보인다. 신체의 공복이 재무적 욕구에 미치는 영향을 일반화할 수 있다면, 그 반대로 통제도 가능할지 모른다. 그래서 네덜란드의 연구진은 아주 특이한 방식으로 실험을 진행했다.

미르얌 튁Mirjam Tuk이 이끄는 연구진은 피험자들을 두 집단으로 나눠, 한 집단은 700밀리리터의 물을 마시게 했고 두 번째 집단은 50밀리리터의 물을 마시게 했다. 그런 다음 피험자들에게 즉시 작은 보상을 받거나 한참을 기다렸다가 큰 보상을 받는 것 중 하나를 선택하는 과제를 내주었다. 놀랍게도(적어도 나는 아주 놀랐다!) 물을 많이 마셔서 화장실이 급한 첫 번째 집단이 오히려 물을 적게 마셔서 소변이 급하지 않은 두 번째 집단보다 지연 보상을 더 많이 선택했다! 튁과 연구진이 제시한 설명은 위의 공복감이 미치는 영향과 거의 일치했다. 연구진은 이 효과를 '억제 과잉 효과inhibitory spillover effect'라고 부르면서, 요의를 참는 신체의 억제 작용이 더 큰 재무적 보상을 기다리는 능력을 기르는 데도 영향을 미쳤다고 가정한다.[5] 더는 이 책을 읽지 않아도 될 것 같다. 오줌이 마려운 것이 재무적 성공의 비결일 수도 있으니 말이다.

생리 작용이 의사 결정에 미치는 영향은 무엇보다도 그 악영향을 인지하지 못한다는 점에서 위험하다. 이스라엘 판사에게 왜 가석방 승인을 거부했냐고 물으면, 그는 가죽 장정을 두른 두툼한 법전을 가리킬 뿐 자신의 위가 이유라고는 하지 않을 것이다. 우리는 개인의 자유의지와 책임감을 굳건히 믿으면서 신체 상태가 행동을 결정하는 요인이 된다는 사실을 곧잘 무시하는데, 이런 태도는 어느 분야에 투자하든 절대로 도움이 되지 않는다. 그런데 여기서 한 가지가 궁금해진다. 이런 사실을 안다고 해도, 위험과 불확실성에 대한 신체 반응을 지배하고 통제하는 것이 가능한가? 항상성을 유지하는 능력은 연습하면 늘어나는가?

앤드루 로Andrew Lo는 경험 수준이 다른 여러 트레이더들의 호흡, 피부 온도, 안면 움직임, 혈류량 등 자율신경계 반응을 다각도로 측정했다. 짐작하겠지만, 경험이 많은 트레이더들은 시장 변동성에 대해 초보 중 개인들보다는 자율신경계 반응이 별로 치솟지 않았다. 노련한 중개인 들은 항상성 유지 능력이 더 뛰어났고 인지적 능력도 우수했지만, '뚜렷한 생리적 반응'이 있기는 초보들이나 마찬가지였다. 돈이 생리적 바늘도 움직이는 것이다![6]

공복 상태에서 가석방을 심사한 이스라엘 판사들의 평균 근속 연수는 22년이었고, 연구 기간인 그 10개월 동안 이 판사들은 이스라엘 전체 가석방 심사의 40%를 맡았다. 이 백전노장 전문가들의 객관성이 공복 상태인가 아닌가에 따라 타협되었다. 나는 백플립이나 모터사이클 묘기 등 익스트림 스포츠를 하는 선수들을 볼 때마다 그들이 지금의 실력을 갖기까지 얼마나 자주 골절상을 입었을지가 궁금해진다. 경험을 많이 쌓으면 자제심을 기를 수는 있지만, 시장이 요동칠 때 극단적 생리 반응이 투자에 미치는 악영향에서 완전히 자유로울 수 있는 사람은 없다. 그렇다면 우리가 치르는 대가는 무엇인가?

위험은 아프다

'스트레스'라는 말을 들으면 무엇이 연상되느냐는 질문을 받으면, 제일 먼저 어떤 말이나 상황이 떠오르는가? 아마도 고용 불안, 사랑하는 사람의 행복에 대한 걱정, 재무적 불안 등 심적인 고뇌가 떠오를 것이다. 스트레스를 정의하는 가장 흔한 표현인 '상황을 통제할 수 있다는 인식이 상실되는 것'은 말 그대로 심리적인 부분에 대한 설명이다. 그러나 스트레스의 정신적인 부분만을 강조하면 신체가 받는 영향을 무시하게 되고, 더 나아가 스트레스를 다루는 현실적인 방법마저 무시하게 된다.

오늘날 '스트레스 상황'은 어디서나 보는 일상사가 되었지만, 한 세기 전만 해도 심리적 스트레스는 발상 자체가 말도 안 되는 개념이었다. 지금 우리가 쓰는 스트레스라는 말은 1930년대에 생리학자 한스 셀리에 Hans Selye가 만들었다. 셀리에는 쥐를 가지고 연구를 하던 중에 아주 우연히 '스트레스'를 발견했다.

셀리에는 쥐에게 호르몬을 주입하면서 주사기로 호르몬을 투여하는 것보다도 투여 과정 자체(우리에 갇혀 한 곳으로 내몰리고, 바늘에 찔리고, 누군가 유심히 쳐다보는 것)가 쥐에게는 더 큰 변화를 불러올 것이라고 가정했다. 셀리에는 정신적 고통 상태가 쥐에게 신체적 후유증을 불러일으킨다는 것을 공학 용어를 빌려 설명했다. 당시에는 엄청난 비웃음을 살 만한 주장이었지만, 오늘날에는 아주 진지하게 받아들여지고 있다. 스트레스를 받으면 몸이 아프다.

스트레스는 비만이나 고혈압, 발기부전, 불임, 불면증, 심혈관 질환 등 여러 신체적 문제와 관련이 있다. 전문의를 찾는 환자의 대략 25%가 결국은 스트레스 관련 질환으로 진단받고 외과의가 아니라 심리학자를 추천받는다. 스트레스가 원인이 될 때만큼 정신과 신체의 관계가 뚜렷해지는 순간도 없으며, 또한 돈 문제만큼 극렬한 스트레스 반응을 불러일으키는 것도 없다.

실적 개선을 위해 스트레스를 관리하고 싶은 투자자라면 스트레스가 어떤 점에서 근원적으로는 신체적 현상인지부터 이해해야 한다. 트레이더였다가 신경과학자로 전향했고, 스트레스 관리 분야의 뛰어난 학자이기도 한 존 코츠 John Coates 는 〈뉴욕타임스〉에 기고한 글에서 다음과 같이 적었다. "우리 대부분은 스트레스가 무언가 불쾌한 일이 생겨서 마음이 크게 동요하는 심리적 현상이라고 믿는 편이다. 그러나 스트레스를 이해하고 싶다면, 그런 시각부터 바로잡아야 한다. 스트레스 반응은 대개 신체적 반응이다. 스트레스는 몸이 다가올 행위에 맞춰 준비 태세를 취하는 것이다."[7] 심박 수 증가, 동공 확장, 코르티솔(스트레스 유발 호르몬-옮긴이)과 아드레날린 분비, 이 모든 것이 행동의 준비 태세다. 하지만 이러한 자극이 나타나거나 발휘되지 않고 거의 500일 동안 이어지면(평균 증시 침체 기간), 몸은 상황 대처에도 맞지 않고 건강에도 심각한 위험이 되는 신체적 반응을 만들어낸다.

단기간만 이어지는 적절한 수준의 스트레스는 삶의 활력소가 될 수 있다. 스트레스와 실적은 57쪽의 표처럼 '역 U자형 모델'의 관계를 보여준다.

역 U자형 모델에서는 스트레스가 너무 없으면 태만해지고, 스트레스가 너무 심하면 숨이 막힌다. 적절한 스트레스를 느낄 때 분비되는 코르티솔은 일종의 기적의 약이 되어 신체적 각성을 높이고, 기억력을 향상

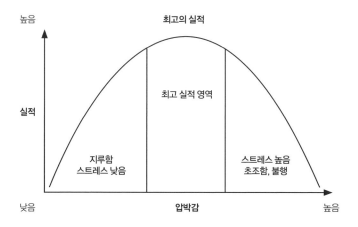

높음

최고의 실적

실적

최고 실적 영역

지루함
스트레스 낮음

스트레스 높음
초조함, 불행

낮음

압박감

높음

하며, 학습을 촉진하고, 감각을 늘리고, 동기부여를 높인다. 심각한 시장 정체 등으로 극심한 스트레스가 장기간 이어지면 정반대 결과가 나온다. 행동의 유연성이 줄고, 면역계에 이상이 생기고, 주의력이 약해지며, 우울증 증상이 생기고, 학습된 무기력이 자기효능감을 밀어낸다.

존 코츠는 과거의 연구 결과에서는 암시만 했던, 스트레스 호르몬인 코르티솔과 위험 감수의 관계를 직접 입증하기 위한 연구를 설계했다. 그는 첫 연구에서는 시장 변동성이 높아질 때 코르티솔 분비량이 얼마나 높아지는지를 측정했다. 이 연구에서, 단 8일 동안 트레이더들의 코르티솔 분비량이 무려 68%나 치솟았다! 후속 연구에서 코츠는 코르티솔이 트레이더들에게 미치는 영향을 실험하기 위해 피험자들에게 알약을 투약해 인위적으로 코르티솔 분비량을 높인 후 도박 과제에서 그들의 위험 감수 수준을 측정했다. 〈미국국립과학원회보Proceedings of the National Academy of Sciences〉에 발표된 연구 결과에서, 인위적으로 코르티솔 수치를 높인 피험자들의 위험 감수 수준은 자그마치 44%나 떨어진 것

으로 나왔다.[8]

코츠의 연구 결과는 그때까지 정신적 현상으로만 여겨졌던 전통적 위험 감수 개념을 본질적으로 뒤집었고, 정신과 신체의 상호작용에 대해 더 역동적인 그림을 제시했다. 그는《리스크 판단력The Hour Between Dog and Wolf》에서 이렇게 설명했다. "대다수 경제학과 재무학 모델에서 위험 선호도는 키와 마찬가지로 변하지 않는 형질이라고 가정한다. 하지만 우리의 연구를 통해 이 가정이 잘못되었음이 입증되었다. 인간의 위험 선호도는 상황에 따라 달라지도록 설계되었다. 위험 선호도는 우리가 스트레스나 도전에 대응하면서 나오는 반응의 일부일 뿐이다."

다시 말하지만, 의지의 문제일 뿐이라고 여긴 결정이나 생각이 실제로는 외부의 물리적 요인에 따라 크게 달라질 수 있다. 현명한 재무적 위험 감수는 이성적으로 판단하고 의지력만 발휘하면 풀 수 있는 지적 수수께끼가 아니다.

두려움은 사라지지 않는다

1900년부터 2013년까지 미국 증시는 123회 '조정(10% 이상의 하락)' 국면을 경험했다. 평균적으로 1년에 한 차례가 넘는다! 침체장의 본격 신호탄이 되는 큰 폭의 주가 하락은 그만큼 자주는 아니고 평균 3.5년에 한 번씩 일어났다. 증시가 10~20%만 빠져도 언론은 세상이 끝난 것처럼 요란스럽게 떠들어대지만, 증시 조정은 봄에 꽃이 피는 것처럼 주기적인 현상이며 부를 극적으로 끌어올리는 시장의 장기적 성향에는 아무 영향도 미치지 못했다. 100년이 넘는 주식시장의 역사를 생각하면, 연간 두 자릿수의 수익률이 나면 두 자릿수의 손실도 날 수 있다는 사실을 믿기 힘들지도 모른다. 그러나 고수익도 큰 손실도 얼마든 가능하다는 사실을 이해하려면 자신에게 손실에 대한 두려움이 있지는 않은지 확인해야 한다. 우리의 불완전한 생물학적 구조상 대단히 힘든 일이기는 하다. 우리의 바람과는 달리, 우리의 몸은 두려움을 참고 누르다가 부적절한 시기에 그 두려움을 표출하는 독특한 재주가 있는 것 같다.

이런 가설을 입증하는 예증 실험이 있다. 신경과학자 조지프 르두Joseph LeDoux는 1996년에 쥐의 두려움을 조건화하기 위해 쥐에게 청각 자극을 주고 곧이어 전기 충격을 가하는 작업을 여러 번 반복했다. 파블로프의 조건반사처럼, 쥐는 전기 충격을 받지 않고 소리만 들어도 겁을 내기 시작했다. 쥐가 두려움에 충분히 조건화되었다고 판단한 연구진은 이어서 전기 충격 없이 청각 자극만 가하면서 쥐의 두려움 조건화를 없애기 시작했다. 결국 쥐는 소리를 들어도 두려워하는 반응을 보이지 않고 원래 하던 행동을 계속했다. 이것만 놓고 보면 두려움 반응이 완전히 사라졌고 쥐도 처음의 두려움을 극복했다고 가정할 만하지만, 실상은 훨씬 이상하다.

연구진은 (쥐를 끔찍하게 싫어했는지) 다음 실험에서 피질과 편도체의 신경 연결을 잘라내고 다시 소리를 들려주었다. 이번에는 쥐가 곧바로 두려움에 벌벌 떨었다. 두려움은 완전히 없어진 것이 아니었다! 오히려 신경 피질에 억눌려 있을 뿐 편도체에 잠복해 있던 두려움은 통증 자극이 다시 나타나자 고스란히 살아났다. 르두의 실험은 저장을 중시하는 몸은 나쁜 경험에 대한 반응을 그대로 간직하고 있다가 비슷하게 나쁜 자극을 받는 순간 그때의 두려움을 곧바로 표출한다는 것을 입증한다.

핵심 체크

- 감정이 신체 상태에 영향을 미치듯이, 신체 상태도 감정을 일으키는 데 영향을 미칠 수 있다.
- 손실 회피는 우리 조상들의 생존 비결이었지만, 성공 투자에는 방해가 된다.
- 신체는 항상성을 갈망한다. 돈 문제를 고민하는 것은 항상성을 해친다.
- 스트레스는 정신적 현상인 동시에 신체적 현상이기도 하다.
- 재무적 위험 감수는 신체적 고통을 유발한다.
- 두려움은 완전히 사라지지 않는다. 몸이 훗날을 대비해 두려움을 저장해 두기 때문이다.
- 증시 조정 국면은 우리 생일보다 자주 온다.

THE
BEHAVIORAL
INVESTOR
▲
▼
DANIEL
CROSBY

투자를
결정짓는
심리학

THE
BEHAVIORAL
INVESTOR

DANIEL
CROSBY

"당신이라는 사람을 잘 모르겠다면, 월스트리트에서 비싼 값을 치르라. 알 수 있게 될 것이다."

— 애덤 스미스(Adam Smith), 《머니 게임(The Money Game)》

어린 시절에 나는 조지프 러디어드 키플링Joseph Rudyard Kipling이 '그럴듯하다'라는 말이 들어간 잠자리 동화를 들려 달라는 딸을 위해 지은 창작동화 모음집《그럴듯한 이야기들Just So Stories》을 좋아했다. 이 동화책은 다양한 동물들이 어떻게 지금의 독특한 특징을 가지게 되었는지를 진화생물학 관점에서 매혹적으로 풀어 썼다.

〈고래의 목은 왜 작은 물고기만 삼킬까?〉에서는 이렇게 설명했다. 고래가 한 선원을 삼켰고, 그 선원은 고래의 목구멍에서 빠져나오면서 다시는 인간을 삼키지 못하게 타고 있던 뗏목으로 십자 모양 창살을 만들어 고래 목에 고정했다. 그때부터 고래는 플랑크톤만 먹을 수 있게 되었다. 〈낙타는 왜 등에 혹이 있을까?〉에서는, 게으른 낙타에게 신령이 다음 휴식 때까지 먹지 않아도 버티면서 일할 수 있도록 벌을 내렸기 때문에 등에 혹을 달게 되었다고 말했다. 이 동화 속 동물들은 역경을 만나지만 결국에는 진화적 적응을 거친 그들만의 독특한 특징을 지니게 되었다. 동화가 말하는 것처럼 동물들의 생김새에는 다 '그럴듯한' 이유가 있다.

자연의 섭리가 우리 인간에게 유리하게 움직인다고 생각하면 속은 편할지 몰라도, 재무적 의사 결정에 있어서만큼은 슬프게도 현실적으로 전혀 맞지 않는 생각이다. 앞 장에서도 보았듯이, 우리의 신체와 뇌는 아주 많은 일을 대단히 효율적으로 처리하는 능력을 타고났지만 아쉽게도 투자는 그 여러 일 중 하나가 아니다. 신령이나 사악한 정령, 혹은 복수심에 불타는 선원이 작정하고 최악의 투자자를 설계한다면, 그 투자자가 당신일 수도 있다. 당신은 그럴듯한 투자 능력을 타고나지 않았다.

설계 결함은 자연스럽게 행동 오류로 이어지므로, 이런 오류를 해결할 시스템을 만드는 것이 모든 합리적 투자 철학의 기본 조건이다. 멋진 미녀는 쿼터백이 차지하더라도 챔피언십 우승은 훌륭한 수비가 이끄는 것처럼, 언론의 관심은 고수익이 독차지할지라도 실적을 견인하는 것은 위험 관리다. 따라서 우리는 '어떻게 해야 뛰어난 투자자가 되는가?'라는 물음에 답을 얻기 전에 이것보다 짜릿하지는 않아도 훨씬 중요한 질문인 '어떻게 해야 얼간이 투자자가 되지 않는가?'의 답부터 알아내야 한다. 조금 점잖게 표현하면, 우리는 위험을 관리하는 방법을 배워야 한다.

이 당연한 사실을 인정하고 위험 관리에 관한 책을 집어 들면, 대부분

의 책은 투자 위험을 체계적 위험systematic risk과 비체계적 위험unsystematic risk
으로 나눈다.

체계적 위험의 또 다른 명칭은 '시장 위험market risk'으로, 시장 전체가
어떤 특정 산업의 투자 지수와는 반대로 움직이면서 손실을 볼 확률을
의미한다. 비체계적 위험은 '사업 위험business risk'이라고도 하며, 개별 종
목의 가치가 그 업종 특유의 특징으로 말미암아 하락하게 되는 위험을
의미한다. 하지만 당신이 읽은 투자서는 아마도 세 번째이자 가장 중요
한 위험인 '행동 위험behavioral risk'에 대해서는 아무 설명도 하지 않았을
것이다.

행동 위험의 우주를 체계적으로 정리하는 것이 투자 위험을 성공적
으로 관리하기 위한 선결 과제다. 우리는 보이지 않는 괴물에 맞서 싸
워야 하지 않는가? 행동 위험의 우주는 투자자의 잘못된 행동을 연구하
면서 집대성된다. 마이클 루이스Michael Lewis의《생각에 관한 생각 프로젝
트The Undoing Project》를 통해 대니얼 카너먼은 이렇게 말한다. "기억을 어
떻게 이해하는가? 우리는 기억을 공부하지는 않는다. 우리는 잊는 것을
공부한다." 행동경제학의 독창적 명저《똑똑한 사람들의 멍청한 선택
Misbehaving》에서 저자 리처드 탈러Richard Thaler는 단순하지만 효과적인 방
법으로 이 학문의 체계를 새롭게 정립해 나간다. 효율적 시장 가설이 얼
마나 터무니없는지를 생각하게 된 그는 현실의 인간이 이론 수업에서
배운 '이콘Econ(효용을 최대화하고 언제나 합리적 재무 결정을 내리는 허구의 인간
을 뜻한다)'과 다르다는 것을 종합적으로 집대성한다. 탈러는 지극히 단
순한 사고실험을 이용해 무수한 연구의 주제가 되었던 이상 행동들의
목록을 작성했다. 그리고 인간이 어떤 식으로 재무 결정을 내리는지에

관한 이해의 폭과 깊이를 키웠다.

이상 행동을 발견하고 이론적으로 정리하는 것이 중요한 첫 단계이기는 하지만, 이런 행동들을 전체적으로 체계화하고 정리하지 못한다면 투자자에게는 별 도움이 되지 못한다. 우리 인간이 얼마나 불완전한 존재인지를 알려주는 기나긴 목록은 작성했지만, 문제는 딱히 뾰족한 다음 단계가 없다는 것이다. 연구 결과로도 알 수 있듯이, 구체적인 해결책 없이 나쁜 소식만 알려준다면 사태만 더 악화될 수 있다!

탈러의 단순하면서도 우아한 정리에 영감을 받아 나는 내 좋지 않은 사고회로를 가동해 행동이 투자 결정에 미칠 수 있는 부정적 영향을 총정리했다. 욕심이 앞서는 투자자를 최적의 결정에서 멀어지게 만들 수 있는 편향과 휴리스틱이 117개가 넘게 나왔다. 세상에나! 나는 행동 위험의 우주를 투자에 활용하기 위한 목적으로 이런 행동 편향들을 심리적 공통점을 가진 것들끼리 분류했다. 처음에는 이 분류가 어떤 결과를 만들지 생각조차 하지 못했다. 정리했더니, 행동 위험은 크게 네 유형으로 나뉘었다.

1. 에고
2. 보수주의
3. 주의 집중
4. 감정

모든 행동 위험의 핵심에는 위의 네 가지 인자 가운데 한두 가지 이상이 깔려 있다. 이렇게 분류한 것은 이 책이 처음이며, 이는 행동 분석에 입각한 투자 운용 프로세스를 만들기 위한 중요한 출발점이 된다고 자부한다.

이제부터는 투자자 행동 위험의 네 가지 기둥을 하나씩 자세히 살펴보기로 하자.

당신도 나도 몰랐던 사실

앤드루 W. 로Andrew W. Lo, 드미트리 V. 레핀Dmitry V. Repin, 브렛 N. 스틴바거Brett N. Steenbarger의 연구는 '최상의' 트레이더가 되는 인성 유형은 없다는 것을 입증한다. 성공적인 투자자는 모름지기 대범하고 외향적이고 위험을 추구한다는 중론에도 불구하고, 성공적인 투자를 위해서는 특정 유형의 투자자가 되는 것보다 행동 위험의 네 가지 인자를 이해하고 극복하는 것이 훨씬 중요하다.

에고

"그렇게 겸손 떨지 말기를. 그대는 그렇게 위대하지는 않다."
— 골다 메이어(Golda Meir)

"선생님 자녀의 지능은 평균 수준입니다."

내가 이 말을 하는 순간 내 몸은 상대에게서 나올 반박에 준비하려고 바짝 긴장했다. 대학원에서 심리학을 전공할 때 나는 자주 초등학생의 IQ를 평가했고, 부모들이 절대로 듣고 싶어 하지 않는 단어는 '평균'이었다. 지능을 타고났다는 말만 들어도 부모들은 뿌듯해했고, 학습 장애가 있다는 말에는 특별 교육을 시켜야겠다는 마음을 먹었다. 그러나 평균? 평균이라고? 평균이라는 말에는 모든 부모가 질색했다. 1969년 출간된 《자존감의 심리학The Psychology of Self-Esteem》에서 너새니얼 브랜던Nathaniel Branden이 자존감은 개인의 행복을 결정짓는 가장 중요한 요소라고 역설한 이후[1] 자존감 높이기 운동이 각계각층을 막론하고 넓게 뻗어

나갔다. 미국에서는 에고 드높이기 열풍이 불었다. 1970년대와 80년대에는 자존감에 방해가 된다 싶은 것은 무엇이건 배척하고 보았다. 칭찬용 작은 금별 스티커가 인기를 얻었고, 빨간펜은 팔리지 않고 먼지만 쌓였다. 일등 트로피가 없어지고 참가상이 제정되었다. 자존감의 새 시대에는 모두가 승자였고, 모두가 특별했다.

전국에 칭찬하기 열풍이 불면서 학계 연구도 뒤따랐다. 21세기가 되기까지 30년 동안 자존감이 미치는 영향에 관해 온갖 주제로 1만 5000편이 넘는 논문이 발표되었다. 그러나 우후죽순인 연구만큼이나 서로 혼란스럽고 엇갈린 결과가 나왔다. 자존감 논문들의 전체적 흐름을 파악하기 위해 미국심리과학협회는 자존감 이론의 주창자로 인정받는 로이 바우마이스터Roy Baumeister 박사에게 지금까지 발표된 논문들에 대한 메타분석을 의뢰했다. 이렇게 해서 나온 결과를 두고 바우마이스터 박사는 "내 연구 인생에서 가장 실망스러운 결과"라는 혹평을 서슴지 않았다.

1만 5000편의 논문 중에서 메타분석의 엄격한 자격 기준에 부합하는 논문은 고작해야 200편 정도인 0.013%밖에 되지 않았다. 정책 형성에 영향을 주었던 자존감 논문의 상당수는 척 보기에도 쓰레기 과학이었다. 이것으로도 모자라, 기준을 통과한 연구들도 자존감의 예측력을 과학적으로 입증했다고 말하기는 힘들었다. 자존감은 학업이나 경력 성취도의 예측 지표가 되지 못했고, 약물 오남용이나 폭력 행동의 예측 지표도 되지 못했다. 자존감 운동을 연구하면서 나온 가장 중요한 결과는 칭찬이 아니라 성취가 자존감을 높인다는 사실이었다. 누군가에게 특별하다고 칭찬해도, 그 사람이 특별해지려고 노력하지 않는 한 소용이 없다. 우리는 칭찬과 칭찬이 아닌 것을 본능적으로 알아차린다. 칭찬을 들었어도 칭찬받을 행동을 하지 않았다고 느낀다면, 자존감 바늘은 단 1센티미터도 움직이지 않는다.[2]

자존감을 드높이기 위한 자축 열풍이 불고는 있지만, '이런 칭찬이 정말로 필요한가?'라는 물음은 없었다. 긍정적 자존감이 중요하다고는 해도(진짜로 중요한지는 모르겠지만), 사람들이 자존감이 부족하다는 증거는 어디에도 없다. 오히려 많은 사람이 자존감 부족이 아니라 자존감 과잉일 수 있다. 앞에서도 말했지만, 우리의 몸은 크고 굶주린 뇌가 소비하는 에너지를 줄이려 노력하기 때문에 우리는 '이만하면 됐다 싶은' 결정을 내리게 된다. 의사 결정의 정밀성을 높이는 데 드는 비용이 효익을 압도하기 때문에 우리는 아주 특별한 방식으로 의사 결정 과정을 간소화한다. 다시 말해, 우리는 '자아 동조적 만족egosyntonic satisficing'에 빠진다.

희한한 용어가 판을 치는 세상에서도 자아 동조적 만족이라는 말만큼 괴상한 표현은 찾아보기 힘들지만, 모임이나 회식 자리에서 이것만큼 잘난 척하기 좋은 말도 없다. '자아 동조적' 사고는 이상적 자아상의 목표와 일맥상통한다. 자아 동조적 사고는 자신을 최고라고 믿게 해준다. '만족'은 가장 좋은 것이 아니라 가능한 한도 안에서 '이만하면 충분한 것'을 선택하는 과정을 말한다. 둘을 합치면, 자아 동조적 만족은 자신이 훌륭하고 친절하며 평균 이상이라는 믿음을 지지해 주는 속 편한 결정을 내리는 것을 의미한다. 따라서 우리가 정치나 종교나 투자에서 왜 그렇게 행동하는지가 대부분 설명된다. 자신을 최고라고 믿고는 싶지만 최고가 되려는 노력은 하고 싶지 않기 때문이다.

증거는 많다. 세계수학경시대회를 보면, 미국 팀 고등학생들의 성적은 중간 수준이다. 하지만 이 학생들이 수학 실력에 대해 가지는 자부심은 세계 최정상급이다. 제임스 몬티어James Montier의 보고서에 따르면, 95%의 사람들은 유머 감각이 평균 이상은 된다고 생각한다. 톰 피터스 Tom Peters와 로버트 워터먼Robert Waterman은《초우량 기업의 조건In Search of Excellence》에서 설문 조사에 응한 남성의 100%는 대인 관계 능력이 평균 이상이라고 응답했으며, 94%는 운동 실력이 평균 이상이라고 대답했다고 밝혔다.

우리가 어떤 근거가 없어도 자신의 능력을 사랑한다는 사실은 투자 결정에 대단히 위험한 영향을 미친다. 그 사랑을 계속하고 귀중한 인지 처리 능력을 보존하기 위해 우리는 행동의 3단계를 거치는 작업에 몰입하게 되기 때문이다. 제일 먼저 우리는 자신이 믿는 것을 입증할 증거를 찾아다니고, 그다음으로는 신념을 가지고 행동한 자신을 칭찬하고, 마지막으로 자신의 세계관을 공격하는 것에는 격렬하게 저항한다.

확증 편향을 말하다

"인간의 사고에서 다른 무엇보다도 주목해야 할 단 하나의 문제적 사고를 뽑는다면, 후보는 여럿이지만 최고는 뭐니 뭐니 해도 확증 편향 confirmation bias이다. 많은 사람이 이 편향에 관해 책과 논문을 썼으며, 이 편향은 대단히 강력하고 지배적으로 보이기 때문에 누구라도 왜 이것이 개인과 집단과 국가들 사이에 벌어지는 논쟁과 분란과 오해의 중요한 일부를 차지하는지 궁금해하게 된다."

— 레이먼드 S. 니커슨(Raymond S. Nickerson)

"조심해야 한다. 인간은 이미 알고 있는 것을 확인해 주는 말을 좋아한다. 그 점을 잊지 말기를. 인간은 새로운 사실을 들으면 거북스러워한다. 새로운 사실…… 그렇다, 인간은 새로운 사실을 기대하지 않는다. 인간은 개가 사람을 문다는 사실을 아는 것은 환영한다. 개는 원래 그러니까. 그러나 사람이 개를 물었다는 사실은 알고 싶어 하지 않는다. 세상에는 그런 일이 일어나서는 안 되기 때문이다. 다시 말해 인간은 새로운 사실을 원한다고 생각하지만, 인간이 진짜로 갈망하는 것은 원래의 사실이다. (…) 새로운 사실이 아니라 원래의 사실을, 이미 알고 있다고 생각하는 것을 알려 주는 것이 그들에게는 진실이다."

– 테리 프래챗(Terry Pratchat)의 판타지 소설 시리즈 '디스크월드(Discworld)' 중 《진실(the Truth)》의 등장인물인 베티너리 영주의 대사

엉뚱한 곳에서 진실을 찾아 헤매다

"억지로 받아들이든 전적으로 동의해서든, 어떤 의견을 선택하면 인간의 이해는 무엇보다도 그 의견을 뒷받침하고 동의하는 모든 것에 주목한다."

– 프랜시스 베이컨(Francis Bacon)

인간은 천성적으로 자신의 신념을 뒤집기보다는 그 신념을 재확인하려 노력한다. 우리의 사고는 '내가 틀릴지도 모른다고?'가 아니라 '내가 옳을 것 같아'에 더 끌린다.

기존 신념이 옳다고 말해 주는 정보를 찾으려는 성향은 우리가 에고

를 유지하는 중요한 방식 중 하나이며, 심리학 용어로는 확증 편향이라고 한다. 확증 편향이라는 이름을 붙이거나 과학적으로 엄밀하게 연구한 것은 최근의 일이지만, 인류 역사에서 이 편향은 언제나 존재했다. 그리스 역사가 투키디데스Thucydides는 다음과 같이 적었다. "갈망하는 것에는 경솔하게 희망을 걸고, 원하지 않는 것에는 독단적 이성을 발휘해서 그것을 보려 하지도 않는 것이 인간의 천성이다."《신곡The Divine Comedy》에서 토마스 아퀴나스Thomas Aquinas는 천국에서 단테를 보자마자 이렇게 경고한다. "종종 성급한 판단이 그릇된 쪽으로 기울어 이성이 감성에 얽매이고 갇히기도 한다오." 러시아의 대문호 레프 니콜라예비치 톨스토이Lev Nikolaevich Tolstoi는 수필집《예술이란 무엇인가What is Art?》에서 인간의 확증 편향에 대해 다음과 같이 말했다.

"대다수는 — 똑똑하다고 칭송받는 사람들, 실제로도 대단히 똑똑한 사람들, 그리고 가장 어려운 과학과 수학, 철학 문제를 이해할 수 있는 사람들까지도 — 그들이 수없는 난관을 극복하며 내린 결론이 틀렸음을 인정해야 하는 순간에는 가장 단순하면서도 확연한 진실마저 분간하지 못하게 된다. 그 결론이야말로 그들의 자부심이고, 타인에게 가르침을 주는 주제이고, 인생의 토대였기 때문이다."

조지 W. 부시 대통령 행정부의 부통령이었던 딕 체니Dick Cheney가 자신이 기자회견을 하는 방에는 폭스 뉴스Fox News 카메라만 켜져 있어야 한다고 했던 유명한 일화는 인간의 확증 편향을 단적으로 보여주는 사건이었다. 민주당 정적들과 MSNBC 같은 진보 언론으로부터 고강도 비난을 받은 체니 부통령은 자기와 생각을 같이하는 사람들을 곁에 두고 싶어 했다. 대통령보다 더 큰 권력을 휘둘렀던 체니 부통령이 처신을 잘 못했다고 비난하기는 쉽지만, 우리 역시 생각이 같은 사람들끼리만 어울리려 하고 절반의 진실에만 안주하려는 잘못을 저지른다. 2009년 오하이오 주의 연구 조사에 따르면, 사람들은 자신들과 생각이 같은 글을 읽는 데 36%가 넘는 시간을 쓴다고 한다. 2016년 미국 대통령 선거에서 도널드 트럼프 지지자이건 힐러리 클린턴 지지자이건 대부분 그들 친구 중에서 반대편 후보에게 표를 던진 사람은 아무도 없었다.

정직하게 진실을 추구하는 사람에게는 유감스러운 일이지만, 오늘날에는 자신이 소중히 여기는 스토리 서사에 일치하지 않는 정보를 피하기가 점점 더 쉬워졌다. 뉴스 사이트와 고도로 특화된 전문가가 우후죽순으로 양산되면서 지금 세상에서는 대중이 진실을 좇는 것이 아니라 인정된 진실이 대중을 좇는다. 저 뉴스가 마음에 들지 않는가? 그러면 당신의 세계관에 딱 맞는 자극적 기사를 내보내는 채널로 갈아타면 그만이다.

우리는 문화적·종교적·정치적·사상적 정체성이 같은 사람들끼리 모여 무리를 만든다. 그렇게 하면 '맞아, 맞아'를 외치며 내 생각이 옳다고 수긍해 주는 사람들하고만 어울릴 수 있다. 생각이 다른 사람들과 설전을 벌이다 보면 감정까지 상하기 일쑤다. 사상적 동질성의 물웅덩이에 몸을 푹 담그고 지내는 것이 그렇지 않은 사람들과 어울리는 것보다 이루 말할 수 없이 편하다. 외양도 행동도 생각도 다 비슷한 사람들하고만 어울린다면, 여러 가지 힘든 감정적 소모전을 '성공적으로' 피할 수 있다.

당신의 선택이 옳은 오만 가지 이유

우리의 에고 유지 행동은 엉뚱한 곳에서 진실을 찾아 헤매는 데 그치지 않는다. 우리의 에고 유지는 기존 신념을 강화하도록 도와주는 치열한 내적 판촉 활동으로도 확대되는데, 이것을 심리학 용어로 '선택 지원 편향choice supportive bias'이라고 한다. 개념이 잘 이해되지 않으면 다음의 실험을 해보자.

잠시만 이렇게 가정하자. 당신은 내가 하는 연구에 참여하기로 동의했다. 나는 당신을 어떤 방으로 데려가 예술 작품 6개를 보여준다. 당신은 그 6개의 그림에 1점부터 6점까지 점수를 매겨야 하는데, 가장 마음에 드는 그림에는 1점을 주고 마음에 들지 않는 그림에는 6점을 줘야 한다. 나는 당신이 마음에 드는 그림 하나를 가지고 갈 수 있다는 말도 덧붙인다.

당신이 점수 매기기를 다 끝내면, 나는 그 6개의 그림 중에서 마음에 드는 것을 고르라고 말한다. 당신은 당연히 가장 마음에 들어 1점을 주었던 그림을 골랐고, 나는 그림을 가지러 뒷방으로 간다. 그런데 나는 곧바로 방으로 돌아와 대단히 미안한 얼굴로 당신이 1, 2, 5, 6점을 매긴 그림은 이미 다른 사람들이 선택했고 3점과 4점짜리 그림만 남아 있다고 사과한다. 당신은 3점이나 4점짜리 그림 중 아무것이나 골라도 된다는 말에 그나마 조금 더 마음에 드는 3점짜리 그림을 선택한다.

그다음 장면을 상상해 보자. 연락이 없던 나는 2주 후 당신을 내 사무실로 다시 초대해 똑같은 그림 6개를 보여주고는 다시 마음에 드는 순서대로 점수를 매겨 달라고 말한다. 어떤 일이 일어났을 것 같은가? 당신은 똑같은 순서대로 점수를 매겼을까, 아니면 2주 전과 달라졌을까? 점수가 달라졌거나 똑같다면 그 이유는 무엇일 것 같은가?

'자유 선택 패러다임free choice paradigm'이라는 이름으로 잘 알려진 이 실험의 참가자들 대부분 2주 뒤에는 선호하는 그림이 바뀌었다. 그들 대부분은 자신이 선택한 그림(3점을 매겼던 그림)에 이번에는 점수를 더 높게 주고, 반대로 4점을 매겼었고 선택하지 않았던 그림에는 점수를 더 박하게 준다. 2주라는 짧은 기간에 그처럼 극적인 변화가 일어난 이유는 무엇인가? 어차피 그림 두 점 모두 처음 점수 매기기에서 중간 점수를 받았던 것이었다. 그러나 지금 두 그림의 점수는 각각 최저점과 최고점에 더 가까운 점수로 이동했다. 그 이유는 에고를 유지하여 우리 자신을 합리적 기준에 따라 선택하는 유능하고 똑똑한 의사 결정자로 생각하려는 욕구에서 연유한다.

행복학 연구 대가인 댄 길버트Dan Gilbert 하버드대학교 교수는 참가자들의 사고 흐름을 이렇게 설명한다. "내가 지금 가진 게 생각보다 훨씬 괜찮아. 내가 갖지 않은 저것은 많이 이상해."[3] 이미 이것을 가져갔다. 그리고 우리는 일단 결정을 내리고 나면 그 결정이 옳은 온갖 이유를 다 갖다 붙인다. '저 그림 색감이나 질감이 마음에 들어', '거실 한구석이 허전했는데 그림이 딱 어울려' 등등. 그러나 우리가 아무리 구체적인 이유를 만들지라도 일반적 원칙은 그대로다. 우리가 찾아다니는 것은 진실이 아니라 위안이다. 우리는 곧바로 울타리 반대편으로 건너가 선택하지 않은 길을 비난하기 시작한다. 우리는 우리가 선택한 대상에 열중하는 것 못지않게 선택하지 않은 대상을 집요하게 헐뜯고 비난한다. 애인과 헤어진 사람한테 물어보면 그들은 '딱히 좋아하지는 않았어'라고 대답할 것이다.

놀라운 사실은, 선택 지원 편향은 우리 머릿속 깊숙한 곳 어딘가에 자리 잡은 대단히 강력한 편향이며 심지어 단기기억 형성에 문제가 있는 사람에게도 이 편향이 존재한다는 것이다. 댄 길버트와 그의 팀은 자유 선택 패러다임이 전향성 기억상실증anterograde amnesia(자동차 사고나 중풍 등 어떤 사건이 일어나기 전의 일은 기억하지만 그 후의 일은 잘 기억하지 못하는 증상-옮긴이)을 겪는 피험자들에게 미치는 영향을 분석했다. 이들은 새로운 기억 형성에 문제가 있어서 입원한 사람들이었다. 뇌 손상이 없는 정상 피험자들에게 했듯이, 기억상실증 환자들에게도 그림에 1점부터 6점까지 점수를 매기게 하고 3점이나 4점을 준 그림 하나를 고르게 했다. 환자가 그림을 고르면 연구진은 우편으로 며칠 안에 그림을 보내 준다고 약속하고 방을 나왔다.[4]

길버트 박사의 연구원은 딱 30분 뒤에 방으로 돌아가 전향성 기억상실증 환자에게 자신을 다시 소개했다. 환자는 연구원을 조금 전에 만났다는 것도, 점수 매기기 과제를 수행했다는 것도 기억하지 못했다. 기억상실증 환자가 정말로 기억 형성에 문제가 있는지를 확인하기 위해 연구진은 환자에게 조금 전에 어떤 그림을 골랐는지 지목해 달라고 요청했지만, 환자들은 기억해 낸 것이 아니라 짐작만으로 그림을 가리켰다! 환자들은 점수 매기기 과제를 처음부터 다시 수행했고, 놀라운 결과가 나왔다. 뇌가 정상인 대조군 피험자들과 마찬가지로 기억상실증 환자들도 자신들이 선택한 그림은 '좋게' 말했고 선택하지 않은 그림은 나쁘게 말했다. 어떤 그림을 선택했는지 전혀 기억하지 못하면서도 말이다! 자신을 유능하게 보고 에고를 유지하려는 욕구는 우리 머릿속 깊숙한 곳 어딘가에 상존하고 있으며, 인지 능력 손상도 그런 욕구를 없애지는 못한다.

신념의 과학

2004년 미국 대통령 선거는 현직 대통령인 조지 W. 부시와 민주당 후보 존 케리John Kerry의 양강 구도였다. 이 선거는 뇌과학자들에게는 무엇이 그토록 신념을 '완강하게' 하는지 연구할 절호의 기회이기도 했다. 학자들은 실험을 위해 지지 후보를 확고하게 정했다고 공언한 참가자들을 모집했다. 참가자들에게는 부시 대통령과 케리 상원의원, 그리고 정치 노선이 중립인 제3의 후보의 말에서 모순되는 부분을 보여주었다. 또한 그런 모순이 더 심해 보이게 하는 추가 정보도 제시했다. 그런 다음 참가자들에게 후보들이 내건 공약에 일관성이 있는지 판별해 달라는 과제를 냈다.

피험자들은 연구진이 그들의 뇌 활동을 관찰할 수 있도록 자기공명영상장치MRI에 들어가서 각 후보의 말을 평가하고 사고 흐름을 진행했다. 피험자들의 뇌는 지지하지 않는 후보의 모순된 공약을 평가할 때는 감정 중추가 활성화하지 않았다. 그래서 냉정하고 이성적으로 반대 후보의 공약을 판단했다. 그러나 지지 후보의 발언을 평가할 때면 감정 중추가 크게 활성화했다. 결과를 집계했더니 평가 점수에서도 확연한 차이가 드러났다.

피험자들은 반대편 후보의 발언에는 기쁜 마음으로 모순점을 지적했지만, 자신들이 지지하기로 마음먹은 후보의 말실수에는 말을 굉장히 아꼈다. 그들은 지지 후보의 앞뒤가 다른 말을 평가할 때는 감정이 판단을 집어삼켰지만, '상대 후보'의 논리적 오류에는 지적을 서슴지 않았다. 이런 식으로 관점이 다른 대상에게 이성적 평가를 적용하고, 생각이 같은 대상에게 감정적으로 평가하는 것은 자신이 '옳다'는 신념을 유지하기 위한 지속적 노력의 일환이다.

앞서 말한 모든 행동 편향과 마찬가지로, 광적으로 신념을 유지하고 자축하려는 행동에는 나름의 방법이 존재한다. 이론적으로 말하면 이것은 불행을 최소화하고, 행복을 촉진하고, 인지 처리 능력을 아껴서 중요한 일에 쓰려고 설계된 일종의 후회 회피regret aversion 행동의 한 형태다. 매번 뒤늦게 자기 행동을 비판하고 평가해야 한다면 얼마나 피곤하고 우울하겠는가? 여기서 흥미로운 점은 우연이나 무작위 선택 과제에서 피험자들은 선택 지원 편향을 보이지 않는다는 것이다. 직접 내린 선택과 소중한 신념을 평가해야 하는 상황에서만 우리는 에고를 동원해 방어전에 나선다.

반박은 오히려 신념을 담금질한다

"내가 정의하는 패배자는 실수를 하고서도 성찰하지 않고 반면교사로 삼지도 않으며, 새로운 정보로 지식을 높이는 것이 아니라 당황하고 방어적으로 굴며, 전진하는 것이 아니라 실수에 대한 변명을 내세우려는 사람이다."
— 나심 탈레브(Nassim Taleb)

"종이봉투로 하시겠어요, 비닐봉지로 하시겠어요?"

수천 번도 넘게 들었지만, 한번도 깊이 고민한 적이 없는 질문이다. 그러나 질문을 조금 바꾸겠다. 종이봉투와 비닐봉지, 어느 쪽이 환경에 도움이 될 것 같은가? 마트에서 둘 중 하나를 골라야 한다면 당신은 어느 쪽을 고르는가? 당신도 나와 같다면 어머니 지구의 쓰레기 처리에 조금이나마 도움이 되리라는 생각에 종이봉투를 고를 것이다. 당신은 그렇게 생각하겠지만, 팟캐스트 '당신은 그렇게 똑똑하지 않다You Are Not So Smart, YANSS'가 말하는 사실은 이렇다.

- 종이봉투 하나를 만들려면 비닐봉지 하나를 만들 때의 3배의 물이 사용된다.
- 종이봉투의 재사용률은 24%에 불과하지만, 비닐봉지의 재사용률은 67%이다.
- 종이 생산으로 인한 대기 오염은 비닐을 생산할 때보다 70%나 많다.
- 종이 1킬로그램을 재활용하는 데는 비닐 1킬로그램을 재활용하는 것보다 91%나 에너지가 많이 든다.

상당히 충격적인 사실이긴 하다. 이제 새로운 사실을 알았으니 다음에 마트에 갈 때는 선택이 달라지지 않겠는가? 이제껏 종이봉투를 선택했다면 지금쯤은 생각의 변화가 왔을지도 모른다. 종이냐 비닐이냐를 두고 감정 소모 없이 고르는 사람에게는 새 정보를 반영해 신념을 수정하는 것이 비교적 어렵지 않다. 그럼 이제 감정 소모가 훨씬 큰, 이를테면 총기 규제 같은 문제로 넘어가 보자.

"총기 규제 법률이 더 엄격해져야 한다."

총기 규제에 대한 찬반 논란과는 별개로, 이 문제에 대해서는 종이봉투와 비닐봉지를 선택하는 것보다 감정적으로 더 격한 반응을 보일 수밖에 없다. 심지어는 호흡과 자세, 사고의 흐름마저 달라지면서 더 격하게 토론을 벌이고, 평소 생각하던 바를 더 굳건하게 방어하려는 태세에 들어갈 수도 있다. 마찬가지로 YANSS 팟캐스트가 꼬집은 총기 규제의 진실이 당신의 신체에 어떤 영향을 미치는지 인식하면서 다음의 사실을 생각해 보자.

- 범행에 사용되는 총기의 98%는 도난당한 것이다.
- 매년 10만 명 이상이 총기 덕분에 목숨을 구했다.
- 총기 소유자 10명 중 9명은 발사를 하지 않고 자신을 방어한다.
- 1980년 이후부터 연간 총기 사고 사망자보다 익사자가 더 많았다.
- 해마다 식칼에 찔려 죽는 사람의 수는 살상용 무기에 살해당하는 사람의 10배다.

물론 총기 규제 강화에 설득력을 더해 주는 사실도 위 못지않게 많이 나열할 수 있지만, 그건 중요하지 않다. 여기서 중요한 것은 당신이 굳게 지키는 신념에 일치하거나 일치하지 않는 정보를 들었을 때 내부에서 일어나는 반응이다.

당신이 종이봉투를 선택하는 사람이었다면, 그것이 더 좋은 선택은 아닐 수도 있다는 정보를 들었어도 신념을 바꾸는 데 특별한 거부반응이 일지는 않을 것이다. 그러나 당신이 총기 규제 강화에 찬성하는 쪽인

데 위와 같은 통계 수치를 들었다면, 상당한 거부반응을 각오해야 한다. 연구 조사에 따르면, 이런 일에 대해서는 새로운 정보가 굳센 신념에 원만하게 융합되기는커녕 위기의식에 불타 오히려 기존 신념을 더 굳게 다지는 역효과가 생긴다.

리 로스Lee Ross와 크레이그 앤더슨Craig Anderson은 기존 신념이 새 정보에 완강한 거부반응을 보이는 현상을 시험하기 위해 '사후 보고 패러다임debriefing paradigm'이라는 이름의 실험을 진행했다.[5] 피험자들은 어떤 일에 관해 가짜 증거를 읽었다. 그런 다음 연구진이 피험자들의 태도가 바뀌는 시간을 측정한 뒤에 실제로는 그 증거가 진짜가 아니라 날조된 것이었다는 사실을 설명했다. 그러고는 새로 바뀐 믿음이 얼마나 잔존하는지를 다시 측정했다. 피험자들은 처음의 증거가 완전히 날조되었다는 사실을 자세히 들었지만, 이런 사후 보고를 들은 뒤에도 한번 자리 잡은 잘못된 신념의 잔재는 사라지지 않았다. 스탠퍼드대학교에서 진행한 비슷한 연구에서는 참가한 학생들에게 유서 한 쌍을 보여주고 그중 자살자가 쓴 진짜 유서와 가짜 유서를 알아맞히게 하는 과제를 냈다. 일부 학생들은 자살자의 유서를 가려내는 재능이 뛰어나다는 말을 들었고, 일부 학생들은 자살자를 알아맞히는 실력이 떨어진다는 말을 들었다. 문제는, 처음부터 인위적으로 조작된 실험이었다는 것이다.

자살자를 정확히 알아맞혔다는 말을 들은 학생이나 아닌 학생이나 실제로 예측 능력은 똑같았다. 2차 실험에서는 평가 점수가 거짓이라는 사실과 함께, 예측이 정확하거나 틀렸다는 말을 들었을 때 학생들의 반응을 알아보는 것이 진정한 연구 목표라는 사실을 설명했다. 이어서 학생들은 새로 들은 정보를 반영해 자신들의 실험 과제 수행 능력을 직접 평가했다. 뜻밖의 결과가 나왔다. 처음에 가짜로 높은 점수를 받은 학생들은 본인이 자살자를 알아맞히는 능력이 뛰어나다는 생각을 버리지 않았고, 점수가 낮았던 학생들은 자신들의 예측 능력이 여전히 낮다고 생각했다. 참이건 거짓이건, 하나의 신념이 뿌리를 내리면 그것을 뽑아내기란 좀처럼 쉽지 않다.

반박 증거가 나와도 신념이 더 강해지는 인지 편향을 역화 효과backfire effect라고 한다. 이 편향은 정보가 모호하거나 불명확할 때 더 심해진다. 스탠퍼드대학교에서 진행된 연구에서는 사형 제도 찬반에 관한 주관이 뚜렷한 학생들을 모집해서 그들에게 제도의 타당성과 부당성을 동시에 적은 문서를 보여주었다. 설문에 응한 학생들의 23%는 문서를 읽고 나서 찬반 의사가 더 뚜렷해졌다고 말했고, 생각이 바뀌었다고 말한 응답자들도 실제로는 원래부터 가졌던 선입견을 더 옹호하는 쪽으로 바뀐 것에 불과했다.

찰스 S. 테이버Charles S. Taber와 밀턴 로지Milton Lodge도 비슷한 연구를 했다. 그들은 총기 규제와 적극적 우대 조치affirmative action(인종과 계층 차별, 과거사 문제 해결을 위해 해당 국민에게 특혜를 주는 정책-옮긴이)와 관련해 생각이 확고한 사람들을 모집하고 그들에게 찬반양론을 다 읽게 했다. 생각이 강경하고 정치적 선호도가 뚜렷한 사람일수록 기존 신념이 더욱 극단적으로 강해졌다. 극단적 신념을 가진 사람들은 반대 주장을 접한 순간 더 극단적으로 변했다.

사이비 종교 광신도들이 끝까지 종교를 버리지 않는 것을 '집단 믿음의 증발 냉각evaporative cooling of group belief'이라고 한다. 사이비 종교가 내건 믿음이 실현되지 않으면(예를 들어, 예언된 날에 지구가 멸망하지 않으면) 웬만

한 신도들은 실수를 깨닫고 종교를 버린다. 그러나 광신도들은 신념을 더욱 공고히 다지면서 '우리가 잘못해서 예언이 실현되지 않은 것일지도 몰라'라는 생각을 유지하기 위해 온갖 이유를 가져다 붙인다. 사이비 종교는 더 광적인 행태를 보이고, 이 과정이 반복되다가 끝내는 존스타운 대학살(사이비 기독교 교주인 짐 존스가 운영하는 마을인 존스타운에서 900명 이상이 사망한 사건-옮긴이)이나 천국의 문(외계인이 UFO를 타고 와 자신들을 데려갈 것이라고 믿으면서 39명의 신도가 집단 자살한 사건-옮긴이) 같은 비극까지 벌어진다.

체중계에 올라 몸무게를 쟀는데 만족스러운 숫자가 뜬다면 어떻겠는가? 저울에서 곧바로 내려와 일과를 처리하면서도 체중 감량 목표에 조금 가까워졌다는 사실만은 두고두고 기억할 것이다. 그러나 체중계에 올라갔는데 생각하기도 싫은 숫자가 뜬다면? 어쩌면 체중계에서 내려왔다가도 다시 올라가서 숫자를 확인할 것이다. 그러면서 몸을 너무 구부정하게 수그리거나 체중계를 너무 꽉 누르지 않으려고 조심할 것이다. 건강에 이상이 없다는 검사 결과를 받으면 가벼운 마음으로 병원을 나서지만, 듣기만 해도 무서운 질병을 진단받으면 믿지 못해 두 번이고 세 번이고 검사결과표를 확인할 것이다. 우리는 자신이 옳거나 괜찮다고 확인해 주는 진실은 액면 그대로 수긍하고, 그렇지 않은 진실은 무조건 회의적으로 보도록 프로그래밍 되어 있다.

에고의 부정적 영향력을 충분히 인지하는 일부 투자회사는 포트폴리오 관리자의 생각에 태클을 걸며 선의의 비판자 역할을 하는 '악마의 변호인devil's advocate'을 고용하기도 한다. 그러나 백신 무용론을 부르짖는 사람들에게 그들의 생각이 비과학적이라는 것을 입증하는 증거를 보여주었더니, 오히려 근거도 없는 백신 무용론을 더 강하게 비호했다는 연구 결과도 있다. 누군가의 잘못된 생각을 바로잡는 것은 거의 불가능에 가까우며, 그보다는 허위와 거짓을 막는 이른바 백신 시스템을 설계하는 것이 훨씬 나은 방법이다. 행동투자자는 그 사실을 깨달아야 한다.

투자에서 가장 홀대받는 말

"미지가 안길 고통을 모르는 사람은 발견의 기쁨도 누리지 못한다."
– 클로드 베르나르(Claude Bernard)

"이번에는 다르다." 존 템플턴John Templeton 경은 이 말이야말로 투자에서 가장 값비싼 대가를 치르게 하는 말이라고 일침을 놓았다. 어쨌든, 이번에는 다르다는 생각은 (대공황을 이끈) 재즈 시대의 화려한 소비와 향락부터 주가가 천문학적으로 치솟은 닷컴 거품에 이르기까지 모든 경제 재앙의 원인으로 지목받아 마땅하다. 수익성이나 매출 증가와 같은 공신력 있는 수치가 아니라 '마인드 공유'나 '주목하는 사람들의 수'를 중시하는 순간 재앙은 성큼 다가온다. '이번에는 다르다'가 가장 값비싼 투자 손실을 불러오는 말이라면, 나는 투자 행위에서 가장 천대받는 말로 '잘 모르겠습니다'를 꼽고 싶다. 그리고 막상막하인 말로는 '내가 틀렸습니다'가 있다. 이 두 문장은 투자에서 굉장히 도움이 되지만, 그만큼 입 밖에 내기가 대단히 어려운 말이기도 하다. 불확실성을 인정하고 자신이 틀릴 수 있다는 신념을 유지한다면, 큰 보상을 받을 수 있다. 그것은 인간에게는 매우 힘든 행동이기 때문이다.

'잘 모르겠습니다'가 가장 효과적인 투자 전술의 핵심이라는 사실은 언뜻 이해가 가지 않는다. 패시브 투자는 '잘 모르겠습니다'를 구현한 투자 전략이다. 어떤 종목이 좋고 어떤 종목이 나쁜지 몰라서 시장 전체를 사는 것이 패시브 투자다. 패시브 투자 상품들은 겸양의 미덕을 잘 지킨 덕분에 어느 기간을 놓고 봐도 액티브 투자 펀드의 수익률을 앞지른다. 액티브 펀드 관리자와 패시브 펀드 관리자의 실적을 비교하는 SPIVA 득점표 결과만 봐도 알 수 있다. 지난 5년과 10년 동안 대형주 펀드매니저의 각각 88.65%와 82.07%가 패시브 투자 펀드보다 수익률이 낮았다(심지어 수수료를 제하기도 전이다!). 주가가 비교적 비효율적이라고 여겨져, 액티브 투자 펀드에 인기가 높은 소형주도 처참하게 깨지기는 마찬가지다. 소형주 펀드매니저의 87.75%가 패시브 투자보다 수익률이 낮았다.

분산투자 역시 '어느 것도 확신하지 못하면 다 사라'라는 정신을 구현하는 투자이며, 불확실성을 인정하는 것이 수익률을 타협하는 것은 아니라는 사실을 보여주는 증거다. 실제로도 폭넓은 분산투자와 포트폴리오 재조정으로 매년 0.5%의 수익률이 늘어난다는 것이 입증되었다. 0.5%는 그것 하나로는 크지 않을지 모르지만 그렇게 몇십 년 동안, 그것도 복리로 쌓인다면 사정이 달라진다.

분산투자와 포트폴리오 재조정 효과의 예로 벤 칼슨Ben Carlson의 《상식으로 거두는 부A Wealth of Common Sense》에 언급된 유럽 주식, 아시아·태평양 주식, 미국 주식의 수익률을 보자. 1970년부터 2014년까지 세 지역 주식의 연수익률은 각각 다음과 같았다.

- 유럽 주식: 10.5%

- 아시아·태평양 주식: 9.5%

- 미국 주식: 10.4%

다들 엇비슷한 수익률이다. 그럼 이제 세 시장을 혼합했을 때의 수익률을 보자. 가중치는 똑같으며, 포트폴리오 구성비를 유지하기 위해 연말마다 재조정을 한다고 치자. 같은 기간 포트폴리오의 연평균 수익률은 10.8%가 되면서, 분산투자의 기적이라고밖에 말할 수 없는 수익률이 나왔다. 한 시장에만 투자했을 때보다 높은 수익률이다! 모르고 한 투자였는데도 나쁘지 않은 결과다.

'잘 모르겠습니다'라고 인정하는 투자는 실제로 효과가 좋지만 다들 잘 사용하지 않는 투자 방법이기도 하다. 그 이유는 우리 깊숙한 곳에 자리한 개인적 역량을 느끼고 싶은 욕구 때문인데, 아무리 강력한 반박 증거를 보여주어도 이런 욕구를 진화하기는 힘들다.

"잘 모르겠습니다"

"위험 관리에서 가장 큰 장애물은 확실성을 추구하는 것이다."
— 게르트 기거렌처(Gerd Gigerenzer)

비행기 여행자의 약 25% 정도가 비행기나 헬리콥터를 타는 것을 무서워하는 비행공포증을 앓는 것으로 추정된다. 비행공포증은 사람을 가리지 않는데, 갱스터 래퍼인 케이알에스원KRS-One, 풋볼 코치 존 메이든 John Madden, 밴드 블링크-182의 문신으로 유명한 드럼 연주자 트래비스 마커Travis Barker, 독재자 이오시프 스탈린Iosif Stalin과 김정일에 이르기까지 많은 유명 인사가 비행공포증에 시달렸다. 반인륜적인 범죄 욕구에 불 타도 비행공포증을 해소하는 데는 도움이 되지 못한다. 그러나 비행공 포증이 아무리 널리 퍼져 있다고 해도 비행은 여전히 최고는 아니지만 가장 안전한 여행 수단 중 하나다. 미국교통안전국의 2014년 통계에 따 르면 그 한 해 동안 민항기 사고로 죽은 사람은 0명이었다.[6] 반면 같은 해 자동차 사고 사망자는 3만 8300명, 부상자는 440만 명이었다. 1년에 딱 한 번만 비행을 한다고 가정하면, 자동차를 20킬로미터만 운전해도 차 사고를 당할 위험이 비행기 사고 위험보다 커진다! 미국인 대다수의 자동차 주행 거리는 연간 2만 킬로미터 이상이므로 사고 위험을 비교하 는 것은 아예 무의미해진다.

비행기 여행이 과거에도 지금처럼 매우 안전했던 것은 아니며, 안전 성이 개선된 것은 '잘 모르겠습니다'와 '내가 틀렸습니다'를 인정했기 때문이다. 항공사들은 안전 운항을 위한 단순하지만 강력한 관행을 철 저히 지켰다. 그들은 비행 전에 점검해야 할 것은 빠짐없이 확인했고, 조종사와 정비공·항공 관제사·감독 기관·항공사 직원 등이 과거의 오 류를 논의하고 더 나은 승객 안전을 도모하는 시스템 싱크system think 같 은 프로그램도 운영했다.

문제는 이런 노력을 그 어느 곳보다 앞서서 받아들여야 할 곳이 그러 지 못하고 있다는 사실이다. 바로 병원이다. 게르트 기거렌처는《지금 생각이 답이다Risk Savvy》에서 병원들에는 "항공에서처럼 심각한 실수를 보고하고 학습하는 전국적 시스템이 갖춰져 있지 않다"라고 성토한다.[7] 미국의학연구소는 충분히 예방 가능한 의료 실수로 매년 4만 4000~9만 8000명의 환자가 목숨을 잃는다고 추정하는데, 그 가장 큰 원인도 이런 시스템 부재에 있다. 의료사고로 목숨을 잃는 환자 수는 교통사고 사망자 수의 2배이며, 의료사고는 미국에서 심장병과 암에 이어 세 번째로 높은 사망 원인이기도 하다! 자본시장에서 오만은 커다란 금전적 손실을 낳는다. 병원에서 오만의 대가는 진짜 사람 목숨이다.

확실성을 원하는 우리의 심리는 무작위성이 높을수록 자신의 판단을 더 확신하는 삐딱한 성향을 보인다. 제이슨 츠바이크는 재미있는 실험 결과를 들려준다. 그림을 그린 사람이 아시아 아이인지 유럽 아이인지를 알아맞히는 모호한 과제 실험에서 피험자들은 자신의 판단을 68% 확신했다. 또한 미국 대학생들은 대학 졸업률이 가장 높은 주를 알아맞히는 과제에서 자신의 판단을 66% 확신했다. 두 과제 모두 실제 결과는 동전 던지기와 비슷하거나 그것만도 못한 수준이었다.

이와 비슷한 개념으로 심리학을 통틀어 내 구미를 가장 당긴 편향은 더닝 크루거 효과dunning-kruger effect다. 데이비드 더닝David Dunning과 저스틴 크루거Justin Kruger는 어리석은 사람은 너무 어리석어서 자신이 바보 같다는 사실도 알지 못한다는 당혹스러운 결과를 발견했다.[8] 그들은 레몬 즙을 얼굴에 발라 변장을 시도했던 맥아더 휠러McArthur Wheeler 은행강도 사건에서 영감을 얻어 실험 질문을 만들었다. 레몬 즙으로 투명 잉크를 만든다는 사실에, 맥아더는 그것을 바르면 자기 얼굴도 투명해질 것이라고 믿었다. 이 어이없는 사건이나 다른 바보 같은 사건을 연구하면서 더닝과 크루거는 무능한 사람들은 자신이 무능하다는 것을 인지하지 못하고 다른 사람들의 능력도 알아보지 못한다는 결론을 내렸다.

　의사도 투자 자문도 고도의 전문 지식을 가지고 있고 전문가로서 존경을 받지만, 이것은 그들이 체크리스트 확인처럼 따분한 일이라든가 '잘 모르겠습니다'처럼 효능이 확실한 말을 하기 어렵게 만드는 주된 원인이 되기도 한다. 그리고 스펙트럼의 반대편에서는, 지식도 없는 사람들이 오히려 너무 무능해서 자신들의 능력을 과대평가한다. 게다가 설상가상으로 우리는 무작위한 상황일수록 자신이 예상한 결과를 더 확신하는 성향까지 있다. 똑똑하건 바보건, 젊건 늙었건, 전문가이건 초보자이건, 우리는 불확실성을 제대로 인지하지도 못하고 자신의 잘잘못을 똑바로 인정하지도 못한다.

평범함 속에 뛰어남이 있다

윌러드 밴 오먼 콰인Willard Van Orman Quine은 논리학자이자 철학자였고, 하버드대학교 교수였다. 그는 20세기에 가장 영향력 있는 철학자 중 하나였으며, "나는 확실성을 다룬다"라고 말하며 사무실 컴퓨터 자판에서 물음표를 없애 희한한 돌연변이 컴퓨터를 만든 인물로도 유명하다. 콰인 교수가 물음표 키를 뽑아낸 행동은 다소 희극적이고 웅변적이지만, 이는 우리 대부분이 어떤 인생을 추구하는지를 훌륭하게 은유하는 행동이기도 하다. 우리는 인간을 우주의 중심이라고 생각하면서 긍정적 사건 가능성은 높이 점치고 위험한 사건은 애써 외면한다. 이러한 성향은 우리를 잠자리에서 일으켜 세우고, 바에서 매력적인 사람에게 다가가 말을 걸 용기를 주고, 레스토랑이나 회사를 차릴 용기를 주지만, 순수하게 확률적인 관점에서 본다면 긍정에 기대는 것도 부정을 외면하는 것도 결코 이성적인 행위는 아니다.

귀에 딱지가 앉은 말을 또 반복하겠다. 우리를 언제 어디서든 잘 살게 해주는 적응 능력은 투자자의 욕구에는 들어맞지 않는다. 행동투자자가 된다는 것은 철저히 이질적인 세상을 꼼꼼히 살펴본다는 뜻이며, 우리 인간을 뛰어난 재능도 지식도 행운도 부족한 아주 커다란 양탄자의 보잘것없는 실오라기 하나로 본다는 뜻이다. 행동투자자가 된다는 것은 우리를 지극히 평범하고 평균적인 존재로 본다는 뜻이다.

그러나 우리가 가진 그 평범한 능력이 우리를 뛰어난 존재가 되게 한다는 데 그 역설이 있다. 중요한 것은 자신을 믿는 것이 아니다. 그 반대다. 우리는 특별해지고 싶은 욕구가 낮을수록 더 특별한 사람이 된다는 사실을 깨닫는 것이 중요하다. 투자자이자 작가인 제임스 P. 오쇼너시James P. O'Shaughnessy는 《월스트리트에서 성공하는 투자What Works on Wall Street》에서 다음과 같이 말했다. "우리는 옆 사람만큼이나 치명적인 행동 편향에 쉽게 넘어간다. 이 사실을 인정하는 것이 성공 투자의 열쇠다." 뛰어난 투자 결과는 모두가 이룰 수 있다. 단, 지금처럼 열심히 뛰어다니지는 않아야 한다는 전제하에서.

- '너 자신을 믿어라'는 투자자에게 최악의 조언이다.
- 당신이 원하는 정보는 이미 옳다고 믿는 것을 입증해 주는 정보다.
- 당신이 내린 결정을 자찬하기 위해 등을 두드려 주느라 당신 팔은 부러지기 일보 직전이다.
- 우리는 소중히 여기는 믿음에 반발하는 사실에는 격렬히 저항하며 신념을 더욱 공고히 다진다.
- 다들 '잘 모르겠습니다'라고 말하기를 꺼리지만, 이 말이 진짜 수익으로 이어진다.
- 굉장히 모순적이지만, 상황이 모호할수록 우리는 자신의 판단을 더욱 확신한다.
- 어떤 투자에 열정적으로 끌린다면, 그것을 충분히 냉정하게 생각해 보지 않았기 때문일 수 있다.

보수주의

"우리는 모든 것을 잃고 난 후에야 진정으로 자유로워진다."
— **척 팔라닉**(Chuck Palahnuik), 《**파이트 클럽**(Fight Club)》

수십 년 전, 독일의 한 마을에 도시 전체를 탈바꿈할 수 있는 일생일대의 기회가 찾아왔다. 알고 보니 마을 지하에 서독 정부가 절실히 원하는 귀중한 광물 자원이 매장되어 있었던 것이다. 갈탄 채광을 위해서는 마을 전체를 헤집어야 하지만, 그 대가로 정부는 주민들이 원하는 대로 마을을 재건해 주겠다고 제안했다.

정부가 마을을 헤집는 것을 그토록 대수롭지 않게 생각한 이유는 진짜로 문제 될 것이 없다고 생각했기 때문이다. 수 세대 동안 이 마을의 발전 계획은 거의 무계획에 가까웠다. 구불구불한 도로는 통행이 어려웠고, 기능적으로도 미관상으로도 낙제점이었다. 정부 비용으로 새로운 도시 발전 계획을 제안받은 마을 주민들이 제시한 계획안은 (짐작했겠지만) 애초에 헤집으려던 과거의 그 중구난방인 소촌의 모습과 전혀 달라진 것이 없었다.

간절히 원하던 것을 손에 넣을 기회가 왔을 때 주민들은 그때까지 고수했던 인간의 타고난 천성을 그대로 고집했다. 변화가 아니라 전과 똑같이 유지되는 것을 원하는 천성이야말로 인간 행동의 주된 원인이다. 그리고 이는 우리가 살펴볼 투자자 행동의 두 번째 행동인 '보수주의'를 떠받치는 기둥이다.

귀신도 아는 귀신이 낫다

올해 음주운전 사고 사망자 수는 대략 1만 명일 것으로 예상된다. 3명 중 1명은 평생에 한 번은 음주 관련 교통사고를 당하게 된다. 모든 가정폭력의 55%는 알코올 중독자 가정에서 발생한다.

알코올 중독의 위험성이야 모두가 잘 아는 사실이지만, 이런 통계 수치만으로는 정신적 충격을 가하기에 미흡하다. 알코올 중독의 폐해가 막심한 만큼, 성장기에 알코올 중독자인 부모에게서 악영향을 받았던 아이들은 어른이 되면 무슨 일이 있어도 같은 일이 벌어지는 것을 막으려 하지 않겠는가? 그렇다면, 알코올 중독자의 자녀 중 50%가 알코올 중독인 사람과 결혼하는 이유는 무엇인가?

'귀신도 아는 귀신이 낫다'라는 성향에는 여러 가지 심리적 변수가 작용한다. 한 가지 변수는 동일함에 대한 선호다. 인간은 자신이 이미 아는 것을 다시금 확인하기를 원한다. 그것이 따분하고 나쁘고 불만족스러울지라도 말이다. 통증 연구자들에 따르면, 정확히 똑같은 강도로 통증 자극이 가해져도 피험자들은 예상하지 못한 통증보다는 예상한 통증을 훨씬 덜 아프게 느낀다고 한다. 록밴드 너바나Nirvana의 보컬이자 기타리스트였던 커트 코베인Kurt Cobain의 노랫말처럼, "나는 슬픔이 주는 평온함이 그립다."

후회를 회피하고, 가지지 않은 것보다 가진 것을 더 귀하게 여기고, 이익을 원하는 마음보다 손실을 두려워하는 마음이 더 큰 우리의 타고난 성향도 보수주의를 부추긴다. 천성적으로 보수주의의 함정에 빠지게 만드는 심리적 원인이 무엇이건 간에 이 함정은 어디에나 존재하면서 우리 발목을 잡는다. 투자 세계에서 보면 보수주의는 손실이 나는 주식을 고집스럽게 보유하고, 포트폴리오 재조정을 하지 않으며, 위험 자산(주식을 가리킨다-옮긴이)에는 적게 할당하고 더 심하게는 자산을 완전히 동결하는 등 온갖 형태로 등장한다.

변화에 부딪히면 인지적으로 노력하고 적응하고 잠재적 손실과 후회를 각오하는 등 많은 심리적 저항을 이겨내야 하지만, 행동투자자가 되기 위해서는 변화가 불가결하다. 인생에서도, 시장에서도 유일한 상수는 변화다.

생각은 어렵다

하루가 주어진다면 얼마나 많은 결정을 내릴 수 있을 것 같은가? 잠시만 가상의 하루를 거닐며 당신이 내릴 선택의 수를 추측해 보자. 내 질문을 받은 사람들은 대부분 약 100개 정도일 것이라고 대답한다. 한참 엇나갔다. 무려 3만 5000개다.[1]

그렇다. 우리는 하루만 해도 3만 5000가지 결정을 한다.

정통 의사 결정 모델은 두 종류의 결정을 취급한다. 하나는 대안이 정해져 있고 결과도 특정되는 확실성 아래에서 내리는 결정이고, 다른 하나는 대안도 결과도 불특정한 불확실성 아래에서 내리는 결정이다. 이론적으로 확실한 상황에서 결정을 내릴 때는 알려진 대안의 순위를 매기고 최상의 대안을 선택한다. 지극히 간단하다. 불확실한 상황에서 결정을 내릴 때도 작동 논리는 비슷하지만, 각각의 대안에 대해 주관적 확률값을 적용해서 결과 발생 가능성을 점친다는 점이 다르다. 그러므로 불확실성 아래에서 의사 결정을 하는 사람은 결과 발생 확률에 근거해서 가장 바람직하다 싶은 대안을 선택하게 된다.

여기까지는 깔끔하고 논리적인 의사 결정 모델이다. 그런데 문제는 우리는 하루에도 수만 가지 결정을 내려야 한다는 점이다. 매년 1277만 5000가지 결정을 내려야 하는데, 건건이 확률적 효용을 따져야 한다면 선택의 신뢰성에 금이 가지 않을 수 없다. 매번 이렇게 힘들게 결정을 해야 한다면 시작도 하기 전에 진이 빠진다. 연구 결과도 그 사실을 입증한다. 그래서 우리는 친숙한 것을 압도적으로 편애하는 결정을 내린다.

윌리엄 새뮤얼슨William Samuelson과 리처드 제카우저Richard Zeckhauser는 논문 〈의사 결정에서의 현상 유지 편향Status Quo Bias in Decision Making〉에서 고전 의사 결정 모델은 우리가 얼마나 고집스럽게 원래의 행동을 유지하는지를 전혀 예상하지 못한다고 말한다. 두 연구자가 알아낸 결과에 따르면 투표, 사업상의 결정, 보험회사 선택, 은퇴 계좌 관리에 이르기까지 우리는 다양한 결정에서 현상 유지를 기본 설정값으로 삼는다.

두 학자는 현직 정치인이 재선에 나설 때의 상황에 비유해 현상 유지 편향을 설명한다. "통계학의 외삽법으로 추정한 실험 결과에 따르면, 현직 공직자는 59% 대 41%의 비율로 선거에서 승리할 것이라고 주장한다. 반대로 도전자는 중립적 환경에서도 39% 정도의 표만 확보할 수 있는데도 근소한 표 차로 현직 정치인을 이길 수 있다고 주장한다."[2] 유권자들이 정말로 아무 감정 개입 없이 냉정하게 투표를 할 것인가? 다시 생각해 보자. 국민은 어지간한 일이 아니고서는 현직 공직자를 끌어내리지 않는다.

코넬대학교 교수 브라이언 완싱크Brian Wansink와 제프리 소벌Jeffrey Sobal은 우리가 매일 몸을 사리며 200번이 넘는 식품 관련 결정을 할 때 그렇듯이 다른 선택에서도 보수주의의 영향을 크게 받는다는 사실을 입증했다.[3]

두 교수는 첫 번째 실험에서 참가자들에게 하루에 식품을 선택하는 횟수가 몇 번이나 될 것 같은지 질문했다. 참가자들은 식품 선택 횟수를 아주 낮게 잡았지만, 실제로 그들은 먹는 것과 관련하여 매일 평균 221번이나 선택을 했다! 이것은 우리가 전혀 의식하지 않은 채 자동 조종 상태에서 선택하는 일이 대단히 많다는 것을 보여주는 증거였다. 두 번째 연구에서는 '상황의 기본 설정값으로 인해' 과식을 한 사람들을 관찰했다. 이때의 기본 설정값은 커다란 밥그릇이었다. 왜 과식을 했느냐는 질문에 현상 유지가 기본 설정값이라서 그랬다고 대답한 참가자는 거의 없었다. 21%는 과식을 했다는 사실을 부인했다. 75%는 배고파서 그랬다고 대답했고, 오직 4%만이 커다란 그릇에 음식이 가득 나와서 과식을 하게 되었다고 말했다.

넷플릭스에서 예술영화와 다큐멘터리를 보지 않는 데는 이유가 있다. 당신의 뇌가 지쳤기 때문이다. 힘든 하루를 끝내면 마이클 베이Michael Bay의 신나는 영화를 보고 싶지, 라스 폰 트리에Lars von Trier의 진지한 영화로는 눈길이 가지 않는다. 당신은 매일 수도 없이 많은 것을 선택하고 결정한다.

바로 이런 개념에 착안해서 1968년 워드 에드워즈Ward Edwards는 우리의 지친 뇌는 신념을 합리적으로 수정하는 것을 원하지 않는다는 사실을 발견했다. "증거가 명백할수록 신념의 합리적 수정은 실질적 수정을 따라잡지 못하고 격차가 더욱 벌어진다."[4] 가슴이 서늘해지는 주장이다. 중요한 정보일수록 소화하기 어려운 것이 당연하다. 피로감에 시달리는 우리의 정신은 중요한 새 정보는 옆으로 밀쳐 두고, 대신에 진실 여부는 의심스러워도 발길이 익숙한 오솔길을 다시 선택한다.

앞에서도 말했다시피, 뇌는 신체에서도 신진대사 효율이 가장 떨어지는 장기이기 때문에 에너지를 보존하려면 기본 설정값에 의지해야한다. 아침에 시리얼을 얼마나 먹어야 속이 든든할지 일일이 계산할 수 없는 노릇이니 그릇에 가득 붓는다. 은퇴 계좌의 장단점을 일일이 비교하는 정산표를 만들 수는 없으니 지난 5년간 부어왔던 계좌를 그대로유지한다. 포트폴리오를 재조정하기 귀찮으니 죽이 되든 밥이 되든 그냥 둔다.

우리의 의사 결정 능력은 한계치까지 와 있기 때문에 보수주의가 우리의 정신에서 차지하는 부분은 절대 작지 않다. 보수주의 그 자체는 좋은 것도 나쁜 것도 아니다. 뒤에 나오는 장들에서 설명하겠지만, 보수주의도 잘만 사용하면 큰 도움이 된다.

행동하지 않는 것이 딱히 나쁜 것만은 아니다

현재 당신은 집에 있고, 당신 말고 있는 사람은 아기 침대에서 곤히 자는 아기뿐이다. 그런데 시급한 볼일이 생겼고, 넉넉잡아도 15분이면 집에 돌아올 수 있다. 당신은 아기를 깨워서 데리고 나갈 것인가, 아니면 혹시라도 아기가 깨면 침대에 꼼짝없이 누워 있어야 한다는 사실을 알지만 그대로 자도록 두고 나갈 것인가? 나를 포함해 대부분의 사람은 아기를 깨워서 데리고 나갈 거라고, 고민도 하지 않고 대답한다. 그 이유는 분명하다. 후회 회피 때문이다. 잠깐 나가 있는데 집에 불이 나거나 강도가 들어서 아기가 다친다면, 그 죄책감에서 두고두고 벗어나지 못할 것이다. 이런 판단은 어느 결정을 내리건 아이에게 불상사가 생길 확률을 무시한다. 집에 불이 날 확률은 지극히 낮고, 유아용 침대에서 곤히 자고 있는 아기가 15분 안에 위험해질 확률은 그것보다도 훨씬 낮다. 반대로 자동차 사고는 아주 흔하고, 당신과 동승해 있던 아기가 다칠 확률은 아주 높은 편이다. 아기를 집에 혼자 두고 보호하지 않았을 때 일어날 온갖 후회스러운 불상사가 자동차 사고로 말미암은 부상 통계치보다 훨씬 생생하고 크게 다가온다. 확률에는 하품이 나지만 상상의 시나리오에는 겁이 왈칵 난다. 그래서 우리는 아기를 데리고 나간다.

　우리가 이런 사고 오류에 빠지는 이유를 카너먼과 아모스 트버스키

Amos Tversky는 다음과 같이 설명한다. "사람들은 아무것도 하지 않아서 나쁜 결과가 생겼을 때보다 새로운 행동을 해서 나쁜 결과가 생겼을 때 자신의 행동을 훨씬 크게 후회한다."[5] 행동은 괜히 했다는 자책감을 일으키고, 불확실한 결과에 대해 책임을 지는 것은 소태를 삼키는 것보다도 힘들다. 투자자 A가 포트폴리오를 바꿨는데 곧바로 시장이 20% 급락했다면, 다른 조건이 다 동일해도 투자자 A는 포트폴리오 구성에 아무 변화도 주지 않아서 똑같은 손실을 본 투자자 B보다 자신의 행동을 자책하는 마음이 훨씬 클 것이다. 투자자 A는 쓰라린 책임감을 느낀다. 나 역시 아무 행동도 하지 않는 것을 후회 회피 편향의 하나로 보게 된 계기가 있다. 나는 내 첫 심리 상담 고객인 브룩에게서 잊지 못할 경험을 했다. 물론 브룩이라는 이름은 가명이다.

나는 행동심리학 원칙을 금융계에 응용하는 데 평생을 바쳤지만 박사학위는 임상심리학으로 땄다. 박사과정 이수 조건 중 하나가 수천 시간의 고객 상담이었고, 이때 익힌 기술은 공황에 빠진 투자자들과 대화를 나눌 때 아주 귀중한 도움이 되었다. 내 첫 상담 고객이었던 브룩은 편지 봉투 여섯 장을 들고 상담실에 들어왔다. 들어오자마자 그녀는 내 책상에 봉투를 올려놓으며 "제가 조금 곤란해졌어요"라고 말했다. 브룩은 매력적이고, 옷도 잘 차려입었고, 말도 똑 부러지게 했다. 신상명세서를 보니 그녀는 뛰어난 학생이기도 했다. 저렇게 다 가진 사람이 무슨 문제가 있다는 것인지 나는 의아했다.

상담 시간 내내 그녀는 자신이 겪고 있는 문제를 설명했고, 나는 어설픈 초보자 티를 내지 않으려고 애를 썼다. 과학자가 꿈인 브룩은 유명 박사과정 대학원 여러 곳에 지원했는데, 전부 우편으로 합격 여부를 통보했다. 상담실에 들어오자마자 그녀가 내민 여섯 통의 편지가 그것이었다. 그녀는 어린 시절부터 과학자가 되는 꿈을 꾸었고, 고등학생 때는 좋은 대학에 진학하기 위해 철저히 준비했다. 대학에 와서도 성실히 공부했다. 그녀가 지금까지 한 모든 것은 이 순간을 위한 준비였다!

통지서가 왔고, 그녀는…… 봉투조차 열어 보지 않았다. 이 순간을 준비하며 그토록 많은 시간과 노력을 쏟아왔는데도, 그녀는 완전히 얼어붙어 합격 여부조차 확인하지 못하고 있었다. 등록 마감 시한이 코앞으로 다가온 만큼 두려움을 밀쳐내고 봉투를 열어 행동을 해야 했지만, 그녀는 얼어붙었다. 자신이 그렇게 염원하고 노력했던 것이 거부당했을지도 모른다는 것을 그녀는 견딜 수가 없었다.

상담 내내 나는 혼란스러웠다. 브룩이 말하는 문제는 내가 공부한 책 어디에도 나오지 않았고, 무엇보다도 저렇게 완벽해 보이는 사람이 저토록 불안정한 행동을 한다는 것 역시 도무지 이해되지 않았다. 내가 몇 마디 충고랍시고 했던 것은 확실하게 기억이 난다. 어느 순간에는 신상명세서까지 덮어 버렸고, 내가 한 충고도 대부분 쓸모없는 말이었다. 상담 고객에게 직접적인 충고는 금물이며, 대신 고객이 직접 답을 찾을 수 있도록 핵심을 찌르는 질문을 해야 한다고 수업 시간에 배우기는 했다. 그런데 정작 닥치고 보니 쉬운 일이 아니었다.

그녀를 올바른 방향으로 이끌지 못하는 내 무능력에 좌절한 나는 되는 대로 내뱉었다. "그렇게 몸을 사리면 결국 당신이 그토록 두려워하는 결과가 반드시 일어날 수밖에 없습니다." 근사한 조언은 아니었지만, 날카로운 조언이기는 했다. 그날 브룩도 나도 깨달은 사실이 있었다. 불확실성을 없애려는 최선의 노력이 가끔은 확실한 실망감이라는 결과를 불러오기도 한다는 사실이었다. 이건 삶에서도, 투자에서도 명백한 진실이었다. 브룩은 행동을 하면 후회할지도 모른다는 비이성적인 두려움에 시달렸다. 아이러니한 일이지만, 아무 행동도 하지 않음으로써 그녀는 자신이 가장 두려워하는 결과가 반드시 일어나도록 상황을 몰아가고 있었다.

브룩처럼 많은 투자자도 모래 구멍에 머리를 파묻고는 나쁜 일이 일어나지 않기를 희망하는 타조처럼 행동한다. 순응하고 싶은 충동은 이해가 가지만, 그렇다고 해도 처참한 투자 손실의 고통은 절대 줄어들지 않는다.

인정하지 못한 대가

우리가 지나치게 보수적으로 굴며 몸을 사리는 행동의 원인은 지금 가진 것과 과거의 행동을, 지금 가지지 않은 것과 과거에 하지 않았던 행동보다 중요하게 여기는 성향에 그 뿌리가 있다. 앞서 설명한 자유 선택 패러다임 실험을 떠올려 보자. 참가자들은 어쩔 수 없이 선택한 3번 그림에 딱히 높은 선호도는 없었지만, 2주 뒤에는 그 그림을 가지고 있다는 이유만으로 없던 호감이 생겨났다. 대니얼 길버트가 '행복 합성synthesizing happiness'이라고 이름 붙인, 이렇게 선호도가 바뀌는 과정은 현실의 삶에서 긍정적으로 많이 응용된다. 이를테면, 당신의 배우자를 합리적 근거가 없는데도 좋아하고 현실 여부와 상관없이 칭찬하는 것은 안정적 사회에 긍정적인 영향을 미친다. 진정으로 사랑하는 사람은 맹목적으로 다 받아 줘도 되지만, 투자 결정에서까지 무조건 좋다는 태도는 삼가야 한다. 좋은 결혼 생활에는 불완전함을 용서하고 인내하는 태도가 필요하다. 좋은 투자를 위해서는 명민한 눈으로 결정을 내리고 순전히 이해득실을 따져서 매매해야 한다.

자신이 가진 것을 사랑하는 성향을 보유 효과endowment effect라고 한다. 보유 효과의 존재는 수백 건의 실험으로 입증되었지만, 에인 랜드Ayn Rand의 소설《파운틴헤드Fountainhead》만큼 우아하고 아름답게 설명한 것은 없다. 소설 속 등장인물 와이낸드는 누구라도 쉽게 이해할 수 있는 말로 보유 효과를 설명한다. "이 지구에서 나처럼 물건에 대한 애착이 전투적으로 강한 사람도 또 없어. 그건 어떤 물건에나 다 해당돼. 예컨대 내가 싸구려 잡화점에서 재떨이를 골라 값을 치르고 내 주머니에 넣잖아. 그때부터 그건 세상 어디에도 없는 특별한 재떨이가 돼. 내 것이 잖아." 다른 수많은 인지 편향처럼 보유 효과에도 진화적 맥락이 뚜렷하게 존재한다. 보유 효과는 세 종의 영장류에서 관찰되었으며, 단순한 욕구(예컨대 장난감)보다는 생명 유지(예컨대 식량)와 관련이 있을 때 더 강하게 나타났다.

보유 효과에 대한 가장 유명한 연구로는 코넬대학교에서 초콜릿 바와 커피잔을 가지고 했던 실험이 꼽힌다. 가격이 똑같은 두 물건을 실험에 참여한 학생들에게 나눠 주었다. 실험 전 조사에서 어느 쪽을 더 원하는지 물었을 때 학생들의 대답은 엇비슷했다. 절반은 커피잔을 갖고싶어 했고, 절반은 초콜릿 바를 원했다. 학생들은 무작위로 두 물건 중하나를 받았고 처음에 더 좋다고 말했던 물건과 맞교환해도 좋다는 말을 들었다. 어차피 무작위로 받은 물건이므로, 대략 반 정도의 학생들은 원하지 않은 물건을 받았기 때문에 원하는 물건으로 교환했을 것이라고 추측할 수 있다. 그런데 나타난 결과는 아니었다. 참여 학생 중 10%만이 물건을 맞교환했다. 학생들이 받은 물건은 처음에 갖고 싶어 한 물건이 아니었지만, 일단 그 물건이 자기 것이 된 뒤로는 그것을 가치 있게 생각했다.

보유 효과가 투자에서 가지는 의미는 분명하다. 우리는 자기 것이 된 자산은 높게 평가하고, 투자하지 않은 자산의 가치는 낮게 잡는다. 심지어는 산전수전 다 겪은 트레이더들마저 이미 보유한 종목은 선뜻 팔려고 하지 않는다. 재미있는 것은, 완전히 처음으로 돌아간다면 어떻게 하겠느냐는 질문에는 대다수 트레이더가 매수하지 않았을 것이라고 대답한다는 사실이다.

자기 것이 된 물건의 가치를 높게 평가하는 성향까지는 그런대로 수긍할 수 있다고 치자. 문제는 이 성향이 시간과 돈을 쓰는 의사 결정을 평가할 때도 영향을 미친다는 것이다. 조금 심술궂게 말하자면, 우리는 여러 시간 고심하고 집중해서 내린 결정일수록 그 결정의 시비에 대한 판별력이 떨어진다. 이것을 매몰 비용의 오류sunk cost fallacy라고 하는데, 어떤 결정을 내리는 데 많은 자원을 투자했다면 그 결정을 유지하기 위해 앞으로도 더 많은 자원을 투자하게 될 공산이 크다는 편향이다. 헬스클럽 회원권을 끊기만 하고 한 번도 가지 않은 사람은 탈퇴를 결정하기가 쉽지 않다. 그러면 지금까지 들인 돈이 완전히 낭비였음을 인정하는 셈이기 때문이다. 농업 시뮬레이션 게임인 팜빌Farmville 중독자는 현실의 의무는 내팽개친 채 하루에도 몇 시간씩 시간을 아까워하지 않으며 디지털 작물을 소중히 기른다. 이것을 그만둔다면 그동안 쏟아부은 수백 시간이 헛짓이었음을 인정하는 것이기 때문이다.

매몰 비용의 오류가 단순히 디지털 작물과 게임 중독자에게만 영향을 미친다면 심리학 교과서에나 나오는 웃고 넘길 편향으로 끝났을지도 모른다. 그러나 매몰 비용에 목을 매면서 내린 결정이 재앙을 불러온다는 것을 보여주는 역사적 사례는 굉장히 많다. 새뮤얼슨과 제카우저는 〈의사 결정에서의 현상 유지 편향〉에서 그 사례를 들려주었다.

- 결국 붕괴하여 11명의 사람과 1만 3000마리의 소를 죽게 한 티턴 댐은 건설하는 내내 부실 공사로 말이 많았다.
- 록히드는 채산성이 전혀 없는 L-1011 여객기에 들어간 연구개발비를 정당화하기 위해 납세자의 돈 수백만 달러를 지원받아 개발을 지속했다.
- 수많은 미국인의 목숨과 자금을 대량으로 투입한 것이 베트남전쟁을 예상보다 훨씬 길어지게 만든 숨은 동기였다.
- 맨해튼 프로젝트에 들어간 수십억 달러의 자금은 트루먼이 일본에 원자폭탄을 투하하게끔 결정한 동기가 되었다고 여겨진다. 제2차 세계대전 말에 원자폭탄을 투하하지 않았다면, 막대한 자원을 투입한 프로젝트가 혈세 낭비로 여겨졌을지도 모른다.

위에 언급한 사례만큼 대규모 영향을 미치지는 않더라도, 투자 매니저들 역시 매매 결정을 할 때 매몰 비용의 오류에 쉽게 빠져든다. 예를 들어 당신이 약간 충동적으로 투자를 결정했고, 그 상태에서 자산운용사를 직접 방문해 만나 본다는 나름대로 합리적인 결정을 내렸다고 가정해 보자.

제일 먼저 당신은 전체적으로 낙관적 시각을 가지고 그들을 방문한다. 만날 가치도 없다고 생각되는 투자 매니저에게 시간을 쏟을 투자자는 없기 때문이다. 매몰 비용이 발생하기 시작한 순간, 애널리스트와 펀드매니저에게는 투자자인 당신과 만난 결과를 긍정적으로 기대하는 편향이 쌓이게 된다. 만약 점찍고 있던 자산운용사를 실제로 보니 실망스럽다면 방문에 쏟은 시간과 노력은 헛고생이 될 것이다. 전세기를 띄우는 데는 연료값만 해도 얼마나 많이 드는가.

두 번째 문제는 당신이 심사하는 사람들에게서 나온다. 물론 그들은 당신에게 좋은 인상을 주려고 최선을 다하겠지만, 그들의 잠재의식에는 애초부터 자신들의 투자 능력을 자신하는 편향이 깔려 있다. 듀크대학교의 존 그레이엄John Graham과 캠벨 하비Campbell Harvey는 CFO들의 낙관적인 설문 데이터를 검토하면서 테크회사 CFO의 90%는 자사 주식이 저평가되어 있다고 확신한다는 사실을 발견했다. 문제는 주가가 기술주 거품의 정점 근처까지 갔을 때 그랬다는 사실이다. 모든 사람은 통계적으로 불가능한 일인데도 자신의 아기(그리고 회사)가 다른 어떤 아기(회사)보다 훌륭하다고 생각한다. 이런 과잉 확신 때문에라도 그 투자운용사는 아차 하는 순간 당신의 투자를 잘못된 방향으로 운용할 것이 확실하다! 마지막으로, 눈앞의 상대가 백 퍼센트 사실만 말하는지를 가리느니 동전 던지기 확률을 알아맞히는 편이 더 낫다.

투자운용사를 직접 찾아가 매니저의 능력을 조사하는 것은 상식적으로는 그럴듯해 보이는 결정이지만, 실제로는 돈도 시간도 버리는 짓일 뿐이다. 이런 행동은 펀드매니저에게는 잘못된 확신을 심어 주고 투자 결정에 방해가 되는 매몰 비용만 늘린다.

메릴랜드대학교는 경험이 보유 효과의 영향을 줄이는 데 도움을 준다는 반가운 연구 결과를 발표했다. 존 리스트John List는 경험이 많은 스포츠 기념품 매매자들은 상대적으로 미숙한 매매자들보다는 보수적인 성향을 훨씬 적게 보인다는 사실을 알아냈다. 초보들은 자신들이 보유한 수집품을 높게 평가하면서 매매를 잘 하지 않는 성향을 보였지만, 노련한 수집가들은 개개의 품목에 맞는 평가를 했으며, 감정에 휘둘리지 않고 결정을 내렸고, 보유 효과의 영향도 적게 받았다. 더 좋은 것이 있는데도 자신이 가진 것을 놓고 싶지 않은 마음이 인간의 천성이지만, 충분한 경험으로 그런 습성을 없앨 수 있다면 희망은 있는 셈이다.

손해 보는 건 도저히 못 참아

후회 회피, 가진 것에 더 높은 가치를 부여하는 보유 효과, 매몰 비용까지 보수주의에 이르는 길은 많지만 결국 핵심은 손실 회피다. 후회 회피는 본질적으로는 자신의 능력이 줄어들었다고 인지하는 것을 피하고 싶은 마음이다. 보유 효과는 이용당하지 않으려고 진화적으로 설계된 토지 소유욕의 심리다. 그리고 매몰 비용의 오류에는 시간과 자원 낭비를 겁내는 마음이 뿌리박혀 있다. 전부 보수주의 성향이며 일종의 손실 회피다.

우리가 위험과 보상을 비대칭적으로 생각하고, 이득을 얻는 것보다 손실을 피하는 것을 훨씬 중요하게 생각한다는 행동경제학 연구 결과는 이제 많은 이가 안다. 그러나 그런 심리가 작용하게 만드는 뇌과학에 대한 이해는 여전히 부족하다. 러셀 폴드랙Russell Poldrack 박사와 동료들은 〈사이언티픽아메리칸Scientific American〉에 실은 논문에서 이렇게 설명했다. "뇌의 가치와 보상 처리 영역은 잠재적 손실을 가늠할 때는 잠잠하다가 비슷한 크기의 이득을 평가할 때는 더 활발히 움직인다." 손실 회피는 심리적 편향인 동시에 생리적 작용이기도 하다. 폴드랙은 피험자들이 진짜 돈을 가지고 게임을 하게 했는데, 그들 뇌의 보상 회로는 이득이 났을 때 왕성하게 움직였다. 그러나 잠재적 손실에는 훨씬 강한 반응을 보였다. 연구진은 이것을 '신경 손실 회피neural loss aversion'라고 불렀다.[6] 손실에 대한 두려움과 그에 따르는 행동 마비는 깊은 생물학적 뿌리에 근원을 두고 있다. 투자자로서도, 개인으로서도 진정한 잠재력을 발휘하려면 이 뿌리를 뽑아내야 한다.

당신이 했던 일 중 가장 의미 있는 일은 무엇이었는가? 짐작건대, 그 일을 하면서 위험과 불확실성을 크게 감수해야 했을 것이고 최선을 다해 노력했을 것이다. 위험한 일이 모두 그렇듯이, 이런 의미 있는 일은 확실한 것만 추구하면 평범한 자신에 머물게 된다는 귀중한 교훈을 가르쳐 준다. 몸을 사리는 것만큼 안전한 행동은 없고, 무조건적인 손실 회피만큼 손실을 피할 수 있는 행동도 없다. 이별의 아픔이 두려워 아무도 가까이하려 하지 않는 사람은 결국 혼자 외롭게 지내야 한다. 아니면 자기 사업을 하고는 싶지만 결단을 내리지 못해 죽도록 하기 싫은 직장 생활을 전전하는 사람도 있다. 또는 시장 변동성이 두려워 아무것도 하지 않다가 노후에 기본 생활비마저 버거워하는 투자자는 어떠한가. 강박적으로 손실을 회피하려 하다가 오히려 우리가 가장 두려워하는 상황이 벌어질 수도 있다.

친숙한 것이 더 맛있다

―――――

1980년대에 어린 시절을 보낸 사람이라면 다 그렇듯이 나 역시 콜라 전쟁을 아직도 생생하게 기억한다. 콜라 업계의 주워 온 자식 취급에 진절머리가 난 펩시는 코카콜라를 겨냥한 공격적 광고를 연달아 내보냈고, 코카콜라와 맛을 비교하는 블라인드 테스트도 진행했다. 펩시에는 아주 반갑게도(그리고 블라인드 테스트에 응한 소비자에게는 매우 놀랍게도) 테스트에서 펩시가 코카콜라보다 더 높은 성적을 거뒀다. 펩시는 이 '과학적인' 연구 결과를 내세워 1970년대 중반부터 80년대까지 전설적인 광고 캠페인을 제작했다. 블라인드 테스트에서 어느 한 음료수가 사람들의 많은 선택을 받았다면 당연히 높은 점수를 받은 음료수가 낮은 점수의 음료수보다 더 많이 팔릴 것이라고 생각할 수밖에 없다. 그럼에도 지금 이 글을 쓰는 시점까지 코카콜라는 미국 음료수 시장의 17%를 점유하고 있다. 펩시콜라의 거의 2배나 되는 점유율이다. 다이어트 콜라에서도 마찬가지다. 다이어트 코크의 점유율은 9.6%인 반면에 다이어트 펩시의 점유율은 4.9%에 불과하다.

점유율 차이에는 여러 이유가 있을 수 있다. 예를 들어 펩시가 더 달아서 한두 모금 마시는 블라인드 테스트에서는 좋은 점수를 받지만, 캔하나를 다 마실 때는 더 쉽게 질릴 수 있다. 선호도와 실제 구매에 차이가 나는 가장 큰 원인은 보수주의에서 찾을 수 있다. 코크가 시장점유율에서 펩시를 12년 동안 연이어 이긴 것이나 코카콜라 회사가 이룩한 브랜드 구축은 기적과는 거리가 멀었다. 음료수의 대명사가 되기까지 라이프 스타일을 겨냥한 광고 캠페인을 꾸준히 벌인 덕분이었다. 그렇게 함으로써 코크는 그 어떤 상품도 누리지 못했던, 미국인의 삶에서 한 부분을 차지하는 대표 음료수로 자리매김하는 영광을 누렸다. 코카콜라처럼 친숙하게 느껴지는 브랜드는 상상하기 힘들다. 그렇기에 광고 노출이 상대적으로 적었던 코크는 펩시의 맹공에도 불구하고 방어에 성공했다. 펩시는 합리적 선호도에 맞게 변신을 거듭하는 음료라는 이미지를 내세웠지만, 익숙한 맛이 가장 좋은 맛이라는 것을 깨달은 코카콜라를 이기지 못했다.[7]

핵심 체크

- 생각하는 일은 신진대사 에너지가 많이 필요하다. 우리는 하루에도 수만 가지 결정을 내려야 한다.
- 최상의 정보는 이해하기가 가장 어려운 정보이기도 한데, 대부분 수식이나 복잡한 개념으로 설명되기 때문이다.
- 결과가 같다고 가정하면, 행동하지 않았을 때보다 행동했을 때 더 많이 후회한다.
- 우리는 자신이 선택한 결과는 부풀려서 평가하고 선택하지 않은 것은 폄하함으로써 행복을 인위적으로 만들어 내지만, 실수에서 배우지는 못한다.
- 우리는 무언가를 소유하면 곧바로 그것에 더 높은 가치를 부여한다.
- 매몰 비용을 중시할 때, 우리는 더 나은 결과보다는 끝을 내는 데 집중하게 된다.

주의 집중

"한 사람을 죽이면 악당이지만, 수백만 명을 죽이면 영웅이 됩니다. 많이 죽일수록 정당해지는 거죠."

 — **찰리 채플린**(Charlie Chaplin), 〈**살인광 시대**(Henri Verdoux)〉의 대사

영어 단어 실력 테스트! 'K'로 시작하는 단어를 다 떠올리자. 잠깐 시간을 내어 최대한 많은 단어를 적기 바란다.

종이에 적은 단어가 얼마나 되는가? 두 번째 문제로, K가 세 번째 글자로 오는 단어를 적어 보자. 이번에는 몇 단어를 적었는가?

십중팔구는 K로 시작하는 단어를 적은 목록이 훨씬 길 것이다. 하지만 K가 앞머리에 있는 단어보다 K가 세 번째에 오는 단어가 3배나 많다는 사실은 알고 있는가? 이런데도 왜 우리는 K가 중간에 오는 단어보다 첫머리로 오는 단어를 더 많이 알고 있을까?

뇌의 정보 회수 과정은 절대로 완벽하지 않으며, 수많은 인지 편향이 정보 회수 능력을 방해한다.

이런 기억 회수 메커니즘의 오류를 심리학 용어로 가용성 휴리스틱 availability heuristic이라고 한다. 가용성 휴리스틱은 간단히 말해 사건의 발생 가능성을 예측할 때 발생 확률이 아니라 쉽게 접할 수 있는 사건이나 정보에 근거해서 예측하는 것을 의미한다.

카너먼과 트버스키가 1973년 논문에서 처음 주장한 가용성 휴리스틱 이론에 따르면, 피험자들은 배경이나 앞선 상황과 두드러지게 다른 특징이 있는 정보 신호는 쉽게 기억한다. 따라서 우리는 아주 흔한 것은 반복 효과로 쉽게 기억하고 굉장히 드문 일도 뇌리에 또렷이 기억한다. 경제학자 로버트 실러Robert Shiller는 투자자들이 닷컴 버블 때 인터넷 관련 주식에 연일 높은 호가를 외치게 된 데는 인터넷 보편화가 한몫을 했다고 말했다. 월드와이드웹의 유용성을 모든 분야에서 목격한 투자자들 머릿속에서는 인터넷이 세상을 바꾸는 패러다임이 될 수 있다는 스토리가 무럭무럭 자랐던 것이다. 마찬가지로, 대침체기(금융위기)와 같은 블랙스완 사건은 매우 드물고 매우 강력한 영향을 미친 사건이기 때문에 위기가 지나가도 대중의 의식에는 그 영향이 두고두고 남는다.

불행한 일이지만 우리가 가용성 휴리스틱이라는 오류투성이 편향에 휘둘리는 이유는 다양하게 펼쳐지는 삶과 투자의 위험을 섣불리 측정하려 노력하기 때문이다.

스토리의 힘

주의 집중 이론의 기본 전제는 우리가 정확한 사실에 근거한 정보가 아니라 더 쉽게 떠오르는 정보에 의존해서 확률과 무관한 판단을 내린다는 것이다. 매사추세츠대학교 연구진은 젤리빈jellybean이라는 간단한 도구를 가지고 우리가 수학보다는 쉽게 얻는 정보에 의존하는 편향이 있다는 것을 효과적으로 입증했다. 원래의 실험에서 용어만 살짝 바꿔 게임을 진행해 보자.

당신은 덮개로 덮인 두 그릇 중 하나에서 젤리빈을 꺼내야 한다. 하얀 젤리빈을 꺼내면 아무것도 얻지 못하지만(그래도 맛있는 젤리빈은 당신이 먹는다), 빨간 젤리빈을 꺼내면 100달러를 받는다. 1번 그릇에는 하얀 젤리빈 9개와 빨간 젤리빈 1개가 담겨 있고, 2번 그릇에는 하얀 젤리빈 91개와 빨간 젤리빈 9개가 들어 있다. 어느 그릇에서 젤리빈을 꺼내야 100달러를 상금으로 받을 가능성이 올라갈 것 같은가?

젤리빈을 뽑기 전에 재빨리 확률을 계산하면, 1번 그릇은 성공 확률이 10%이지만 2번 그릇은 9%에 불과하다는 계산이 나온다. 따라서 1번 그릇이 합리적인 선택이다. 그러나 당신이 대다수 사람과 비슷하다면 1번 그릇은 좋은 선택이 아니라고 생각한다. 수학적 확률을 따지는 것과는 무관하게 2번 그릇을 더 나은 선택으로 여긴다.

이렇게 성가신 감정이 드는 이유는 무엇인가? 왜 게임 참가자의 3분의 2는 확률 정보를 안 뒤에도 2번 그릇을 선택하는가? 한 참가자는 이렇게 설명했다. "나는 빨간 젤리빈이 더 많이 담긴 (2번) 그릇을 선택했다. 거기서 뽑는 게 당첨 가능성이 더 높아 보였으니까. 물론 나도 거기에는 하얀 젤리빈도 많이 담겨 있고 확률적으로는 불리하다는 사실을 알고 있었다."[1] 사람들은 퍼센트가 아니라 스토리로 생각했다. 2번 그릇은 성공이라는 결말로 향하는 9가지 줄거리를 제시한 반면에 1번 그릇에 담긴 해피엔딩 스토리는 단 하나뿐이었다.

예수부터 이솝까지 많은 스승이 메시지 전달 수단으로 우화를 사용한 데는 다 이유가 있었다. 스토리는 단번에 와 닿는다. 다들 직관적으로 아는 사실이지만, 프린스턴대학교의 우리 하슨Uri Hasson은 스토리의 힘에 대한 이해를 돕기 위해 스토리를 말하고 듣는 사람들의 뇌를 촬영했다. 한 여자가 처음 보는 사람들에게 감상적인 이야기를 했더니 "(…) 그들의 뇌에서도 같은 반응이 일어났다. 그녀의 앞뇌섬이 활동하기 시작했을 때는, 이야기를 듣는 사람들의 뇌에서도 감정을 담당하는 이 부분이 같이 움직였다. 그녀의 전두엽피질에 신호가 켜지자 듣는 사람들의 뇌도 그랬다. 이야기만 했을 뿐인데도 그녀는 생각과 감정을 듣는 사람들의 뇌에 심을 수 있었다." 스토리를 듣고 말하는 과정은 단순히 공감대만 형성할 뿐 아니라 공통의 물리적 반응도 만들어낸다. 스토리텔러가 머리를 활짝 열고 듣는 사람들의 머릿속으로 가감 없이 생각을 이식하고 있는 셈이었다.

스토리텔링은 우리가 정보를 수집할 때 흔히 적용하는 비판의 필터를 무사통과한다. 우리가 영화를 볼 때 한눈을 팔지 못하는 것도, 영화 속 잘못된 정보가 뇌의 고속도로를 신나게 질주하는 것도 그런 이유 때문이다. 이런 이유에서라도 스토리는 행동투자자의 적이다.

스토리의 힘을 더 자세히 알아보기 위해 1980년대에 유행했던, 스팽글을 장식한 장갑 한 켤레에 얼마를 치를 수 있는지 생각해 보자. 아마도 많은 돈을 주고 싶지는 않을 것이다. 그런데 만약 그것이 마이클 잭슨이 꼈던 장갑이라는 말을 듣는다면? 이 스토리는 당신이 내겠다고 마음먹은 금액이 껑충 뛸 만큼 강력하다. 1980년대 팝의 황제가 착용했던 물건에 치르는 값으로는 위험한 금액이 아니지만, 이게 주식이라면 이야기가 크게 달라진다.

IPO(최초 주식 공모) 투자만큼 서사의 힘이 강하게 구현되는 순간도 찾기 힘들다. 대개 신성장 부문에 초점이 맞춰지는 IPO는 기업 전망이 가장 좋을 때 상장되기 마련이다. 내 주위만 봐도 애플이나 테슬라, 아마존 등의 주식을 공모 첫날에 샀다면 떼돈을 벌었을 것이라며 머릿속에서 스토리를 활짝 전개하는 투자자들이 많다. 서사의 힘과 감정, 그리고 좋은 기회를 놓칠지도 모른다는 두려움이 합쳐져 IPO는 전문 투자자에게도, 소매 투자자에게도 대단히 매력적인 스토리가 된다.

IPO에 이렇게 흥분하는 것은 투자 대중에게 얼마나 도움이 되었는가? 베르가모대학교의 조르다노 콜리아티Giordano Cogliati, 스테파노 팔레아리Stefano Paleari, 실비오 비스마라Silvio Vismara는 〈IPO 가격 결정: 공모가에 반영된 성장률IPO Pricing: Growth Rates Implied in Offer Pricing〉이라는 논문에서 미국의 IPO 주식은 공모 이후 첫 3년 동안 시장 기준보다 연간 21%나 낮은 수익률을 냈다는 것을 보여주었다. 이렇게 한참이나 낮은 실적을 거두었지만, 앞으로 IPO에 대한 인기가 시들해질 거라고 생각할 만한 근거도 없다. 이러니저러니 해도, 스토리는 언제나 존재하기 때문이다.

피투성이 기사가 주목 받는다

스토리 중에서도 유독 강력한 영향을 미치는 서사가 있는데, 바로 무서운 스토리다. 무서운 스토리도 비판의 필터를 무사통과하고 특히나 진화적 이유로 그 힘이 오랫동안 유지된다. 위험하고 무서웠던 기억이 오래도록 지워지지 않는 것은 생존과 직결되기 때문이다. 좋은 소식을 듣는다고 죽을 일은 없다. 그래서 기억에서도 금세 밀려난다. 반대로 위험하고 무서운 사건에서 교훈을 배우는 것은 생존에는 단 한 번의 작은 실수도 용납되지 않았던 중요한 진화적 기능이 작용했기 때문이다. 나한테도 그런 일이 일어났다. 신혼 시절에 나는 하와이제도 중 하나인 오아후섬 북부 해변의 대학 강단에 서는, 꽤 괜찮은 일을 제안받았다. 우리가 머물 집은 초라했지만 천국에 살게 된 것만으로도 무척 기뻤던 우리는 섬의 토속적 문화와 아름다운 자연에 푹 빠져 지냈다. 그러나 그 즐거움도 〈샤크 위크Shark Week〉를 보기 전까지였다.

〈샤크 위크〉는 디스커버리 채널이 매년 방영하는 7일짜리 다큐멘터리 프로그램으로, 온갖 무서운 상어가 다 등장한다. 그 프로그램에서는 상어가 어떻게 수십억 년 세월을 거쳐 오늘날 불행한 서핑 애호가들의 목숨까지 빼앗는 무시무시한 수중 포식 동물로 진화하게 되었는지를 자세히 설명한다. 그러다 방송 말미에 해설자는 이 아름다운 생물을 있는 그대로 이해해 달라는 부탁의 말을 던진다. 그러나 60분 동안 잔뜩 공포 분위기를 조성해 놓고 한 말이다 보니 아무 소용 없는 말이었다.

다큐멘터리가 방영되는 그 한 주 동안 나는 한쪽 다리를 잃은 불행도 자신을 막지 못한다는 서핑 애호가("그래도 나는 다시 서프보드를 탈 겁니다")와 간신히 목숨을 건졌다는 낚시꾼들의 말을 줄기차게 들어야 했다. 나는 수영에도 자신이 있었고 바다도 좋아했지만, 방송을 다 본 뒤에는 하와이 바다에 발도 들이밀지 말아야겠다고 각오했다. 그리고 나는 그 결심을 지켰다. 다큐멘터리의 충격은 내내 가시지 않았고, 나는 한 주 전까지만 해도 하고 싶어 몸이 근질거리던 스노클링이나 다이빙 같은 것들을 할 엄두가 나지 않았다.

정확히 진실을 말하면, 상어가 나를 공격할 확률은 거의 없는 것이나 마찬가지였다. 내가 살인을 하고 법망을 피할 확률(약 2분의 1), 성인으로 추대될 확률(약 2000만 분의 1), 내가 입은 파자마에 불이 붙을 확률(약 3000만 분의 1)이 상어에게 물어뜯길 확률(약 3억 분의 1)보다 훨씬 높았다. 상어의 공격에 대한 인간의 공포심을 자극하는 프로그램을 봄으로써 내 위험 지각 능력은 크게 뒤틀렸고, 나는 그 두려움에 억눌려 행동했다. 내 행동은 아주 바보 같았고 들을 가치도 없는 것이었지만, 무서운 정보에 비상식적으로 집착하는 성향은 우리의 건강과 재산 모두에 대단히 파괴적인 영향을 미친다.

현대 미국인의 심리에 테러 공격에 대한 두려움을 가장 강하게 심은 사건은 뭐니 뭐니 해도 2001년 9·11 사건이었다. 9·11 공격으로 무고한 시민 수천 명이 목숨을 잃었고 그 이후의 사법적·정치적·군사적 조치는 투표에서 비행기 탑승에 이르기까지 미국인의 모든 생활에 영향을 미치고 있다. 짐작하겠지만, 미국인들의 비행 횟수는 9·11 이후 줄었다. 모든 미국인의 마음에는 비행기가 건물을 향해 날아들었던 그 끔찍했던 장면이 아직도 생생히 살아 있다. 24시간 뉴스 채널이 비행기가 세계무역센터 빌딩에 충돌하는 장면을 거듭 보여줄 때마다 미국 시민들 머릿속에서도 정신적인 영사기가 똑같이 무한 재생되었다. 물론 9·11은 발생 확률이 지극히 낮은 전무후무한 사건이었다. 그러나 그 사실은 위험을 훨씬 부풀려 인지하게 만드는 본능적 고통에 휩싸인 미국인들에게는 큰 위안이 되지 못한다. 그 결과 운전으로 장거리 여행을 하는 미국인이 늘었고, 사상자도 늘어났다. 독일의 위험 관리 전문가 게르트 기거렌처의 추산에 따르면, 9·11 다음 해에 비행을 꺼리고 장거리 운전을 하는 사람이 늘면서 1595명의 사망자가 더 생겼다고 한다. 세계무역센터 빌딩에 있다가 목숨을 잃은 사람들의 절반에 가까운 숫자다.

여기서 더 중요한 점은, 위험 관리는 범위와 확률과는 별개의 것으로 떼놓을 수가 없다는 사실이다. 위험을 효과적으로 관리하기 위해서는 일단은 명민한 눈으로 위험을 바라보는 시각부터 길러야 한다.

정작 기억해야 할 스토리

'애플이 주식 공모를 할 때 그걸 샀어야 했어'라는 서사의 정반대는 개별 종목 매수는 대단히 위험한 투자라는 것이다. JP모건의 조사에 따르면, 1980년 이후로 모든 주식의 40%는 '처참한 내리막'을 걸었다. 이 말인즉 70% 이상은 주가가 떨어졌다는 뜻이다! 그러나 이 위험한 개별 종목들을 자산 풀로 묶어 분산투자 포트폴리오를 구성했다면? 제러미 시겔Jeremy Siegel은 《주식에 장기투자하라Stocks for the Long Run》에서 1800년대 후반부터 1992년까지 30년 주기로 관찰한 결과, 주식이 채권이나 현금보다 높은 수익률을 거두었다고 말한다. 10년을 주기로 나눠 살펴본 결과에서는 주식이 80%의 데이터에서 현금 수익률을 앞질렀고, 20년 주기의 관찰 데이터에서는 주식으로 손해가 난 적이 한 번도 없었다. 가장 안전한 무위험 투자라고 여기는 채권과 현금은 실제로는 인플레이션도 따라잡지 못했다.

시겔은 이런 반전에 대해 다음과 같이 말했다. "아무 때나 20년을 잘라서 봐도 주식으로는 손해가 나지 않았지만, 포트폴리오의 채권은 (인플레이션으로 조정하면) 반 토막이 났다. 어느 쪽이 더 위험한 자산인가?" 30년을 주기로 했을 때의 인플레이션 조정 주식 수익률은 평균 7.4%였지만, 채권은 오르나 마나 한 수준인 실질 수익률 1.4%에 불과했다. 연평균 수익률이 다른 자산의 5배에 달하고 게다가 그 실적을 꾸준하게 유지하는 자산군을 다른 사람들은 뭐라고 부르는지 모르겠지만, 나는 위험 자산이라고 부를 생각이 없다.

또 다른 위험한 투자 방식은 장기 수익률에 초점을 맞추지 않고 시장의 일별 등락에 일희일비하는 것이다. 다시 말하지만, 주식시장은 날마다 관찰하면 할수록 점점 더 오싹해진다. 그레그 데이비스Greg Davies는 매일 계좌를 확인해 봤자 41% 정도 손해가 난 것을 확인하게 된다는 사실을 보여준다. 같은 금액의 이득에서 얻는 기쁨보다 같은 금액의 손실에서 얻는 고통을 2배는 크게 느끼는 인간 본성을 생각하면 꽤 무시무시한 일이다! 5년에 한 번씩 계좌를 확인했을 때 손해가 나 있을 확률은 12%이고, 12년 만에 들여다봤을 때는 손실이 나 있을 가능성이 전혀 없었다.[2] 12년은 아주 긴 기간이지만, 대다수 개인이 평생 투자하는 기간은 보통 40~60년 정도다.

주식 투자가 우리의 '스토리 탐닉 뇌'를 탐욕과 두려움에 빠지게 만드는 이유는, 역사에서 위대한 부의 창출과 비극적인 부의 파괴가 수도 없이 등장했기 때문이다. 그러나 진짜 위험하고 조심해야 할 것은 부를 이루는 과정에서 입을 멍과 찰과상이 아니라 영구 손실 확률이다. 위험을 효과적으로 관리하기 위해서는 머릿속에서 울리는 스토리에서 벗어나 최대한 감정을 배제하고 정보를 관찰해야 한다. 적절하게 분산하고 충분히 장기적으로 투자한다면, 주식을 중요 투자로 삼은 포트폴리오는 위대한 보상을 안겨주고 진정으로 의미 있는 수준으로 위험을 낮춰 준다. 이것이 우리가 기억해야 할 스토리다.

언제 적은 것이 더 많은 것이 되는가

흔히 정보와 시장 효율성 사이에는 긍정적이고 선형적인 관계가 존재한다고 가정한다. 증권에 대해 공개적으로 알려진 정보가 많을수록 증권 가격을 더 정확히 매길 수 있다는 점에서 맞는 가정이기는 하다. 그러나 시장 효율성에는 정보 부족도 문제가 되지만 과잉도 문제가 되지 않을까? 〈사이언티픽아메리칸〉에 실린 기사에 따르면, 정보의 양은 매년 2배로 늘어난다. 더 구체적으로 말하면, 2016년 인류가 만든 데이터의 양은 2015년까지 인류가 만든 모든 데이터와 맞먹는 양이었다. 이 월간 과학지는 데이터의 미래를 추정했는데, 10년 뒤에 네트워크 기반 측정 센서는 총 1500억 개가 되어 지구상 남녀노소를 통틀어 1인당 20개의 센서가 존재하게 될 것이라고 말한다. 그때가 되면 인류가 만드는 데이터는 12시간마다 2배로 늘어날 것이다.

우리는 데이터와 사랑에 빠진 문화에 살고 있고, 세상의 모든 부분을 측정하고 기록할 때도 '많은 것이 더 좋은 것이다'라는 시각을 유지한다. 그러나 우리 삶에 홍수처럼 밀려오는 정보 과잉은 중차대한 변화를 불러일으킨다. 문제는 대부분 부정적 변화라는 것이다. 이것을 보여주는 몇 가지 연구가 있다.

앨리슨 렌턴Alison Lenton과 마르코 프란체스코니Marco Francesconi는 84건의 스피드 데이트 행사에 참가한 3700명이 어떻게 데이트를 결정하는지 분석했다. 신장, 직업, 학력 등에서 행사 참가자가 다양할수록 데이트 신청은 오히려 적었다. 행사 참가자들은 다양성에 압도되어 아무것도 하지 않았다.

템플대학교의 안젤리카 디모카Angelika Dimoka는 복잡한 조합경매(입찰자들이 여러 개의 상품을 묶음으로 입찰하는 경매-옮긴이) 과제를 내고 실험 참가자들의 뇌 활동을 fMRI로 촬영했다. 정보가 제시되기 시작하면서 참가자들의 뇌에서는 의사결정과 충동 조절에 관여하는 복외측전전두피질이 활발하게 움직이기 시작했다. 그러나 연구진이 참가자들에게 계속해서 많은 정보를 제시했더니, 마치 회로차단기가 작동하기라도 한 듯 갑자기 뇌 활동이 줄었다. 디모카는 다음과 같이 말했다. "정보가 너무 많아지면 사람들은 판별력을 잃은 결정을 내린다."

단것이 먹고 싶어서 사탕 가게로 달려갔는데 종류가 너무 많아 뭐를 골라야 할지 모르겠던 경험이 있는가? 연구에서도 입증되었듯이, 선택의 폭이 지나치게 넓으면 이성이 마비되고 불만족스러운 선택을 하게 된다. 다수의 실험에서 무한대로 선택의 폭이 늘어난 사람들은 오히려 제한된 몇 가지 중에서 하나를 골라야 하는 사람들보다 실제 구매가 줄었으며, 선택 결과에도 만족하지 못한다는 사실이 드러났다.

금융 정보 과부하로 생기는 또 다른 중요한 결과는 변수들 사이에 상관관계가 존재한다는 식의 잘못된 결론을 도출하게 된다는 것이다. 네이트 실버Nate Silver의 설명에 따르면, 미국 정부는 매년 4만 5000개 경제

지표 데이터를 산출한다![3] 이 방대한 데이터를 실제로 중대한 경제적 사건은 상대적으로 적었다는 사실과 비교해 보자(제2차 세계대전 이후 발생한 경기후퇴는 총 11번이었다). '경제학자라면 데이터를 블렌더에 몽땅 넣고 갈아 최고급 요리를 만들어냈다고 말하고 싶은 유혹을 받을 것'이라는 네이트 실버의 설명이 무슨 뜻인지 이해가 간다.

그렇다면 이제 S&P 500과 방글라데시 버터 생산의 상관관계라는 희한한 분석을 예로 들어보자. 잘못 적은 것이 아니다. 방글라데시 버터 생산이다. 이 둘의 상관관계는 공분산 95%로 거의 완벽한 상관관계를 지닐지라도, 당연히 진짜 상관관계는 아니다. 이런 식의 상관관계 설명에는 상관관계는 인과관계가 아니며, 과도하게 많은 정보를 분석하려 하면 실재하지 않는 인과관계를 발견할 수밖에 없다는 사실을 증명하려는 연구진의 염원이 담겨 있다.

빅데이터의 세상에서 우리는 '이것이 좋은 사업인가?'라는 숲은 보지 못하고 세세한 데이터값이라는 나무만 쳐다보는 오류를 쉽게 저지른다. 교수와 전문가들이 새로운 경제지표를 만들고 싶다는 꿈을 꿀지는 몰라도, 주식 수익률과 잠깐 상관관계는 보이지만 '이것이 내가 이 회사의 일부를 소유해도 되는지를 결정하게 해주는 중요한 변수인가?'라는 검증 테스트를 통과하지 못하는 지표는 언제나 나올 것이다. 다가올 빅데이터 물결은 시장 행동을 파악하기 위한 새로운 통찰도 제시해 주겠지만 그와 동시에 거짓된 양의 상관관계도 무수히 만들어낼 것이다.

너무 좋아도 문제다

카너먼과 트버스키의 '은행원 린다' 연구는 정보가 많다고 해서 항상 좋은 것만은 아니라는 사실을 보여주는 또 다른 사례다. 두 학자는 감정 신호가 확률을 압도할 수 있다는 경험적 관찰을 입증하기 위해 이 연구를 진행했다. 오늘날 이 편향은 '기저율의 오류base rate fallacy'라고 불린다. 연구는 다음과 같은 문제를 제기하며 시작한다.

린다는 서른한 살이고 독신이며 활달하고 밝은 성격이다. 대학에서는 철학을 전공했다. 학생 시절에는 차별과 사회 정의 문제에 관심이 많았으며, 반핵운동에도 참여했다.

다음 중에서 확률이 더 높은 것은 무엇일까?

1. 린다는 은행원이다.
2. 린다는 은행원이며, 페미니즘 운동에 적극적이다.

이성적으로, 그리고 확률론적으로 위의 질문을 고민한다면 페미니스트인 은행원의 수는 은행원 전체보다 적다는 답이 나온다. 그러나 대다수 사람은 2번 답의 확률이 더 높다고 대답했다. 진짜 확률 신호보다는 무수하게 들리는 잡음을 더 크게 들은 결과다. 우리의 마음에는 페미니스트들의 유형에 대한 선입견이 존재하고, 린다는 그런 선입견의 틀에 거의 해당한다.

린다에 대한 정보가 너무 많아 정말 중요한 것을 판단하는 데 방해가 되었던 것처럼, 투자 자문이랍시고 하는 조언은 대부분 몇 시간짜리 교육만 받고 하는 마케팅이거나 얄팍한 상술일 뿐이다. 합리적 증권 선택에서는 가장 중요한 것을 가려내 그 변수에만 집중하고 잡음은 배제할 수 있어야 한다. 모든 것이 중요하다는 말은 어느 것도 중요하지 않다는 뜻이다.

영국 중앙은행인 잉글랜드은행의 앤드루 홀데인Andrew Haldane 통화분석통계집행 이사는 '개와 프리스비 원반'이라는 제목의 명강연에서 단순성의 중요함을 이론적 설득력까지 갖춰 재미있게 설명했다. 홀데인은 원반을 잡는 것은 "풍속과 원반의 회전 등 여러 가지 복잡한 물리적 요소와 대기의 움직임까지 다 계산에 넣어야 하는 과정"이라고 설명한다. 그러면서 그는 질문을 던진다. "그렇다면 어떻게 이 복잡한 과정을 많은 사람이 완수하고, 개들은 사람보다도 훨씬 훌륭하게 해내는 것인가?" 답은 단순한 경험 법칙을 이용하는 데 있다. 날아가는 원반에서 눈을 떼지 않고 최대 속도로 달려가면 된다. 홀데인은 복잡한 문제에 대해서는 단순한 해결책을 적용해야 통계학에서 말하는 과적합overfitting(데이터를 과도하게 학습하는 것-옮긴이) 오류를 피할 수 있다고 말한다.

홀데인은 과적합의 예를 다양하게 제시하는데, 그중 하나가 지금껏 측정한 자료를 전부 살펴보는 복잡한 스포츠 베팅 알고리즘이다. 문제는 이렇게 복잡한 방식의 베팅은, 선수 이름이나 들어 본 구단을 찜해서 돈을 거는 재인再認 휴리스틱recognition heuristic(아는 것과 모르는 것이 있으면 아는 것에 더 높은 가치를 두는 인지 편향-옮긴이)에 근거한 베팅보다 당첨 성적이 낮다는 데 있다. 홀데인은 이어서 이렇게 설명한다. "다른 여러 활동에서도 마찬가지로 똑같은 경험적 증거가 나타났다. 심장병을 진단하는 내과 의사들은 복잡한 모델보다 단순한 의사 결정 분지도decision tree로 더 정확한 진단을 끌어낸다. 연쇄 살인범을 뒤쫓는 형사들에게는 복잡한 심리 프로파일링보다 현장 규칙이 더 잘 들어맞는다. 그리고 소매상들에게는 복잡한 모델보다 고객 재구매 데이터를 이해하는 것이 사업 예측에 더 좋다." 복잡한 문제로 만들어진 소음이 많은 결과에는 큰 그림을 그리고 프레임을 단순화하여 이해하는 것이 정답이다.

홀데인은 알려진 위험을 통제하기 위한 규칙과 주식시장 투자처럼 불확실성이 많은 상황에서 움직이기 위한 규칙을 대조하여 설명한다.

"위험이 큰 상황에서는 모든 빗방울에 대응하는 미세 정책이 필요하다. 그러나 불확실성하에서는 정반대 논리가 필요하다. 복잡한 환경에는 단순한 결정 규칙이 요구된다. 아무것도 모를 때는 단순한 결정 규칙이 더 확실한 효과를 내기 때문이다. 불확실성하에서의 정책은 뇌우에만 대처하는 성긴 정책이어야 한다."

시장에서 승리하는 데 단순한 규칙이 필요한 것은 시장에 영향을 미치는 변수가 굉장히 다양하고 복잡하게 존재하기 때문이다. 원반의 속도와 회전·풍속·궤도까지 다 계산하려는 인간이 개들보다 원반을 잘 잡지 못하는 것처럼, 시장의 사소한 정보에도 일일이 신경 쓰는 투자자는 만성 두통과 낮은 실적에서 벗어나지 못한다.

잡음의 순기능

———

과학과 공학에서 사용하는 신호 대 잡음비Signal-to-Noise Ratio, SNR는 배경에서 동시다발로 들리는 잡음의 크기와 원하는 신호의 세기를 비교하는 척도이며, 단위는 데시벨로 표기한다. SNR을 투자에 비유한다면 신호는 추가 정보이고 잡음은 적정 가격을 예상하는 데 방해가 되는 것들이라고 생각하면 된다. 잡음과 이른바 '노이즈 트레이더noise trader(정보에 의한 합리적 거래가 아니라 감정이나 주관적 판단, 루머에 휩쓸려 거래하는 투자자-옮긴이)'가 요란하게 시장을 방해하는 것은 맞지만, 이들 없이는 금융시장도 존재하지 못한다. 잡음이 하나도 없이 오직 신호만 존재해서 완벽하게 합리적인 시장 참가자들이 한 치의 오인도 없이 정보를 분석하는 효율적 시장을 가정해 보자. 만약 참가자 모두가 완벽하게 자산을 이해해서 적정 가격만을 치른다면, 이 시장에서 자산을 사고팔 이유가 있을까?

피셔 블랙Fischer Black의 말마따나 "잡음이 있어서 금융시장이 가능하고, 잡음이 있어서 금융시장이 불완전하다." 잡음이 없으면 행동도 없다. 잡음이 많을수록 자산 거래가 빈번해지므로 시장 유동성도 올라간다. 그러나 잡음이 많은 시장에서 지금 유동성이 높은 자산은 바꿔 말해 완벽한 가격 책정이 불가능하다는 딜레마도 있다. 더욱이 모두가 불완전한 가격 책정을 직감한다면, 이 잡음이 어느 순간 신호가 될 수도 있다. 다른 분야에서도 그렇지만, 금융시장에서도 지각은 실제 현실이 되기도 한다.

또한 노이즈 트레이더가 시장 기능에 필요한 존재라고 해서 당신도 같이 따라서 시장이 비효율적으로 움직이도록 동참해야 한다는 뜻은 아니다. 노이즈 트레이더가 되는 것은 보트 주인이 되는 것과 같다. 보트 운전은 다른 사람에게 맡기는 것이 가장 좋다. 잡음이 많은 시장에서 이익을 내려면 사람들이 왜 잡음에 현혹되어 매매하는지부터 이해해야 한다. 피셔 블랙은 두 가지 이유를 제시한다. 첫 번째는 소속감을 주기 때문이고, 두 번째는 그것이 잡음이라는 사실을 깨닫지 못하기 때문이다.

노이즈 트레이더의 숙적인 행동투자자는 정반대로 행동해야 한다. 첫째, 주관이 확실한 역발상 투자자가 되어야 한다. 둘째, 신호를 나타내는 경험적·심리적 표지에 대한 이해 능력을 길러야 한다.

투자 전문 매체의 올바른 정보 소비자가 되기 위한 5계명

- 정보 전달자의 자격을 평가하라. 화면에 나오는 저 사람은 해당 주제를 말할 만한 자격을 제대로 갖추고 있는가? 아니면 외모나 카리스마, 말솜씨 등 외적인 이유로 출연하는 사람인가?
- 신파적 요소는 없는지 확인하라. 변동성은 좋은 투자의 적이지만, 혼란과 불확실성은 클릭과 조회에 목마른 언론에는 호재다.
- 어조를 살펴라. 보도 내용에 너무 과장된 표현이 있거나 인신공격성 표현이 있지는 않은가? 그렇다면 사실 보도보다는 어젠다를 정하고 하는 보도라고 보아야 한다.
- 동기를 짐작하라. 언론 매체는 자선 기관이 아니며 다른 기업체들처럼 영리를 추구하는 조직이다. 보도의 취지가 투자 결정자인 당신보

다는 그들 조직의 필요에 더 이익이 될 것 같아 보이지는 않는가?

- 사실을 점검하라. 학계 최상의 관행이나 해당 분야 전문가들의 의견과 보도 내용이 일맥상통하는가? 말하는 내용이 사실인가, 의견인가? 어떤 연구에 근거를 두고 있는가?

"샌님처럼 굴지 마세요!"

두세 주 동안 극심한 시장 변동성이 지속되자, 한 주요 금융 뉴스 방송에서 현 상황과 투자자들이 받을 영향에 대한 의견을 들려 달라며 내게 인터뷰를 요청했다. 자기 PR을 할 수 있는 기회가 생기면 나는 언제나 감사한 마음으로 응하지만, 예전에 TV에 출연했을 때는 적응하기가 상당히 힘들었다. 케이블 뉴스와 인터뷰를 할 때는 인터뷰어와는 말 한마디 제대로 주고받지 못한 채 멀찌감치 떨어진 카메라를 향해 말을 해야 한다. 더욱이 귀에 꽂은 이어피스에서는 진행자의 말만이 아니라 PD가 뭐라고 지시하면서 외치는 소리, 카운트다운을 하는 소리, 그 밖에 상황을 감독하는 소리 등 온갖 말이 다 들린다. 머릿속으로 두 사람의 목소리가 동시에 울리면 내가 일순간 정신착란을 일으킨 것은 아닐까 하는 생각에 무슨 말을 해야 할지도 잘 떠오르지 않는다.

그 특별한 날, 나는 과장과 독선을 섞어 말해 달라고 단호하게 주문하는 PD와 조금 세게 실랑이를 벌였다. 나는 언론 선정주의의 제단에 내 진정성이 타협되지 않기를 바라는 마음에 우물대며 반대 의사를 표했다. PD가 카운트다운을 시작했다. "들어갑니다, 5, 4……" 나는 헛기침을 하고 목을 다듬었다. "3, 2……" 나는 TV용 미소를 지었다. "1…… 지금은 라이브입니다. 샌님처럼 굴지 마세요. 우린 여기에 뉴스를 팔러 온 겁니다." 충격적인 말이었고, 카메라에 담긴 내 얼굴에도 그 충격이 고스란히 드러났다.

나는 미디어에 출연하면서 그들이 언제나 투자자의 이익을 최우선에 두고 행동해야 한다는 가식적인 생각은 하지 않았지만, 이런 속물적인 시각을 가진 내게도 "우리는 여기에 뉴스를 팔러 온 겁니다"라는 냉소적인 말은 꽤 충격이었다. 금융 뉴스는 돈이 아니라 클릭과 조회를 위해 만들어진다. 내게 남아 있던 그나마 반대되는 생각들도 그날부터 쑥 들어갔다. 뉴스의 목적이 정보 제공이 아니라 이목을 끄는 것이라면, 최근에 있었던 프랭클린 템플턴 인베스트먼트Franklin Templeton Investment의 글로벌 투자자 심리 조사와 같은 결과가 나온다. 설문 응답자들은 2009년, 2010년, 2011년의 S&P 500 실적을 어떻게 보았느냐는 질문을 받았다. 실제로 2009년과 2010년에는 두 자릿수 수익률이 났고, 2011년은 소폭 상승한 해였다. 이 기간에 시장이 크게 상승했는데도 대다수 투자자는 시장이 급락했다고 대답했다. 우리는 무섭고 드문 정보에 집착하도록 진화했다. 특히 서사 형태로 주어지는 정보일수록 더 집착하는데, 미디어는 그런 서사 만들기를 아주 잘한다.

우리는 어느 때보다도 정보 가용성이 높은 세상에 살고 있지만, 정보의 가용성이 정보의 유용성을 뜻하는 것은 아니다.

뉴스 매체들이 점점 편파적이 되고 전문화될수록 정보의 가치는 줄어드는 것을 넘어 해로운 것이 될 수 있다. 신호를 팔아야 하는 사람들 상당수가 잡음 전달자가 되었다. 게다가 정보가 넘쳐흐른다는 것은 우리가 휴리스틱에 더 크게 의존할 수밖에 없다는 뜻이기도 하다. 어쨌든 간에, 휴리스틱이라는 것은 압도적으로 쏟아지는 정보의 시대에 의사결정에 도움을 주도록 설계된 진화적 지름길일 뿐이지 않을까?

잡음으로 가장한 신호는 위험의 징조를 알아차리는 행동투자자에게는 도움이 된다. 러디어드 키플링은 성장시成長詩의 고전 〈만약If〉을 다음과 같은 시구로 시작한다.

> 만약 주위 모든 사람이 이성을 잃고 너에게 책임을 물어도
> 정신을 옳게 유지할 수 있다면
> 만약 모두가 너를 의심해도 너 자신을 믿을 수 있고
> 그들이 그럴 수도 있다고 이해할 수 있다면
> 만약 기다릴 수 있고 기다림에 지치지 않을 수 있다면
> 거짓에 당해도 거짓과 타협하지 않을 수 있다면
> 미움을 받아도 미움에 지지 않을 수 있다면
> 그럼에도 너무 선한 체하지 않고 너무 현명하게 말하지 않을 수 있다면

당신을 패배시키려고 작정한 정보 시대에 정신을 똑바로 차리는 일은 행동투자자에게는 끝이 보이지 않는 숙제다. 원칙에 따라 행동하는 역발상 정신을 기르고, 행동을 이해하고, 금융시장에서 반복되는 경험적 원칙에 익숙해지는 것은 저절로 되는 일이 아니다. 그러나 허위 정보를 솎아내고 자신과 부를 정복하는 길로 들어서기 위해서는 꼭 필요한 열쇠이기도 하다.

- 우리는 기억하기 쉽다는 것과 확률을 혼동한다.
- 인간은 퍼센트가 아니라 스토리로 생각한다.
- 우리는 충격은 크지만 확률은 낮은 대규모 위기의 발생 가능성을 부풀려서 생각한다.
- 행동을 고려하지 못하는 위험 측정은 쓸모가 없다.
- 정보가 너무 적어도, 너무 많아도 시장은 비효율적으로 움직이게 된다.
- 복잡하고 역동적인 시스템에는 역으로 간단한 해결책을 적용해야 과적합을 피할 수 있다.
- 잡음이 있어서 시장이 가능해진다. 또한 잡음이 있어서 시장을 이기기는 거의 불가능하다.

Chapter 07

감정의 지배

"세상은 느끼는 자에게는 비극이고, 생각하는 자에게는 희극이다."
— **호러스 월폴**(Horace Walpole)

감정, 친구인가 적인가

감정이 투자 결정에 도움이 되는지 방해가 되는지에 관해서는 행동금융학계 내에서도 의견이 엇갈린다. 한쪽 진영에서는 감정이 전체 맥락을 심층적으로 이해하도록 도와주는 귀중한 정보를 제공한다고 말하고, 다른 쪽 진영에서는 감정이 합리적 사고에 방해가 된다고 말한다. 둘 다 일리가 있기 때문에, 여기서는 행동투자자가 되려 할 때 감정이 도움이 되는 부분과 도움이 되지 않는 부분을 이해하기 위한 몇 가지 관련 연구를 관찰할 것이다.

 현실적으로 보았을 때 감정은 어떤 의사 결정에서든 선결 조건이라는 감정 유익론에는 틀린 부분이 없다. 데니스 셜Denise Shull은 《시장 마인드로 게임하기Market Mind Games》에서 뇌의 감정 중추에 손상을 입은 사람은 무슨 옷을 입고 출근해야 할지, 또는 아침으로 무엇을 먹어야 할지와 같은 아주 작은 결정을 하는 것도 힘들어 한다고 지적했다.[1] 위험이 적은 일상적인 결정을 내릴 때에도 감정의 암류가 작용하고, 우리는 그것이 사라진 후에야 그 존재를 알아차린다. 더욱이 로버트 B. 자이언스 Robert B. Zajonc는 자동으로 나타나는 감정 반응에는 뒤이은 정보 처리와 판단이 내려지는 방향을 지지하는 정향 효과orienting effect가 존재한다는 설득력 높은 주장을 제기한다.[2] 이런 주장으로도 감정 유익론을 다 이해하기는 힘들지만, 감정을 어떻게 이해해야 하는지 어느 정도 방향성을 제시하고 길을 이끌면서 더 자세히 숙고하고 분류하는 데 도움이 되기는 한다.

조지 로웬스타인George Loewenstein과 데이비드 슈케이드David Schkade가 공동 논문에서 지적했듯이, 감정이 정향 기능에 긍정적인 도움을 주는 사례는 여러 가지를 떠올릴 수 있다. 그들은 다음과 같이 적었다. "감정에 대한 예측은 의심할 것도 없이 대부분 꽤 정확하다. 인간은 일자리를 잃고, 애인이 떠나고, 시험에서 떨어지면 기분이 나쁠 것이라는 사실을 안다. 이직하고 처음 며칠은 스트레스가 심할 것이고, 조깅 후에는 기분이 좋아질 것이라는 사실도 안다." 정보 처리 과부하에 시달리는 뇌를 빠르고 간단한 지름길로 이끄는 것은 굉장히 중요한 일일 수 있으며, 감정은 그 일을 훌륭하게 해낸다.

감정은 인지적 편의성이라는 기능뿐 아니라 진화적으로도 근본적인 장점이 있다. 폴 슬로빅Paul Slovic과 동료들은 한 단계 더 나아간 말을 한다. "감정 처리야말로 우리를 그 오랜 진화의 시간에 살아남게 해준 것이었다. 확률 이론이나 위험 평가, 의사 결정 분석이 등장하기 아주 오래전에 눈앞의 저 동물이 안전한지, 저 물을 마셔도 되는지 판단하게 해준 것은 직관과 본능, 직감이었다."[3] 슬로빅과 동료들의 논문에 따르면, 삶이 훨씬 복잡해진 뒤에야 우리는 감정의 중요도를 줄이고 대신에 더 분석적인 의사 결정 수단을 늘리기 시작한다. MIT의 앤드루 로도 같은 주장을 한다. "진화적 관점에서 볼 때 감정은 동물이 환경과 과거로부터 대단히 효율적으로 학습하게 해주는 강력한 적응이다."[4] 진화적 증거는 명백해 보인다. 감정이 없으면, 인간도 없다.

그러나 그것은 감정이 과거에 진화적으로 효용이 있었음을 입증하는 증거일 뿐, 현대에도 필요하다는 것을 보여주는 증거라고 단정할 수는 없다. 맹장만 해도 그렇지 않은가. 감정은 어떤 의사 결정에는 도움이 되지만, 어떤 의사 결정에는 방해가 되기도 한다. 앞서 말한 감정의 정향 효과는 오히려 잘못된 방향으로 이끄는 결과를 불러올 수도 있다. 감정은 연인과의 결별이 고통스러울 것이라는 점을 정확히 예측하게 해주지만, 대신 큰 집이나 고액 연봉이 행복의 열쇠라는 잘못된 생각을 심어 줄 수도 있다. 큰 집이나 고액 연봉이 행복의 비결이 아니라는 사실은 연구 결과로도 입증되었다.

코넬대학교의 앨리스 M. 이센Alice M. Isen 교수는 낮은 수준의 긍정적 감정은 창의적 의사 결정을 끌어올리지만, 기억이나 연역적 추론, 계획 수립 등 다른 인지 능력을 손상시킨다는 연구 결과를 발표했다.[5] 긍정적 감정이 긍정적 정보를 떠올리는 데 영향을 준다는 것을 보여준 연구가 있는가 하면, 행복한 감정이 정보 처리를 방해하고 인지 처리 능력에 손상을 입힌다는 것을 보여준 연구도 있다. 행복은 어떤 과제를 수행할 때는 성적을 올렸지만(이를테면, 둔커의 양초 과제)(게슈탈트 심리학자 카를 둔커Karl Duncker가 고안한 과제. 양초와 성냥, 통, 압정을 주고 양초를 벽에 고정하되 촛농이 바닥에 떨어지면 안 된다고 한다. 기능의 고착화가 문제 해결 능력에 미치는 영향을 측정하는 실험이다-옮긴이), 어떤 과제에서는 실행 기능을 떨어뜨리기도 했다(스트룹 검사Stroop Test와 런던탑 검사Tower of London Test)(스트룹 검사에서는 단어와 배경색이 같을 때보다 배경색을 다르게 해서 빨강, 파랑, 노랑 등의 단어를 적으면, 해당 배경색을 말하는 데 더 시간이 걸린다는 것을 증명했다. 즉 반응 시간이 주의 집중 시간에 따라 달라지는 효과를 입증한 실험이다. 런던탑 검사는 색과 크기가 다른 블록을 최소한으로 이동해 탑을 만드는 데 걸리는 시간과 횟수를 측정한다. 피검사자가 심리적 질환을 가지고 있는지 파악할 때 사용한다-옮긴이).

여전히 헷갈리는가?

긍정적 감정이 어떨 때는 의사 결정 능력을 높이고 어떨 때는 떨어뜨리지만, 한 가지 연구 결과에 대해서는 의견 대립이 적은 편이다. 바로 행복은 휴리스틱이나 인지적 지름길에 더 많이 의존하도록 이끈다는 결과다. 갈렌 V. 보덴하우젠Galen V. Bodenhausen, 제프리 P. 크레이머Geoffrey P. Kramer, 카린 수서Karin Süsser는 1994년 연구에서 긍정적 감정은 고정관념에 기대어 타인을 판단하는 성향을 늘린다고 발표했다.[6] J. P. 포거스J. P. Forgas와 K. 피들러K. Fiedler도 1996년 발표한 논문에서 긍정적 감정이 외집단에 대한 차별을 늘린다고 주장했다.[7] 이 연구 결과들을 보면 인간의 정신은 행복 보존 기계이고, 문제가 없는 상황에서는 행복감을 표면에 유지함으로써 행복 보존을 촉진한다는 결론이 나온다. 미묘한 함의를 생각한다거나 기업 재무제표에 대한 심층 보고서를 읽는 것도 지금 당신의 행복한 기분을 무너뜨리지는 못하는 것이다.

멀찍이 떨어져서 보면 감정은 무질서한 도가니이지만, 투자 결정이라는 특정 맥락에서 본다면 감정을 잘 사용하는 방법과 잘못 사용하는 방법에 대해 구체적인 조언이 가능해진다. 감정은 휴리스틱에 더 많이 의존하게 만들어 규칙을 무시하고, 확률을 폄하하고, 멀리 바라보지 못하게 하고, 행동을 동질화하고, 위험 지각 능력을 변화시키는 등 온갖 부작용을 만들어낸다. 언제나 그렇지만 가장 중요한 것은 맥락이다. 휴리스틱의 이런 영향은 시간이 없고 생사가 걸린 위태로운 상황에는 도움이 된다. 그러나 우리는 더 이상 정글에 살지 않으며, 금융시장이 존재하는 현대의 콘크리트 정글에서는 전혀 다른 규칙에 따라 움직여야 한다.

처량한 이방인

지금 당신은 극장에 앉아 들뜬 마음으로 이번에 새로 개봉한 〈스타워즈 에피소드 19: 제다이의 귀환의 귀환〉이 얼른 상영되기만을 기다리고 있다. 주위에 앉은 사람들을 봤더니 저마다 다른 행동을 하고 있다. 부부로 보이는 한 쌍은 어린 자녀들에게 좋은 학교를 골라 주기 위해 열심히 토론을 하고 있다. 만홧가게 주인은 개봉 영화의 리뷰를 뚫어져라 보면서 스포일러를 피하려고 열심히 팝콘을 입으로 가져간다. 아이들은 형제자매들과 서로 쿡쿡 찌르며 장난을 치고 있다. 첫 데이트로 보이는 젊은 한 쌍은 조심스럽게 서로를 탐색 중이다. 당신과 그 사람들은 저 먼

우주에 대한 공통의 관심을 가지고 같은 장소에 앉아 있지만, 서로의 행동은 천양지차다.

그런데 극장에 앉은 누군가 벌떡 일어나더니, "불이야!" 하고 있는 힘껏 소리를 지른다. 극장에 모인 관람객들의 행동은 어떻게 달라질까? 그들은 미친 듯이 뛰어나간다. 앞서 행동의 이질성은 단 하나의 목적, 문을 향해 달려간다는 목적으로 바뀔 것이다. 고조되기 전의 평탄한 감정은 서로 다른 생각과 행동을 낳지만, 강렬하게 고조된 감정은 목적이 분명한 투자자마저 뒤흔드는 결정적인 동질화 영향을 미친다. 감정은 당신을 규칙의 이방인으로 만든다.

댄 애리얼리Dan Ariely는 《상식 밖의 경제학Predictably Irrational》에서 감정이 어떻게 규칙에 대한 복종을 무시하는지를 보여주기 위해 동료들과 진행한 꽤 자극적인 실험 결과를 보고했다. 애리얼리와 동료들은 실험에 참가한 학생들에게 '변태적' 체위, 바람피우기, 안전한 섹스, 상대의 뜻을 존중하면서 섹스를 하는 성향 등 성적 선호에 관한 19가지 질문을 물었다.

연구진은 먼저 학생들이 감정적으로나 성적으로 흥분하지 않고 '차분한' 상태일 때 이 질문을 던졌다. 차분한 상태에서 학생들은 상대의 뜻을 존중하고 원래 사귀던 사람과 합의해서 하는 안전한 섹스를 더 선호한다고 답했다.

다음으로 애리얼리와 연구진은 참가자들이 성적으로나 감정적으로 흥분하게 만들기 위해 포르노그래피 사진을 보여주었다. 성적으로 흥분한 상태에서 참가자들이 19개 질문에 한 대답은 앞서의 실험과는 크게 달라졌다. 바람을 피울 가능성은 136%가 올랐고, 변태적 성행위를 할 수도 있다는 답은 72%가 늘었으며, 피임 기구 없이 섹스를 할 의사가 있다는 답도 25% 늘었다. 애리얼리는 실험 결과를 이렇게 요약했다. "예방, 보호, 보수적 심리, 도덕심이 레이더 스크린에서 완전히 사라졌다. 그들은 열정이 자신들을 어느 정도나 바꿀지 전혀 예측하지 못했다."

워낙 선정적인 실험이다 보니 성적으로 흥분했을 때나 나오는 결과라고 믿고 싶은 마음도 있지만, 그렇게 생각해서는 안 된다. 애리얼리는 각주에 이렇게 덧붙였다. "(…) 우리는 다른 감정 상태(분노, 굶주림, 흥분, 질투 등)도 마찬가지 방식으로 우리를 낯선 사람이 되게 한다고 가정할 수 있다."[8]

실험에 참가한 학생들은 언제나 콘돔을 써야 하고, 바람을 피워서는 안 된다는 등 규칙을 충분히 잘 알고 있었지만, 순간의 열기 앞에서 규칙 따위는 상관하지 않았다. 당신 역시 현명한 투자 규칙을 충분히 숙지하고 있다. 문제는 탐욕이나 두려움의 순간에는 규칙도 무용지물이 된다는 것이다.

심리학자이며 트레이딩 코치인 브렛 N. 스틴바거도 자신이 연구한 트레이더 집단을 언급하며 이렇게 말했다. "(…) 감정이 주식 거래에 미치는 순효과는 규칙 관리의 붕괴로 나타나는 것 같다. (…) 감정이 고조된 상태에서 (…) 그들은 더 이상 규칙에 주의를 기울이지 않는 수준으로까지 집중한다. 대부분은, 감정에 빠진 상태에서 규칙을 의심했다는 말이 아니라 아예 규칙을 잊었다고 봐야 했다."[9] 아무리 똑똑해도 감정에 지배된 투자자는 자신도 잊고 규칙도 잊는 이방인이 된다.

정신 질환을 평가할 때 자주 쓰이는 미네소타 다면 인성 검사Minnesota Multiphasic Personality Inventory, MMPI는 미국인들의 심리 상태에 관하여 흥미로운 통찰을 제공한다. 1938년부터 2007년까지 MMPI로 측정한 미국의 정신병리 수치는 크게 증가했다. 구체적으로 늘어난 증세는 다음과 같다.

- 기분이 우울함
- 가만히 있지 못함
- 불만족
- 마음이 불안정함
- 자기도취증
- 자기중심 성향
- 초조함
- 비현실적으로 긍정적인 자찬
- 충동 조절

이 시기에 일어난 많은 사회적 변화를 생각하면 감정적 행복을 이루기는 더욱 힘들어졌다. 감정 상태를 이용한 차익 거래는 일종의 지속적인 투자 우위가 되고 있으며, 실제로도 그 우위는 증가할 수 있다.

감정은 확률 계산에도 영향을 미친다

투자자가 확률을 따르는 일이 그토록 어렵지만 잘 이용하면 수익을 내는 이유 중 하나는, 감정이 확률을 계산하는 방법에 뚜렷한 영향을 미친다는 점이다. 짐작하겠지만 긍정적 감정은 긍정적 결과의 가능성을 부풀려 예상하게 만들고, 부정적 감정은 부정적 결과를 지레짐작하게 한다. 변질된 확률은 위험을 오판하게 만든다.

분노하면 위험에도 겁을 먹지 않지만, 슬픔에 빠지면 작은 위험에도 크게 겁을 먹는다. 어떤 행동을 얼마나 친밀하게 느끼는지에 따라서도 그 행동에서 인지하는 위험이 달라진다. 보트와 스키는 상대적으로 위험한 스포츠이지만 이것으로 즐거움을 느끼는 사람들은 다칠 위험이 큰 스포츠라고는 별로 생각하지 않는다. 좋은 투자는 지루할 수 있지만, 지루하다는 이유만으로 위험한 투자라는 부적절한 딱지가 붙는다. 위험을 계산하면서 우리는 너무 자주 '이 투자는 위험한가?'가 아니라 '이 투자는 재미있을까?'라고 묻는다.

행복한 사람일수록 복권 당첨을 훨씬 자신하지만, 그렇다고 실제 당첨 확률이 높아지지는 않는다. 감정이 위험 인지에 전적으로 영향을 준다는 것은 직관적으로 이해가 가지만, 우리가 얼마나 심하게 확률을 왜곡하는지는 대단히 놀라울 정도다. Y. 로텐스트리히Y. Rottenstreich와 C. K. 흐시C. K. Hsee(2001)는 감정을 크게 자극하는 도박일 때는 당첨 확률이 99%로(거의 확실) 높건 1%로(거의 불확실) 낮건, 도박 참여도가 별로 영향을 받지 않았다고 말한다.[10] 로웬스타인의 연구(2001)에서도 참가자들이 직접 계산한 복권 당첨 확률은 진짜 당첨 확률이 1000만 분의 1이건 1만 분의 1이건 똑같았다.[11] 이 논문은 더 나아가, 감정은 불확실한 결과를 계산할 때는 도 아니면 모라는 식으로 대응해서 '확률probability'이 아니라 '가능성possibility'에 초점을 맞춘다고도 언급했다.

우리는 스스로 생각하는 것보다도 〈덤 앤 더머Dumb and Dumber〉에서 짐 캐리가 맡았던 배역과 훨씬 흡사하다. 호감을 느껴 다가간 상대 여자에게 자신과 잘될 확률은 100만 분의 1이라는 말을 들었을 때 짐 캐리는 안도의 웃음을 지으며 말한다. "그럼 가능성이 있긴 있다는 거네요." 크게 고대하는 마음과 당첨 확률을 착각하는 것도 정도껏 해야 한다.

비 오는 날과 월요일

데이비드 허시라이퍼David Hirshleifer와 타일러 슘웨이Tyler Shumway는 기분에 직접 영향을 미치는 구름양이 26개 증권거래소의 일별 수익률에 미치는 영향을 관찰했다. 26개 시장 중 18개 시장에서 구름양은 낮은 일별 주식 수익률과 관련 있었다. 뉴욕 거래소의 경우, 맑은 날씨로 예보된 날에 투자한 가상의 포트폴리오는 24.8%의 수익을 올렸지만 흐린 날에는 8.6%만 올렸다. 헤지펀드 투자에도 이제 기상학자에게 날씨 정보를 묻는 것이 도움이 되는 시대가 온 듯하다!

시간 여행

"즐기면서 하면 시간 가는 줄 모른다." 평범한 말이지만 커다란 진실을 담은 말이기도 하다. 감정은 우리의 시간 지각에 극적인 영향을 미친다. 더 구체적으로 말해, 강렬한 감정은 시간 개념을 잊게 하고 지금 이 순간이 전부며 앞으로도 그럴 것 같은 느낌이 들게 한다. 시간은 복리로 부를 쌓아 주는 위대한 수단이지만, 감정이 가진 근시안적 성향은 투자자에게 회복하기 힘든 상처를 입힌다.

바버라 S. 린치Barbara S. Lynch와 리처드 J. 보니Richard J. Bonnie(1994)는 흡연

에 대한 종단적 연구에서 순간의 강렬한 감정이 평생 가는 해로운 결정을 이끌 수 있다는 것을 입증했다. 연구에 참가한 고등학생들에게 앞으로 5년 뒤에도 담배를 피울 생각이 있는지를 물었다. 흡연량이 많지 않은 학생들은 15%가 5년 뒤에도 담배를 피울 것 같다고 대답했지만, 하루에 한 갑을 피우는 학생들은 32%가 계속 담배를 피우고 있을 것이라고 대답했다. 5년 후 간헐적 흡연자의 43%는 여전히 흡연자였고, 줄담배를 피운 학생 중 무려 70%가 여전히 줄담배를 피웠다. 그들이 평생 가는 나쁜 습관이 생기기까지는 1000가지의 강렬한 감정적 욕구가 영향을 미쳤다. 투자자들 역시 마찬가지다. 시장의 일별 등락에 일일이 신경쓰는 투자자는 시장이 오르내릴 때마다 온갖 감정에 지배되어 1000가지 작은 결정을 내리고, 결국에는 돈 한 푼 없는 노후를 맞게 된다.

기능적 소시오패스

강한 감정이 투자 결과에 부정적 영향을 미친다면, 그런 감정을 최소화하거나 없앨 때는 어떤 결과가 나올지도 생각해 보아야 한다. 피터 소콜헤스너Peter Sokol-Hessner, 콜린 F. 캐머러Colin F. Camerer, 엘리자베스 A. 펠프스Elizabeth A. Phelps는 논문(2012)에서 직접적인 이해관계가 줄어들어 감정 반응이 낮아지고 더 넓은 시각으로 바라볼수록 생리적 각성이 줄어들고 좀 더 합리적인 결정을 선택하게 된다고 말한다. 마이애미대학교 연구의 참가자들은 금융 종합 뉴스를 들을 때 포트폴리오 보유 종목과 직접 관련 있는 뉴스를 들을 때보다 뉴스를 더 객관적으로 듣고 참고하는 것으로 나왔다. 참가자들은 종합 뉴스에는 냉정한 태도를 유지했지만, 자신들의 돈벌이와 직접 관련 있는 뉴스를 들을 때는 감정이 격해져 학습 과정이 왜곡되었다. 마지막으로, 〈사이언티픽아메리칸〉은 이중 언어 사용자들은 외국어로 생각하면 반사적 사고나 감정 개입이 줄어들어 더 합리적인 결정을 내리게 된다는 증거를 인용한다.

감정은 다른 상황에서는 적응에 도움을 주지만 합리적 투자에는 방해가 된다는 증거가 많이 제시되고 있다. 정말로 그런지 더 직접적으로 알아보기 위해 앤드루 W. 로, 드미트리 V. 레핀, 브렛 N. 스틴바거는 온라인 트레이더 80명을 모집하여 그들의 행동을 관찰하고 감정적 반응이 투자 손익에 미치는 영향을 측정했다. 긍정적이건 부정적이건 가장 격하게 감정 반응을 보인 투자자들은 말했다. "거래 실적이 훨씬 나빠졌다. 이것은 성공적인 매매 행동과 감정 반응에는 음의 상관관계가 존재한다는 의미다." 연구진은 계속해서 이렇게 설명했다. "(…) 우리의 연구 결과는 두려움이나 탐욕과 같은 자동적인 감정 반응이 더 통제된 '고차원적' 반응을 자주 몰아낸다는 현대 신경과학의 증거와도 일치한다. 감정 반응이 복잡한 의사 결정 기능을 차단하는 이른바 '단락短絡'을 일으키는 정도가 되면 (…) 처참한 매매 실적이 나오는 것도 전혀 놀랄 만한 결과는 아니다."[12]

감정 억제가 도움이 된다면 감정을 아예 차단해 버리는 것은 훨씬 더 도움이 되지 않을까? 스탠퍼드대학교에서 진행한 '투자 행동과 감정의 부정적 측면' 연구도 그런 가능성을 염두에 두었다. 연구진은 뇌의 감정 처리 중추에 손상을 입은 피험자 15명과 '정상 뇌'를 가진 피험자 15명에게 도박 대결을 하는 과제를 냈다. 뇌 손상이 있는 참가자들은 과감하게 베팅하면서도 문제가 생기면 재빨리 뒤로 물러나는 모습까지 보이면서 정상 뇌를 가진 참가자들을 손쉽게 이겼다. 정상 뇌를 가진 참가자들은 게임 내내 안전을 추구했지만, 몇 차례 성적이 안 좋으면 유독 심하게 위험을 회피했다(시장에 빗대면, 이런 시기에 투자 매력도가 늘어나는 편이다). 뇌 손상이 있는 참가자들은 상처를 어루만지거나 상처 입은 자아를 다독일 필요성을 느끼지 않았기 때문에 게임 내내 일관된 태도를 유지했으며 결국에는 승리했다.

연구만 놓고 보면, 뇌엽절리술(정신질환자를 치료하기 위해 뇌의 일부를 절제하는 수술-옮긴이)을 하면 부자가 된다는 결론이 나오기는 한다. 동의하고 싶지 않아도, 감정이 성공 투자의 적이라는 진실만은 변하지 않는다. 신경학자 앙투안 베차라Antoine Bechara는 "돈을 많이 벌고 싶은 투자자는 '기능적 소시오패스'가 되어야 한다"는, 마냥 웃고 넘길 수만은 없는 대담한 농담을 했다. 어떤 투자 결정에서든 성공하려면 투자자는 감정을 몰아낼 수 있어야 한다.

좋은 것이 너무 많아도 문제다

신호 대기 줄 제일 앞에 서는 것은 영예이며 신성한 특권이다. 그리고 이 특권에는 신호가 바뀌면 재빨리 출발해서 가능한 한 많은 차가 회전을 하거나 신호 대기를 벗어날 수 있게 해야 한다는 막중한 책임도 따른다. 그러나 모든 사람이 신호 대기 제일 앞줄에 있는 것을 신성한 의무로 생각하는 것은 아니고, 가끔은 문자 메시지를 보내거나 한눈을 팔다가 늦게 출발하거나 신호를 완전히 놓치는 사람도 있다. 혹시라도 내 앞차 운전자가 그러면 나는 신성한 의무를 도외시한 사람에게 재빨리 경적을 울려 의무를 일깨운다.

얼마 전 주말에도 내 앞차 운전자가 한눈을 팔았고 나는 평소대로 경적을 울렸다. 그 즉시 앞차 운전자는 성난 표정으로 나를 보고는 가운뎃손가락을 날린 후 방향을 꺾었다. 운 좋게도 나는 다음 신호에서 그 차 옆에 섰고, 그 무례했던 운전자는 창문을 내리고 내게 사과를 했다. "운전에 집중하지 못해서 죄송합니다. 저도 다른 사람이 그랬다면 무척 화가 났을 거예요." 그는 내가 경적을 울렸을 때 처음에는 무턱대고 화를 냈다. 잠깐 생각할 시간을 가진 뒤에야 그는 자신이 타인에게 하는 행동에 대해 공감했고, 느린 사고thinking slow(이성적으로 생각하는 시스템 2의 사고. 대니얼 카너먼의 《생각에 관한 생각Thinking, Fast and Slow》에 나오는 표현으로, 반대는 감정적이고 '빠른 사고'를 하는 시스템 1이다-옮긴이)는 그에게 책임감을 인정하는 판단을 내리게 해주었다. 신호 대기 첫 줄에 선 책임을 도외시하는 사람은 모든 품행이 구제 불능일 것이라는 내 생각이 틀렸다. 그는 감정을 가라앉히고 이성적 사고를 되찾았다.

조지프 르두(1996)와 동료들은 내가 교통신호에서 관찰했던 것과 같은, 감정이 이성보다 앞서는 초두 효과에 관한 연구를 했다. 연구진은 쥐를 대상으로 연구하면서 감각 시상(기본적인 신호처리가 이루어지는 곳)과 편도체(감정 처리 중추)의 신경이 서로 직결되어 있다는 사실을 발견했다. 신피질을 통해 우회하지 않고 두 영역의 신경이 직접 연결되어 있다는 것은 신호가 먼저 감정적으로 처리된 뒤에 이성적으로 처리된다는 것을 의미한다. 이 말인즉 쥐는 이유를 알기도 전에 무서움을 느낄 수 있고, 이런 시스템 속에서 쥐는 어떤 행동을 선택할지 신속하지만 조악하게 계산할 수 있다는 것이다. 그전에 있었던 비슷한 연구로는, 인간 역시 어떤 대상에 대해 말을 꺼내지도 않았는데 본능적인 호불호의 감정부터 떠올릴 수 있다는 것을 입증한 자이언스의 연구(1980, 1984, 1998)가 있다. 더욱이 어떤 자극에 대한 우리의 감정 반응은 그 자극을 세부 내용까지 기억하지 못해도 아주 오랫동안 뇌리에 남게 된다. 예를 들어, 영화 내용은 기억나지 않아도 그 영화가 끔찍하게 싫었던 기억만은 오래 남을 수 있다.

의사 결정에 이성이 관여하느냐 감정이 관여하느냐는 대부분 감정의 강도에 따라 달라진다. 강도가 과도하게 올라가지만 않는다면, 감정은 정보를 제공하는 일종의 자문 역할을 한다고 볼 수 있다. 감정도 유용할 수 있고, 의사 결정자에게 도움이 되는 귀중한 정보를 주기도 한다. 그러나 감정의 볼륨에는 미세 조절이 없고, 볼륨이 세지는 순간 감정은 합리적 의사 결정 과정 전체를 방해한다. 조지 로웬스타인의 말마따나, "운전대에서 잠들겠다고 '결정하는' 사람은 아무도 없지만 많은 사람이 그런 행동을 한다."

앤서니 그린월드Anthony Greenwald의 연구(1992)에 따르면, 인간의 뇌는 감성적 이름표를 붙인 것은 무엇이건 쉽게 떠올리도록 프로그래밍이 되어 있지만 이성적 사실에는 그런 편리한 기억 회수 장치가 없다. 감성에 호소하는 광고물 1400개와 엄격하게 이성에 호소하는 광고의 효과를 비교한 연구가 있다. 감성 기반 광고는 이성 기반 광고보다 기억 효과가 2배는 좋았다. 연구진은 그 이유를 감정은 뇌에서 수월하게 처리되고 더 오래 유지된다는 사실에서 찾는다. 리타 카터Rita Carter는 1999년에 발표한 논문에 이렇게 적었다. "이성과 감정이 충돌할 때 뇌의 신경 회로는 감정이 이기도록 설계되어 있다." 감정에 논리로 맞서는 것은 총에 칼로 맞서는 것과 같다.

감정은 쓸모 있는 순간을 위해 아껴 두어라

동물은 대부분 위험한 순간에 자신을 보호하기 위해 적응성 스트레스 반응을 진화시켰다. 위협을 느낀 코브라는 머리를 꼿꼿이 올리고, 복어는 몸을 부풀리며, 거북이는 등껍질 속으로 머리를 숨긴다. 그런데 인간은 압박감을 느끼면 실수를 하도록 만들어진 종인 것 같다. 우리는 가장 좋은 모습을 보여야 하는 순간에는 땀을 비 오듯 흘린다. 대규모 청중 앞에서 강연하기 전 강단 아래에서 기다릴 때는 입이 바짝 마른다. 예측하고, 예상하고, 걱정하는 능력은 우리와 동물의 왕국을 구분하는 고유의 능력이다. 그러나 또한 우리를 돈벌이에서 멀어지게 하는 능력일 수도 있다. 인생에서 가장 좋은 순간은 감정이 고양될 때다. 결혼, 아이의 탄생, 친구의 대학 졸업식이 그렇다. 심지어 인생에서 가장 슬픈 순간도 기억에 뚜렷하게 남으면서 오랫동안 우리의 행동 방식을 지시하고 형성할 수 있다. 이렇듯 감정은 영혼을 풍요롭게 하는 대신 지갑을 빈곤하게 한다. 그러니 감정은 가장 쓸모 있는 순간을 위해 아껴 두는 것이 좋다.

- 당신이 돈을 사랑한다면, 재무 결정을 내려야 하는 순간 감정에 기대기보다는 멀리해야 한다.
- 감정은 정신 용량을 보존하기 위해 조악하지만 중요한 지름길을 제공한다.
- 강한 감정은 휴리스틱에 대한 의존도를 키운다.
- 감정은 생사가 걸린 선택이나 시간에 쫓기는 선택을 해야 할 때는 도움이 되지만, 다른 상황에서는 유용하지 않다.
- 감정에 지배될 때 우리는 그전까지 충실히 따르겠다고 공언했던 규칙을 무시하는 이방인이 된다.
- 강렬한 감정은 모두의 행동을 동질화하는 결과를 가져온다.
- 우리는 결과를 원하는 마음과 결과의 발생 확률을 같은 것으로 착각한다.
- 우리는 즐거운 활동일수록 위험을 낮게 잡는다. 그리고 즐겁지 않은 활동은 위험하다고 여긴다.
- 강렬한 감정은 멀리 내다보지 못하게 하고, 미래의 자아를 무시하고 눈앞의 자아를 중시하게 한다.

PART
03

행동투자자란

THE
BEHAVIORAL
INVESTOR

DANIEL
CROSBY

"우리는 날마다 운명을 만든다. (…) 우리가 걸리는 병은 대개 우리가 했던 행동에서 직접 연원을 찾을 수 있다."
— 헨리 밀러(Henry Miller)

일본 영화감독 구로사와 아키라黒澤明의 작품 중 가장 걸작으로 칭송받는 것은 〈7인의 사무라이Seven Samurai〉이지만, 크게 충격을 준 작품은 〈라쇼몽Rashomon〉이었다. 1952년 아카데미 최우수 외국어 영화상을 받은 〈라쇼몽〉은 사무라이를 살해하고 그의 아내를 강간한 죄목으로 붙잡힌 살인범의 재판 이야기다. 4명의 증인이 증언을 하는데 - 피고, 죽은 사람(무당을 불러 영혼을 소환했다), 승려, 그리고 나무꾼이다 - 넷의 증언이 조금씩 엇갈리지만 들어보면 다들 진짜 같다. 영화는 진실의 주관적 속성을 속속들이 살피면서 경험과 동기, 인성이 우리의 판단에 영향을 미친다는 사실을 중요하게 부각한다. 증인들의 증언을 토대로 서로 다른 네 이야기를 전하는 이 영화가 더 중요하게 다룬 것은 실제 벌어진 사건이 아니라 증언을 말하는 사람들이었다.

케임브리지대학교 심리학과장 프레더릭 바틀릿Frederick Bartlett 경은 통제된 실험 환경에서 처음으로 진실의 주관성을 연구했다. 바틀릿은 진실의 주관성이 작용하는지 알아보기 위해 실험 참가자들에게 아메리카 원주민 동화를 읽게 하고 며칠 뒤에 그것을 기억하게 했다. 피험자들은 동화를 기억하는 과제에서 그들이 중요하게 생각하는 부분과 문화적 배경을 가미해 이야기를 바꿔서 기억했다. 그들은 동화에서 불쾌하거나 이질적인 부분은 생략했으며, 아메리카 원주민의 문화적 특수성을 그들의 규범으로 대체했다. 모 코스탄디Mo Costandi의 말처럼, 바틀릿은 기억이 재생산되기도 하지만 재구성되기도 한다는 새로운 개념을 개척했다.[1]

우리는 우리가 가진 도구를 이용해 우리가 그리는 포트폴리오를 만든다. 미국인들은 미국 주식을 산다. 철강업 근로자들은 제조업 비중을 높게 두고, 금융업 종사자들은 은행주 비중을 높인다. 겁쟁이들은 주식 투자에 벌벌 떨고, 과잉 확신자들은 한 종목의 비중을 지나치게 크게 유지한다. 결혼한 지 오래된 부부처럼 포트폴리오도 우리의 모습을 닮기 시작한다. 그리고 그렇게 빼닮게 된다는 것에 커다란 위험이 존재한다.

우리 개개인이 다르게 가지고 태어난 생물학적·심리학적·신경학적 차이가 세상을 멋진 곳으로 만들지만, 월스트리트는 그런 고유성이 먹히는 곳이 아니다. 개인의 직업은 그 사람만이 쓸 수 있는 스토리를 쓰게 하고 남들과 다른 시각으로 세상을 바라보게 한다. 그러나 투자자의 일은 오늘의 시장을 내일의 타인의 시선으로 바라보는 것이다. 개인이 되려면 자아를 표현해야 하지만, 행동투자자가 되려면 자아를 예속시켜야 한다. 자아의 일차적인 생물적·심리적·사회적 갈망에 맞서는 것은 가장 어려운 일인 동시에 잠재적 보상을 가장 높이는 길이기도 하다. 제3부에서는 자아에 맞서는 구체적인 방법을 살펴볼 것이다.

지그문트 프로이트Sigmund Freud는 인간의 심리가 어떻게 깨지는지(힌

트: 당신의 엄마)를 개괄함으로써 인간 심리를 연구하기 시작했고, 정신분석학은 한 세기가 넘도록 같은 길을 유지했다. 그렇게 대략 150년 전에 시작된 임상심리학 연구는 무엇이 인간을 행복하고 강하고 특별하게 만드는지 연구하는 긍정심리학을 여는 포문이 되었다.

임상심리학자에게 진단은 중요하지만 그것만 가지고는 치료 계획을 세우기에 턱없이 부족하다. 한 시간에 200달러를 상담료로 받는 심리학자는 당신에게 병리학적 꼬리표를 붙일 자격이 없고, 문을 제시할 자격도 없다. 그러나 그것이 바로 행동재무학이 지금까지 개미 투자자들에게 해온 일이다. 해결책은 없이 긴 편향 목록만 제시한 것이다. 이런 상황도 오늘로 끝이다. 우리는 이제부터 제2부에서 식별한 행동투자자가 명심할 위험 관리의 네 기둥이 자산 운용에서 어떤 의미를 지니는지 세세히 살펴볼 것이기 때문이다. 네 기둥을 다시 요약하면 다음과 같다.

1. 에고: 과잉 확신에 빠져서 명민하게 의사 결정을 하지 못하고 자신의 능력을 과신하면서 행동하는 편향.
2. 보수주의: 손실과 이득을 비대칭적으로 바라보고 변화보다는 현상 유지를 선호하는 성향.
3. 주의 집중: 정보를 상대적으로 평가하고, 의사 결정을 내릴 때 눈에 띄는 정보를 확률보다 중요시하는 성향.
4. 감정: 순간의 감정이나 개인의 정서 안정성이라는 색안경을 끼고 위험과 안전을 인식하는 성향.

제1부와 제2부를 마친 지금 우리는 '왜 이런 잘못을 저지르는가?'에

대해서는 이해하게 되었지만, '그래서 앞으로 어떻게 해야 하는가?'에 대한 이해는 여전히 부족하다.

여행의 첫걸음으로 에고에 저항하는 포트폴리오를 구축하는 방법부터 살펴볼 것이다. 우리가 던져야 할 첫 번째 질문은 이것이다. '우리는 무슨 근거로 그렇게 자신하는가?'

Chapter
08

행동투자자는
에고를 극복한다

"우리의 시간에서 고통스러운 것 중 하나는 확실성을 느끼는 사람은 멍청하다는 것
이고, 조금이라도 상상하고 이해하는 사람은 의심하고 우유부단해진다는 것이다."
— 버트런드 러셀(Bertrand Russell)

"내 안의 일부에서는 내가 패배자라고 생각하고, 다른 일부에서는 내가 전능한 신
이라고 생각한다."
— 존 레넌(John Lennon)

타이태닉호 침몰, 체르노빌 원자로 붕괴, 챌린저 우주왕복선 참사, 디프
워터호라이즌호 기름 누출 사건, 당신의 단골 식당 개업. 이런 사건들에
무슨 공통점이 있을까 싶지만, 모두 과잉 확신이 뿌리 깊이 박힌 사건이
다. 물론 과잉 확신을 무조건 나쁜 것으로 몰아가서는 안 된다. 적어도
어떤 상황에서는 과잉 확신을 하는 것이 좋다. 우리는 정치가들에게 많
든 적든 에고를 요구한다. 식당 개업이나 회사 창업은 성공 확률이 지극
히 부정적이어도 새로운 사업을 시작하는 것이다.[1] 그렇다면 과잉 확신

이 '자리에서 일어나 꿈을 향해 달리게 만드는' 종자인지 아니면 '손쓸 수 없는 재앙을 불러오는' 종자인지는 어떻게 알 수 있는가? 이 질문에 답하려면 에고의 진화적 뿌리를 검토하고, 에고가 우리에게 도움이 되는 상황과 방해가 되는 상황을 가려내야 한다.

유니버시티 칼리지 런던의 인지심리학 교수인 탈리 샤럿Tali Sharot 박사는 약 80%의 사람들이 과도한 낙관주의의 영향을 받는다고 말한다(행동경제학에서는 이것을 낙관주의 편향optimism bias이라고 한다-옮긴이). 이에 대해 그녀는 자기 가족이 하는 일이 다 잘될 것이라고 예상한 사람은 75%나 되었지만, 다른 가족들이 하는 일이 다 잘될 거라고 예상한 사람은 30%에 불과했다는 재미있는 예를 든다.[2] 대니얼 카너먼도 《생각에 관한 생각》에서 '가장 중요한 인지 편향'이라고 부르면서 과잉 확신의 보편성에 동의했다. 그리고 한 인터뷰에서는 마법의 지팡이를 휘둘러 한 가지 없애고 싶은 편향을 꼽는다면 과잉 확신을 없애고 싶다고도 말했다.[3] 또한 그는 과잉 확신이 다른 편향을 살찌우고 감정적이고 비이성적인 행동을 정당화한다고 주장했다. 인간 본성이 되는 대로 진화하지는 않았으므로, 과잉 확신이 때와 장소에 따라서는 도움이 되는 경우도 분명히 있다고 봐야 하고 실제로도 그렇다.

과잉 확신의 진화적 적응 요소들을 파헤치기에 앞서서 이것의 다면적인 구조부터 이해하고 넘어가야 한다. 과잉 확신은 구체적으로 세 가지 종류가 있다.[4]

1. 정밀성 과신(overprecision): 자기 생각이 정확하다고 지나치게 확신하는 것.
2. 과대 설정(overplacement): 자신의 능력이 타인보다 뛰어나다고 생각하는 것.

3. 과대 평가(overestimation): 통제 수준과 성공 가능성을 비현실적으로 낙관하
   는 것.

정밀성 과신

정밀성 과신의 예는 이렇다. 당신은《성경》에 몇 권의 성서가 들어 있는
지 알아맞히는 질문을 받았고, 여기에 정답이 들어갈 것이 확실한 범위로
대답해야 한다. 어느 정도의 범위로 대답할 것인가? 한번 대답해 보자.

예를 들어 25~50권이 들어 있을 것 같다고 대답했다고 치자(외경까지
포함해서《킹 제임스 성경》에 들어 있는 성서는 총 66권이다). 여기서 잠깐 멈추
고 질문에 대해 생각해 보자. 거의 확실하게 정답을 포함하는 범위로 대
답해야 한다면, 아예 '1~1000만 권'이라고 대답하지 않은 이유는 무엇
인가? 1~1000만 권은 기술적으로 맞게 제시한 범위이지만, 실제로는 쓸
모가 없는 범위다. 불확실성의 상황에서도 우리 인간은 쓸모 있을 만한
범위를 정하려 최선을 다한다. 그러나 그런 정밀함은 곧잘 쓸모없는 정
밀함이 된다는 데 문제가 있다.

마찬가지로, 주식 분석가가 지금부터 1년 후 애플 주가를 예측하라는
요구를 받으면 173.42달러라는 식으로 정밀한 주가를 제시할 것이다. 물
론 충분히 살펴보고 한 예측이고, 모호한 정밀성보다는 가짜 정밀성을
더 중요시하기 때문에 이런 예측이 나왔다는 것도 이해가 간다. 그러나
안타깝게도 이 분석은 의도와 상관없이 그 예측을 믿고 투자하는 사람
들에게 세상이 예측 가능하다는 잘못된 믿음을 갖도록 호도할 수 있다.

역발상 투자가로 유명한 데이비드 드레먼David Dremen은 정밀성 과신
탓에 월스트리트의 대다수(59%)가 '합의'한 주가 예측이 실제와는 크게

어긋난다는 사실을 발견했다. 예상 수치가 실제보다 15% 낮거나 높기 때문에 그 예상 수치는 전혀 쓸모가 없을 정도였다.[5] 드레먼이 추가로 분석한 결과에 따르면, 1973년부터 1999년까지 그가 관찰한 거의 8만 건의 주가 전망 중에서 실제 주가와 5% 이내의 차이를 보인 것은 170분의 1에 불과했다.[6]

제임스 몬티어는 《워런 버핏처럼 투자심리 읽는 법Little Book of Behavioral Investing》에서 주가 예측의 어려움을 슬쩍 토로한다. 2000년에는 평균 주가가 37% 오를 것으로 전망했지만 실제로는 16% 올랐다. 2008년에는 평균 28% 상승을 예측했지만 시장은 40% 하락했다. 2000년부터 2008년 사이에 분석가들은 총 9년 중 4년의 수치에 대해 시장 등락조차 맞히지 못했다.

마지막으로, 하버드대학교의 마이클 샌드레토Michael Sandretto와 MIT의 수디르 밀크리시나무르티Suhdir Milkrishnamurthi는 분석가들이 제일 많이 다루는 1000개 회사의 1년 주가 예측 결과를 관찰했다. 분석가들의 예측은 꾸준히 맞지 않았는데, 그들의 예상은 실제 수치와는 매년 평균 31.3%나 차이가 났다.[7] 유일하게 정확한 주가 예측은 '나는 잘 모르겠고, 남들도 모를 것이다'였다. 그러나 그렇게 예측했다가는 바닷가재 요리도 먹지 못하고 미래를 알 수 있다는 믿음을 얻고 싶어 하는 대중의 욕구도 충족하지 못한다.

과대 설정

흔히 생각하는 과잉 확신은 정확하게는 과대 설정을 의미한다. 과대 설정은 자신의 능력이 남들보다 뛰어나다고 생각하는 것이다. 2006년 '잘못된 행동Behaving Badly'이라는 제목의 연구에서 제임스 몬티어는 펀드매니저 300명을 대상으로 설문 조사를 했다. 그중 74%는 자신의 업무 실적이 평균 이상이라고 믿고 있었다. 나머지 26% 중 대부분도 평균 능력은 된다고 믿는다고 답했다. 놀랍게도 설문 응답자의 거의 100%가 자신들의 업무 실적이 평균이거나 평균을 넘는다고 믿고 있었던 것이다. 평균 이상은 50%를 넘을 수 없으므로 이 펀드매니저들이 비이성적으로 높은 과잉 확신을 가지고 있었다는 것이 입증된 셈이었다.

'과잉 확신의 진화The Evolution of Overconfidence'라는 제목의 연구에서 도미닉 D. P. 존슨Dominic D. P. Johnson과 제임스 파울러는 과잉 확신이 결단력과 야망, 인내심, 희소 자원 경쟁을 심화할 수 있다고 말한다.[8] 두 저자가 제시한 모델에 따르면, 과잉 확신은 이해 충돌이 얽힌 자원에서 얻을 이익이 경쟁 비용보다 더 클 때 개인의 적합도와 집단 안정성을 최대화하기 위해 만들어진 자연스럽고 바람직한 진화적 결과다.

과대 평가

일명 쿡 칼리지라고 불리는 러트거스 환경생물대학에서는 피험자들에게 그들이 긍정적 사건(예로 복권 당첨, 백년해로 등)에 영향을 받을 확률과 부정적 사건(예로 암으로 인한 사망, 이혼 등)에 영향을 받을 가능성을 예상하게 했다. 과대 평가를 입증한 이 연구의 결과는 거의 짐작했던 대로였다. 참가자들은 긍정적 사건의 발생 확률은 15% 과다 예측했고, 부정적 사건에 대해서는 실제보다 20% 낮게 발생 확률을 예상했다. 마찬가지로, 헤더 렌치Heather Lench와 피터 디토Peter Ditto도 실험 참가자들에게 여섯 가지 긍정적 사건과 여섯 가지 부정적 사건을 제시하고, 전체 인구에서

이 일들이 일어나는 확률을 짐작하게 했다. 참가자들은 6개의 긍정적 사건 중 4.75개가 자신들에게 일어날 수 있다고 짐작했다.

탈리 박사는 TED 강연에서 과대 평가가 우리의 추론에 영향을 미치는 방식을 몇 가지 설명했다. 그녀의 설명에 따르면, 과잉 확신은 우리가 새로운 정보를 학습하는 것을 어렵게 하며 우리는 유리한 정보를 들을 때만 생각을 바꾼다. 예를 들어, 처음에 자신이 암에 걸렸을 확률이 50%라고 짐작한 환자들은 실제 확률이 30%라는 말을 들은 후 두 번째 예상을 할 때는 확률을 35%로 낮췄다. 그러나 새로운 정보가 자신들에게 유리하지 않을 때는, 이를테면 암일 가능성을 10%로 예상했는데 실제 확률이 30%라고 들은 환자들은 두 번째 예상에서는 수치를 거의 높이지 않았다. 그들은 2차로 시행한 예상에서 암일 가능성을 11%로 두었다. 과대 평가는 우리가 자기 인생을 예상할 때는 세상과 다른 잣대로 규칙과 확률을 적용하며, 사실에 근거한 정보가 등장해도 그런 시각을 거의 바꾸지 않는다는 것을 의미한다.

• • •

"우리는 참으로 어리석고 오만하지 않은가?" 과잉 확신이 이렇게 희화적인 모습으로 표현되면서 복잡성이 두드러지는 점은 있지만, 자기중심적인 사람에게 여러 가지 사회적·재무적·진화적 장점이 되기도 한다. 과잉 확신은 스포츠와 정치, 건강과 관련해 장점이 될 수 있다. 과잉 확신을 하는 사람은 자신감이 낮은 사람에 비해 장애를 만나도 빠르게 회복하며, 야심 찬 프로젝트를 더 많이 세우고, 정신 상태도 더 건강

한 편이다.[9]

그러나 과잉 확신에 몇 가지 구체적인 장점이 있을지는 몰라도 그 장점은 몇몇 특정한 상황에서나 도움이 될 뿐이다. 그리고 사업을 하거나 투자를 할 때 과잉 확신은 별로 추천할 만한 장점은 아니다. 베인앤드컴퍼니Bain & Company의 연구에 따르면, CEO의 80%는 고객에게 '뛰어난 경험'을 제공한다고 자신했지만, 그렇게 생각하는 고객은 8%에 불과했다.[10] 미국고용복지연구소EBRI 조사에서도 설문 응답자의 60%는 노후를 대비해 저축을 넉넉히 할 자신이 있다고 대답했지만, 그 응답자 중에서 안락한 노후에 필요한 돈이 얼마인지 계산하려고 시도라도 해본 사람은 41%에 불과했다.[11]

메이어 스태트먼, 스티븐 솔리Steven Thorley, 키스 보킹크Keith Vorkink는 투자자들이 "뇌와 강세장을 절대적으로 혼동하고" 있으며 자신들이 성공한 것은 능력이 뛰어나서라고 생각하지, 밀물이 모든 배를 띄워서라고는 생각하지 않는다고 말한다.[12] 이로 말미암아 강세장 후에는 거래량이 극적으로 증가하고 약세장 후에는 거래량이 수직 낙하하면서, 비싸게 사고 싸게 파는 결과가 발생했다. '뮤추얼펀드 투자 결정의 긍정적 착각과 실수 예측하기Positive Illusions and Forecasting Errors in Mutual Fund Investment Decisions'라는 보고서에 따르면, 대다수 투자자는 미래는 물론 과거 실적도 꾸준하게 과대 평가하는 성향이 있다.[13] 자신이 시장을 이겼다고 생각한 투자자의 3분의 1은 실제로는 시장보다 적어도 5%는 수익률이 낮았고, 또 다른 4분의 1은 15% 이상이나 실적이 밑돌았다. 마커스 글레이저Markus Glaser와 마틴 웨버Martin Weber의 연구 결과는 훨씬 충격적이다. "투자자들은 자신들의 과거 포트폴리오 실적을 정확히 추정하지 못한다. 수익률 예측과 실제 수익률의 상관계수는 거의 0이나 다를 바가 없었다."[14]

투자자들이 자신들의 수익률을 부풀려서 생각한다는 것은 놀라운 일이 아니지만, 문제는 그 크기와 범위다. 설문에 응한 투자자들의 30%만이 자신을 '평균적인' 투자자라고 생각했고, 연간 수익률 과대 평가는 평균 11.5%나 되었다! 더 충격적인 부분은 수익률 추정과 실제 수익률의 차이와 포트폴리오 실적이 음의 상관관계를 가진다는 점이다. 다시 말해 수익률이 낮을수록 투자자들은 실제 수익률을 틀리게 기억했다. 과잉 확신은 투자자가 실제 수익률을 정확히 기억하고 보고하는 것마저 불가능하게 만들었다.

높은 자신감은 배우자를 얻거나 선거에 당선하는 데는 도움이 될 수 있지만, 정치인에게 의석을 안겨준 그 자신감이 투자자의 재무 상태를 무너뜨릴 수 있다. 신중하고 이성적인 행동에서는 보편적인 사고 기준에 순응하는 것이 아니라 상황에 따라 적절한 접근법을 고려하는 것이 더 중요하다. 합리적 투자 결정을 내리는 이성적 투자자는 에고는 잠시 문밖에 세워 둔다.

에고를 이겨낼 도구

에고를 죽이고 겸양의 마음으로 투자에 접근해야 한다는 것을 이해했다면 자연스럽게 한 가지 질문이 떠오른다. '어디서부터 시작해야 하는가?' 무지와 과오를 인정하는 여정은 험난하지만 잘 따라가면 재무적 보상이 뒤따른다. 우리가 취할 수 있는 몇 가지 방법이 있다.

부를 분산하라

강연을 하면서 내가 가장 좋아하는 순간은 강연이 끝나고 강단에 접근하는 참석자들과 교류를 나눌 때다. 이 상호 행동(인터넷 게시글에 답글을 다는 것과 비슷하다고 생각하면 된다)의 형태는 보통 세 가지 중 하나로, 칭찬하거나 비난하거나 아니면 자문하는 것이다. 나는 다가오는 사람의 표정만 봐도 무슨 말이 나올지 십중팔구는 분간할 수 있다. 한번은 이런 일도 있었다. 평소와 달리 꽤 많은 참석자가 줄을 지어 다가왔는데, 짐작했던 대로 그들은 좋은 강연이었다고 감사의 말을 하거나 엉터리였다고 비난하거나, 아니면 공짜 자문을 부탁하는 말을 건넸다.

나보고 엉터리라고 말한 사람에게 당연히 관심이 갈 테지만(어쩌면 그 사람이 맞을지도?), 여기서 거론하고 싶은 사람은 내게 애플 주식에 대한 조언을 구했던 사람이다. 그 신사는 강연을 잘 들었다고 짤막하게 감사 인사를 한 뒤, 자신의 200만 달러 규모 포트폴리오에서 애플 포지션을 대규모로 구축하는 것에 대해 내 의견을 물었다. 당시 나는 별도의 전략 계정으로 애플 주식을 보유하고 있었고, 내 투자 우주에서도 가장 상위에 그 종목을 두고 있기는 했다. 나는 애플에 대해서는 더는 낙관할 수 없을 만큼 크게 자신했다.

그러나 나는 애플이 더 치고 올라갈 것이라는 생각을 피력하는 대신 그 남자의 질문에서 또 다른 중요한 부분에 초점을 맞췄다. "포지션을 얼마나 구축하고 계신가요?" "제 재산의 절반이요." 남자가 조심스럽게 대답했다. 나는 거의 반사적으로 대답했다. "잘못하고 계신 겁니다. 애플에 대한 제 생각과는 별개로 그건 완전히 잘못된 배분입니다." 그 후 애플 주가는 74달러에서 142달러로 올랐지만, 그 남자가 그날 내 조언을 받아들여서 포지션을 분산했기를 바라는 마음은 여전하다. 행동투자에서 가장 중요한 규칙은 결과보다 과정이 중요하다는 것이다. 결과가 좋아도 바보는 끝까지 바보일 수 있다.

분산투자가 자산 운용의 철칙이 되다 보니 그것을 해야 하는 근본 이유에 대해서는 다들 까맣게 잊어버렸다. 행동투자라는 관점에서 보면 분산투자는 겸양의 구현이며, 에고 위험 관리의 화신이다. 분산투자는 자산 운용에 내재한 행운과 불확실성을 준비하는 구체적인 대비책이며, 미래를 알 수 없다는 것을 인정하는 행동이다.

168쪽의 JP모건 조사 결과표에서 볼 수 있듯이, 하나의 종목만 보유하는 것은 파산의 지름길일 수 있다. 시장 종목의 거의 절반에서 회복 불가능한 영구 손실이 발생했기 때문이다.

그러나 분산투자도 약이나 사탕처럼 과다 복용은 금물인데, 무조건 언제나 다다익선인 것은 아니기 때문이다. 실제로도 성공적인 분산투자에 필요한 종목의 수는 우리 생각보다 적으며, 과도한 분산투자는 오히려 투자에 방해가 될 수 있다.

수백 종목에 투자하지 않아도 진정으로 성공적인 분산투자 주식 포트폴리오를 만들 수 있다. 분산투자에 대한 오해에 처음으로 반박한 연구로는 워싱턴대학교의 존 에번스John Evans와 스티븐 아처Stephen Archer가 진행한 연구를 꼽을 수 있다. 두 사람의 연구에서 분산투자의 효과는 포트폴리오 보유 종목이 20종을 넘어서는 순간 뚝 떨어졌다. 프랭크 K. 라일리Frank K. Reilly와 키스 C. 브라운Keith C. Brown은《투자 분석과 포트폴리오 운용Investment Analysis and Portfolio Management》에서 같은 생각을 피력한다. "분산투자가 최대 효과를 거둔 경우는 90%가 12~18개의 종목으로 구성

◆ 단일 종목에서 발생한 대규모 손실 ◆

산업 부문	대규모 손실이 발생한 기업의 비율, 1980~2014년
모든 부문	40%
임의 소비재	43%
생활 소비재	26%
에너지	47%
소재	34%
산업재	35%
헬스케어	42%
금융	25%
정보기술	57%
통신서비스	51%
유틸리티	13%

• 자료 출처: Isaac Presley, 'How Concentrated is too Concentrated?
A Mistake That Costs You the Whole War,' blog.cordantwealth.com

된 포트폴리오를 구축했을 때였다." 억만장자 투자자 조엘 그린블라트
Joel Greenblatt도 《주식시장의 보물찾기You Can Be a Stock Market Genius》에서 분산
가능 위험인 비시장 위험nonmarket risk은 단 2개 종목만 보유해도 46%가
줄어들고, 4개 종목을 보유하면 72%, 8개 종목은 81%, 16개 종목을 보유
하면 93%가 줄어든다고 말한다. 그린블라트의 책은 분산투자의 효과를
얼마나 빠르게 누릴 수 있는지를 보여주는 동시에, 20개 종목 이상을 보
유하면 그 효과가 얼마나 빨리 반감하는지도 보여준다.

마지막으로, 세계적 펀드분석회사 모닝스타Morningstar는 고확신 종
목high conviction으로 이뤄진 포트폴리오(40개 종목 이하로 구성)의 변동성과
200개 이상 종목으로 이뤄진 포트폴리오의 변동성을 대조했다. "(…) 집

중 투자 펀드라고 해서 넓게 분산한 펀드보다 평균적으로 변동성이 더 높지는 않으며, 놀랍게도 몇몇 집중 투자 펀드는 보유 종목 수가 적은데도 안정적인 실적을 보인다." 분산투자와 실적이 조화를 이루기 위해서는 몇 종목을 보유하는 것이 적당한지에 대해 가장 위대한 투자자들의 의견이 거의 일치하고 있다. 그중 몇 사람의 말을 보면 다음과 같다.

위대한 투자자들의 분산투자에 관한 생각

- 벤저민 그레이엄(Benjamin Graham): "보수적 재무 구조를 가진 유명 대기업" 10~30개 종목 보유.
- 존 메이너드 케인스(John Maynard Keynes): "해야 할 일을 잘 아는 것 같고 철저하게 믿음을 주는 경영진이 있는 기업" 12~13개 종목 보유.
- 워런 버핏: "조금의 지식이 있고, 사업의 경제 특성을 이해할 수 있고, 중요한 경쟁 우위를 가지고 있으며, 괜찮은 주가로 거래되는 기업을 발견할 수 있다면" 5~10개 종목 보유.(다만 워런 버핏은 사업과 해당 부문을 잘 모르는 투자자에게는 광의의 시장을 보유하는 지수연동형 펀드에 투자하라고 권한다 – 옮긴이)
- 세스 클라만(Seth Klarman): "많은 종목에 대해 조금씩 아는 것보다는 몇 개의 투자 대상을 잘 아는 것이 더 나은 실적을 거두므로" 10~15개 종목만 보유.

깊이 이해한 분산투자는 무조건 다수 종목으로 포트폴리오를 구축하는 게임이 아니라 대규모 영구 손실을 근본적으로 차단하기 위한 노력이다. 이런 관점에서 본다면 적정한 수의 종목을 보유하는 것도 중요하지만 보유하려는 종목을 어느 정도 아는 것도 마찬가지로 중요하다.

행동투자자라면 극단적인 투자 철학을 차단하고 합당한 중간노선을 걸어야 한다. 소수 종목만 보유해도 된다는 개념은 행운과 불확실성, 인간 오류에 관해 우리가 아는 모든 지식에 위배되는 바보 같은 생각이기는 하다. 그러나 시장 전체를 사는 것이 진정한 분산투자라는 개념 역시 어리석기는 마찬가지다. 증권에 관해서는 아무것도 알 수 없고, 확보한 정보(주가, 동향, 재무 상태와 기업의 질, 내부자 행동 등)에서도 그 투자의 위험에 대해 통찰을 얻을 수 없다는 생각은 터무니없는 비관주의다. 미래를 안다고 가정하는 것이 극단적 독선이라면, 아무것도 알 수 없다고 가정하는 것은 극단적 허무주의일 뿐이다.

합리적인 중간노선을 취한다면 특이한 위험을 최소화해 포트폴리오를 적절히 분산할 수 있고, 그러면서도 적절한 조사가 가능한 증권 몇 종목만 보유해서 대규모 손실을 예방할 수 있다. 버핏은 1993년 주주들에게 보내는 편지에 이렇게 적었다. "우리는 투자자가 사업에 대해 철저하게 고민하고 그 사업 고유의 경제 특성에서 필요한 만큼 위안을 얻은 다음에 매수하기만 한다면, 포트폴리오 집중 전략도 위험을 충분히 줄여 준다고 생각합니다. 이런 의견을 바탕으로 우리가 정의하는 위험은 사전적 의미를 이용해 설명한다면 '손실이나 피해를 볼 가능성'입니다."

세스 클라만은 확신과 위험 관리의 관계에 '안전 마진Margin of Safety'이라는 기가 막힌 이름을 붙였다. "내가 보기에는 아주 많은 종목에 대해 조금씩 아는 것보다는 몇 종목에 대해 자세히 아는 것이 투자자에게 훨씬 도움이 된다. 위험 수준이 일정하다면 100번째나 1000번째로 좋은 아이디어보다는 가장 좋은 아이디어 몇 가지가 더 높은 수익률을 창출해 줄 수 있다." 회복 불가능한 부의 파괴를 막기 위한 보호 장치는 어느 정도 숫자 게임이지만 또한 깊은 이해의 산물이기도 하다.

순응의 욕구는 인간 조건의 일부다. 순응이라는 말에 알레르기부터 일으키는 사람들도 마찬가지다. 'exact(정확한)'와 'attitudes(태도)'라는 두 단어를 합친 제목의 사진집《이그젝티튜드Exactitudes》는 비순응자라고 자칭하는 사람들마저 여러 방식으로 엄격한 사회 규범을 따르고 있는 모습을 보여준다. 사진작가 아리 페르슬루이스Arie Versluis와 스타일리스트 엘리 이텐브룩Elly Yttenbroek의 합작 아이디어로 탄생한 이 사진집은 펑크족, 축구 훌리건, '핀업 걸(대중에게 소비되기 위해 섹시한 이미지를 내세우는 여배우나 모델-옮긴이)', 배낭족 등 문화적 하위 집단에 속하는 개인 12명의 이야기를 시간순으로 찍어서 보여준다. 일탈의 이미지가 강한 이 사람들의 사진에 드러난 옷차림과 자세에서 진짜 일탈은 보이지 않는다. 징을 박은 가죽 체인, 부랑아처럼 사는 펑크족의 모호크식 헤어스타일과 찢어진 청바지는 사립학교 학생들의 말쑥한 블레이저 재킷과 구두처럼 유니폼 역할을 한다. 우리는 다른 모두처럼 흩날리는 눈송이일 뿐이다.

액티브 펀드의 매니저와 상담하면 거의 백 퍼센트는 역발상 투자에 기본 가치를 두고 있다는 식으로 말한다. 문제는 그들의 4분의 3은 벤치마크를 흉내 내는 대가로 아주 높은 수수료를 요구한다는 것이다. 패시브 펀드 운용은 합리적이다. 진정한 액티브 펀드 운용도 합리적이다. 그러나 현재 '액티브 펀드 운용'이라고 뭉뚱그려 설명되는 고수수료/저확신의 자산 운용은 투자자가 무조건 피해야 하는 발암물질이다. 분산투자는 대중이 생각하는 것보다 훨씬 미묘한 개념이며, 분산투자가 진정한 효과를 발휘하기 위해서는 숫자에 대한 탄탄한 이해와 펀더멘털에 대한 심층 조사, 그리고 고유의 관점을 담고 있어야 한다.

얼마나 이해하고 있는지 알고 싶으면 가르쳐라

독자 여러분에게 간단한 질문을 하려 한다. '변기가 어떻게 작동하는지 알고 있는가?' 변기 작동 원리에 당신이 얼마나 익숙한지 1점에서 10점 사이의 점수를 매겨 보자. 지금 즉시 답하라. 다 했는가? 그럼 이제 변기 의 원리를 나한테 자세히 설명해 보라. 나는 들을 준비가 되어 있다. 좋 다. 다시 질문하겠다. 당신은 실제로 변기 작동 원리를 얼마나 잘 이해 하고 있는가? 이번에도 1~10점으로 점수를 정하라.

스티븐 슬로먼Steven Sloman 브라운대학교 교수와 필립 페른백Philip Fernbach 콜로라도대학교 교수는 개념을 가르치는 행동은 자신의 실제 이 해 수준을 깨닫게 해주는 겸양의 효과가 있다고 말한다. 두 교수는 이런 질문 기법을 이용해서 단일 보험자 의료보험제도에서 변기에 이르기까 지 모든 대상에 대한 생각을 바로잡으면서 한 가지 결론을 내렸다. "일 반적으로, 무언가에 대한 강렬한 감정은 깊은 이해에서 나오는 것은 아 니다."

파인먼 기법Feynman Technique이라고 불리는 이 학습 기법은 물리학자 리처드 파인먼Richard Feynman의 이름에서 따왔다. 양자물리학에서 뛰어 난 업적을 세운 파인먼은 3단계 공식으로 이뤄진 단순한 학습법을 만 들었다.

1. 모르는 것이 무엇인지 정리한다.

2. 공부한다.

3. 공부한 내용을 아이나 초보자에게 가르친다.

우아하고 단순한 파인먼 기법은 자신의 능력을 과대 평가하고 지식
의 복잡성과 지식에 대한 이해를 혼동하는 우리 인간의 성향에 잘 어울
린다. 개념을 종이에 적고 그것을 문외한에게 가르치거나 설명하는 행
위는 우리의 이해 수준을 더 정확히 가늠하게 해주는 겸양의 행동이다.
다음에 혹시라도 어떤 주식을 '반드시' 사거나 팔아야 한다는 느낌이 든
다면, 또는 금융시장의 향방이 정확히 예상된다는 확신이 든다면, 왜 그
런지 사실에 근거해 이유를 조목조목 누군가에게 설명하는 시간을 가
져 보기 바란다. 아마도 열광에 뇌의 이성이 잠시 마비되었다는 것을,
막상 설명하니 별것 아닌 이유였다는 사실을 깨닫게 될 수 있다.

외적 시선을 취하라

우리는 사회과학에서 말하는 '내적 시선inside view'에 따라 결정을 내린다.
내적 시선이란 편향, 과거의 경험, 머릿속에 제일 먼저 떠오르는 편의
표본convenience sample 데이터가 제공하는 정보에 입각해 결정을 바라보는
시각을 의미한다. 반대로 '외적 시선outside view'은 편의적이고 개인적인
경험이 아니라 확률과 사실에 의지해 될 수 있으면 감정을 배제하는 시
각을 의미한다. 마이클 모부신Michael Mauboussin은 《판단의 버릇Think Twice》
에서 외적 시선으로 문제를 바라보는 4단계 방법을 알려준다.

1. 준거집단을 선택한다. 당신의 문제를 사람들의 비슷한 문제와 비교한다.

2. 결과의 분포를 평가한다. 성공률과 실패율을 계산한다.

3. 확률을 추산한다. 외적 증거를 바탕으로 시간과 실패율, 그리고 성공을 막는 걸림돌을 추산한다.

4. 예측의 세부 내용을 조정한다. 중간 장애물과 변화하는 환경에 맞게 예측 내용을 수정한다.

외적 증거를 이용하면 개인적 경험만을 이용할 때보다 훨씬 현실적으로 그림을 그릴 수 있다. 다른 사람들이 통상 2년이 걸리는 일을 당신이 6개월 만에 끝낼 가능성은 거의 없다. 외적 시선은 당신의 능력도 남들과 크게 다르지 않다는 사실을 상기시키기 때문에 에고의 위험에 맞서 싸우는 효과적인 방법이다.

강철인간 논법

허수아비 논법straw man argument이라는 것이 있다. 나와 대치하는 상대방을 허점이 많은 가공의 인물(허수아비)로 바꿔 공략하는 논법인데, 이 허수아비를 무찌른다고 해서 진짜 반대 의견이 사라지지는 않는다. 자주 언급되지는 않지만 더 효과적인 비판적 사고 방법은 강철인간 논법이다. 여기서 강철인간이란 당신이 반대하는 의견에 대해 가장 엄격하고 타당한 경험적 증거를 내보이는 가공의 인물을 말한다. 허수아비에게 맹비난의 대포를 쏴서 에고를 살찌울 것이 아니라 강철인간을 세워야 한다. 이 공격을 통해 우리는 사고를 명민하게 다듬고, 어두운 부분을 구석구석 보게 되고, 새로운 공략 지점을 발견할 수 있게 된다.

질문을 사랑하라

라이너 마리아 릴케Rainer Maria Rilke는《젊은 시인에게 보내는 편지Letters to a Young Poet》에서 시인 지망생에게 다음과 같은 편지를 보낸다.

"진심을 다해 말씀드리건대, 마음속에서 풀리지 않는 문제에 대해서는 인내심을 가지기를 바랍니다. 그리고 외국어로 쓰인 책이나 닫힌 문과 같은 질문 그 자체를 사랑하려 노력하기를 바랍니다. 지금 당장 답을 구하려 하지 마십시오. 지금은 답대로 살 수도 없을 것이니 답을 얻지도 못할 것입니다. 어떤 삶이든 사는 것이 중요합니다. 지금은 질문이 말하는 대로 사십시오. 아마도 그러다가 당신도 모르는 사이에 먼 훗날 그 답이 알려주는 대로 살아가게 될 것입니다."

서양 문화는 확실성과 허세를 사랑하지만, 시장 불확실성은 우리에게 만능의 은탄환을 찾아 헤매지 말고 과정을 즐기면서 역동적인 접근법을 취하라고 한다. 그리고 아이러니하게도 질문을 사랑하는 자세를 익힌 뒤에야 우리는 비로소 답을 발견하게 된다.

시간을 주어라

과학자들은 우울증의 진화적 원인을 규명하려고 오랫동안 노력했다. 종種은 자신을 해치는 방향으로는 적응하지 않는데, 우울증은 겉보기에 거의 도움이 되지 않는 것은 물론이고 그것에 걸리는 유기체에 커다란 해를 입힌다. 그러나 최근의 연구에 따르면, 깊은 슬픔에도 진화적 목적이 있으며 그 뿌리는 문제를 고민하고 반추하는 우울증 성향이라고 한다. 부정적인 사건을 머릿속에서 거듭 떠올리다 보면 미래의 어느 날 요긴하게 쓸지도 모르는 해결책에 도달하게 된다. 순간의 아픔이 훗날 커다란 도움이 될 수도 있는 것이다.

우리는 존 듀이John Dewey가《하우 위 싱크How We Think》에 쓴 조언을 따라야 한다. "진정으로 신중하게 사고하려면 우리는 기꺼이 의심을 유지하고 연장하면서 철두철미하게 묻고 탐색하는 태도를 자극해야 한다. 그럼으로써 타당한 근거를 찾아내기 전까지는 어떤 생각에 수긍한다거나 믿음을 확언하는 사태를 막을 수 있다."

대가의 말에 귀를 기울여라

앞에 나온 더닝 크루거 효과를 만든 두 사람 중 하나인 데이비드 더닝은 과잉 확신을 조절하려면 네 가지를 유념하라고 조언한다.[15]

1. 언제나 학습하라. 인간은 배움이 늘어날수록 확신을 하지 못하는 기이한 행동 특성이 있다. 더닝은 평생 학습에 매진하는 것이야말로 겸양을 이루는 역설적인 수단이라고 말한다.
2. 시작이 반은 아니다. 위의 첫 번째 조언에 덧붙여 더닝은 "섣불리 아는 것은 위험하다"고 경고한다. 처음에 아이디어나 프로젝트에 몰두할 때는 얕은 지식에 과도한 의미를 부여하게 될 수도 있다.
3. 속도를 늦춰라. 빠른 사고는 편향적 사고다. 전속력으로 움직이면 휴리스틱에 의존하게 되고, 휴리스틱은 문제를 가장 깊숙이까지 철저히 검토하는 대신 과거라는 편리한 지름길을 걷는다. 휴리스틱은 고민의 여지가 거의 없고 위험하지 않은 일상적 선택을 할 때는 좋은 방법이지만,

시간과 돈을 투자해야 하는 진정으로 중요한 문제를 고민할 때는 절대로 좋은 방법이 아니다.

4. 언제 자신감이 스며드는지 파악하라. 더닝의 재미있는 표현을 빌리면, 자신감은 누울 자리를 기막히게 알아본다. 특히 우리가 아이디어를 타인에게 설득해야 할 때 자신감은 더 커진다. 더닝은 우리가 아이디어를 평가하고 준비하고 마침내 자신감에 차서 발표하는 순간을 조심해야 한다고 경고한다.

군중을 따르라

행동재무학계에서 '무리'는 좋은 평가를 얻지 못하지만, 특정 상황에서는 이해관계가 다른 사람들의 의견에 진정한 지혜가 존재하기도 한다. 군중의 판단은 할리우드 블록버스터, 스포츠 성적, 선거 결과 등 다양한 분야에서 놀라운 예측력을 보여주었다. 일반적 추산에 대한 판단을 거치면서 평범한 경제지표가 크게 개선되기도 한다.[16] 게다가 그런 개선 효과는 비교적 빠르게 나타나는데, 8~12개 정도의 추정치만을 사용한 경제지표가 놀라운 대규모 표집을 동원한 경제지표 못지않은 탄탄한 결과를 가져오기도 한다.[17]

물론 여기에는 다양한 오차가 존재한다는 것을 기본 전제로 삼는다. 다시 말해, 추정치마다 다른 의견과 가정을 내세울 것이라는 물정 모르는 전제를 세운다. 그러나 인간의 확증 편향으로 보건대 우리는 대부분 끼리끼리 모여 어울리는 편이고, 군중의 지혜가 발휘할 잠재력은 처음부터 쪼그라들 공산이 크다.

위 연구가 만든 현실의 낙진을 투자자는 적어도 두 가지 방법으로 현명하게 응용할 수 있다. 첫째로, 증권 가격이 지금과 크게 달라지기를 원한다면 자기 생각이 왜 옳은지 분명하게 정리할 수 있어야 한다. 어쨌거나 어떤 시점에서건 증권 가격에는 수백만, 수천만 시장 참가자들이 합의한 계산이 반영되어 있다. 조만간 수백만의 의견이 틀렸다는 것이 입증되리라고 충분히 자신한다면, 왜 그렇게 자신하는지 강력한 근거를 제시할 수 있어야 한다. 둘째로, 투자위원회는 가능한 한 심리적 다양성을 갖춘 집단이 되기 위해 최선의 노력을 다해야 한다. 대부분 투자위원회는 똑같은 학력과 사회경제적 배경, 인종, 성을 가진 사람들로 구성된다. 인지적 동질성이 생기지 않으려야 않을 수 없는 상황이다.

다시 생각하라

군중도 어느 정도 지혜를 발휘한다는 사실을 알았고, 다양한 원천의 오차를 취합한 추산이 하나의 출처만으로 만든 계산보다 더 낫다는 사실도 알았다. 그러나 모든 것을 혼자 해야 하는 행동투자자라면 어떻게 해야 하는가? 너무 걱정하지 않아도 된다. 변증법적 부트스트래핑dialectical bootstrapping(부트스트래핑은 어려운 문제를 만났을 때 초기의 단순한 요소부터 시작해 복잡한 체계를 구축하는 과정을 의미한다-옮긴이) 과정을 이용하면 생각을 둘로 나눠서 결정 오차를 줄일 수 있기 때문이다.

변증법이라는 이름도 어려운 개념은 게오르크 헤겔Georg Hegel의 철학에서 기원하는데, 그는 진실에 이르기 위한 3단계 논법을 제안했다. 제일 먼저 최초의 생각인 즉자(정)가 나타나고 이 즉자는 반대되는 의견인 대자(반)와 부딪혀 논쟁이 벌어진다. 그리고 마지막 단계로 헤겔은 양쪽의 논쟁자들이 격론을 벌이다가 이윽고 즉자와 대자의 논리적 중간 지점인 즉자대자(합)에 이르게 된다고 생각했다.

증권 분석에 헤겔 철학을 대비하면, 증권에 대한 소견은 일단 몇 가지 가정을 세우는 것에서부터 시작한다. 예를 들어 애크미라는 회사가 있는데, 당신은 이 회사가 경쟁 해자competitive moat가 넓고, 산업 전반의 경제 특성이 튼튼하고, 그 밖에도 장점 요인이 많아서 강한 상승을 예상한다. 이것이 즉자이고, 대다수 증권 분석가는 여기서 분석을 끝낸다. 그러나 중요 가정 몇 가지를 뒤집어서 사전 부검을 하듯이 파헤쳐 본다면? 새 경쟁자가 등장해 애크미 브랜드를 위협할 소지는 없는가?(해자의 침식) 어리석은 대통령이 산업 특성을 위협하는 무역 전쟁을 선포한다면? 이런 여러 시나리오를 고려하면 대자가 등장하고 가격 결정이 번복된다. 처음의 가정과 수정한 가정을 합쳐서 나오게 되는 것이 최상의 시나리오와 최악의 시나리오의 중간 지점이며 즉자대자인 평균 예상 주가다.

이 개념을 실증적으로 검토하면서 슈테판 M. 헤어초크Stefan M. Herzog 와 랄프 헤르트비히Ralph Hertwig는 변증법적 부트스트래핑이 의사 결정을 개선하는 강력한 도구라는 사실을 발견했다. 다양한 의견을 종합하는 것만큼 강력하지는 않지만, 다양한 가정을 세우고 이에 근거해 다양한 추정을 만들어서 합치는 과정을 적용한 것만으로도 참가자의 거의 4분의 3(정확히는 72%)에서 예측 오차가 줄어들었다.[18] 군중의 지혜를 언제나 얻을 수 있는 것은 아닐지라도, 이 간단한 과정을 잘만 이용한다면 한 사람의 생각에서도 다수의 지혜를 만들어낼 수 있다.

• • •

　결론적으로, 냉정하고 합리적인 의사 결정을 포기하는 한이 있더라도 자신의 능력을 과시하고 싶은 욕구가 행동을 지배할 때 에고 위험도 강해진다. 구체적인 예로는 우리의 죽마고우인 과잉 확신, 소중히 여기는 신념이 반대에 부딪히면 무턱대고 방어하는 역화 효과, 그리고 자신이 관여했다는 이유로 성공 가능성을 높게 점치거나 자신이 만든 것에 더 높은 가치를 부여하는 이케아 효과IKEA effect나 보유 효과 등이 있다.

　에고 위험은 매매 장부에도 뚜렷한 족적을 남기는데, 과도한 집중 포지션이나 과당 매매churning(증권사가 고객을 위해서가 아니라 회사의 수수료를 늘리기 위해 과도하게 매매하는 행위-옮긴이), 높은 레버리지 비율이 그런 족적에 속한다. 드러나는 형태는 다를 수 있지만 근본 원인은 거의 같다. 합리적 의사 결정보다는 욕구와 자부심 충족을 더 중요시하는 에고가 그 원인이다. 남들과 다르고 평균보다 뛰어나다고 느끼고 싶은 욕구는 자연스럽고 피할 수 없는 인간 본성이지만, 과잉 확신은 언제나 한결같은 교훈을 행동투자자에게 전한다. 우리는 과잉 확신을 옷장 속 깊숙이 넣어 두어야 한다. 사랑과 삶에서는 최상을 희망하며 움직여야 하지만, 투자에서는 확률에 따라 움직여야 한다.

에고를 제압하는 포트폴리오 만들기

- **팩트 체크** 투자에서는 행운도 능력도 다 중요한 요소이므로 우리는 에고를 억제해야 한다. `어떻게 해야 하는가?` 규칙 준수가 당신의 똑똑한 머리보다 중요하다.

- **팩트 체크** 예측이 맞을 확률은 동전 던지기와 비슷하다. `어떻게 해야 하는가?` 어쩔 수 없이 미래를 예측해야 한다면, 스토리가 아니라 장기 평균에 따라 기본 가정을 전제하고 여기에 맞게 예측을 세워야 한다.

- **팩트 체크** 투자자는 과거의 실적을 자신이 유리한 대로 완전히 바꿔 기억하는 습성이 있다. `어떻게 해야 하는가?` 매매 장부에 기록하고, 실제 타율과 실적, 그리고 투자 결정에 악영향을 줄 만한 외부 변수를 점검한다. 그리고 모임 장소에서 실적을 자랑하는 허풍쟁이들은 무시하라.

- **팩트 체크** 분산투자는 겸양의 현신이며, 분산투자의 최대 장점은 자본을 보전해 준다는 것이다. `어떻게 해야 하는가?` 영구 손실로부터 당신을 보호하기 위해서는 충분히 다양한 종목을 보유하는 것도 중요하지만 자신이 보유한 종목들을 파악하는 것도 중요하다는 사실을 기억해야 한다.

- **팩트 체크** 모든 투자자는 자신이 역발상 투자자라고 자처한다. `어떻게 해야 하는가?` 진정한 역발상 투자는 고통스럽고 끝없는 자기 의심을 불러일으킨다. 당신이 말로는 대세를 거스른다고 하면서 아무 고통도 느끼지 않는다면, 당신은 아마도 역발상 투자자가 아닐 것이다.

09

행동투자자는
보수주의를 정복한다

"모두가 세상을 바꾸겠다고 생각하지만, 정작 자신을 바꿀 생각은 아무도 하지 않는다."

— 레프 **톨스토이**(Leo Tolstoy)

"항구에 정박한 배는 안전하지만, 배는 그러라고 만든 것이 아니다."

— 윌리엄 G. T. **셰드**(William G. T. Shedd)

조용한 토요일 아침, 당신은 소파에 앉아 모닝커피를 홀짝이며 좋아하는 소설가의 책을 탐독 중이다. 난데없이 현관문을 두드리는 소리에 당신은 누가 조용한 주말 아침의 명상을 방해하는지 보기나 하려고 현관으로 나간다. 문 앞에는 머리가 조금 벗어지고 항공 선글라스에 검은 양복을 입은 거만한 표정의 남자가 서 있다. 그는 배지를 보여주는 둥 마는 둥 하고는, 자기 이름은 스미스이고 당신에게 불행한 소식을 전하러 왔다고 말한다.

"끔찍한 실수가 있었습니다." 이른 아침의 초인종 소리는 어느덧 불안감으로 바뀌었다. "착오로 인해 당신의 뇌가 신경생리학자가 만든 경험 창조 기계에 계속 접속되어 있었습니다. 지금까지 당신이 경험한 모든 것은 진짜 같은 모의 상황이었습니다. 꿈에서 깨시기 바랍니다." 스미스는 당신이 이 날벼락 같은 소식을 이해하기를 잠시 기다려 준 뒤 당신에게 선택권을 넘긴다. 만약 그가 기계 접속의 전원을 차단하면 당신은 '진짜 삶'을 시작할 수 있지만, 그것이 어떤 삶일지는 당신도 전혀 알 수 없다. 아니면 계속 모의 상황에 접속한 상태로 있겠다고 선택할 수도 있다. 스미스는 인내심이 많은 사람이 아니고, 당신에게 지금 당장 선택하라고 강요한다. 당신은 어느 쪽을 선택할 것인가?

이 시나리오는 듀크대학교의 펠리페 드 브리가드Felipe De Brigard 교수가 제시한 질문을 살짝 바꾼 것이다. 그의 연구 결과는 놀라웠다. 진짜 현실에서 사는 것이 중요하므로 우리는 직관적으로는 신경과학자가 만든 가짜 현실에서 가짜로 사는 것보다 '진짜 세상'에서 살기를 원하는 사람이 대부분일 거라고 생각한다. 그러나 연구에 참석한 응답자의 59%가 기계에 계속 접속해 있을 것이라고 답했고, 빨간 약(영화 〈매트릭스The Matrix〉에서 모피어스는 네오에게 빨간 약과 파란 약을 내민다. 빨간 약은 세상의 진실을 마주하게 하는 약이고 파란 약은 계속 가짜 세상에서 살아가게 하는 약이다-옮긴이)을 선택한 응답자는 41%에 불과했다. 진짜 현실에서 살려는 충동이 강하기는 해도, 익숙한 것에 끌리는 인력만큼 강하지는 않다.

우리의 보수주의 편향은 역사상 가장 유명한 비즈니스 사례에서도 극명하게 드러난다. 코카콜라는 1980년대에 뉴코크New Coke를 출시했다. 뉴코크는 경영대학원에서는 몇십 년에 한 번 있을까 말까 한 계산 착오로 자주 언급되지만, 코카콜라 경영진이 인간을 변덕스러운 호모 사피엔스가 아니라 합리적인 호모 이코노미쿠스Homo Economicus라고 생각한 것이라면 그들의 계산이 틀렸다고만은 할 수 없다.

코카콜라는 뉴코크라는 일대 변신을 꾀하기 전에 당연히 방대한 표적 집단 테스트를 했고, 실제로 여러 번의 블라인드 테스트에서도 시음자들은 뉴코크의 좀 더 단맛에 압도적으로 높은 점수를 주었다. 그러나 막상 뉴코크를 출시했더니, 코카콜라 클래식의 3대 1 완승이었다! 윌리엄 새뮤얼슨과 리처드 제카우저가 〈위험과 불확실성 저널Journal of Risk and Uncertainty〉에서 우아하고 명료하게 설명했듯이, 뉴코크에 대한 선호도 존재하기는 했지만 판매량에서는 익숙한 맛이 여전히 압승이었다. 사람들은 맛에서는 뉴코크를 선호했을지 몰라도, 그 선호라는 것은 익숙함에서 얻는 위안에 비하면 보잘것없었다.[1]

보수주의는 어디서 오는가

이런 현상 유지 편향이 장난 같은 〈매트릭스〉 시나리오나 콜라 선호도에만 해당한다면 신경을 쓸 필요도 없다. 그러나 우리의 보수주의 편향은 인생에도, 투자 결정에도 대단히 심각한 영향을 미친다.

재입대를 하는 군인들이 적지 않은 이유는 그들이 다른 선택지가 있을지도 모른다는 사실을 깨닫지 못하기 때문이다.[2] 경쟁사보다 제품이나 서비스를 더 많이 팔려고 열심히 노력하는 영업사원들에게 사실상 훨씬 무시무시한 적은 타성이다. 세일즈 벤치마크 지수SBI에 따르면, 자격을 갖춘 리드lead(제품에 관심이 많은 개인이나 조직으로, 일종의 잠재 고객으로 볼 수 있다-옮긴이)의 60%는 끝까지 "아무 행동도 하지 않는다." 다시 말해, 이들 잠재고객은 아무 선택도 하지 않았다. 안락한 노후를 준비해야 하는 중차대한 사명을 가진 은퇴연금 저축인들은 회사가 기본값으로 설정한 저축 제도를 군말 없이 따르는 편이고, 리처드 탈러와 동료들은 바로 이런 성향을 이용해 저축인들에게 도움이 되는 저축 증대 제도인 '내일은 더 저축합시다Save More Tomorrow' 프로그램을 만들었다.[3] 그렇다. 보수주의는 어디에나 있다. 왜 그렇게 보수주의가 널리 퍼져 있는지는 심리학과 신경학을 이용해 설명할 수 있다.

유니버시티 칼리지 런던은 현상 유지 편향에 관여하는 신경 통로를 조사하는 연구를 했는데, 우리 인간은 어려운 결정에 직면할수록 오히려 아무 행동도 하지 않을 가능성이 높다는 결과가 나왔다. 〈미국국립과학원회보Proceedings of the National Academy of Sciences〉에 실린 연구 논문에 따르면, 연구진은 테니스 '라인 판단하기 게임' 과제를 하는 피험자들의 뇌를 fMRI로 촬영했다. 참석자들은 라인 근처에 떨어진 테니스공을 보고서 그것이 선을 넘었는지를 판단해야 했다.

매번 과제를 수행할 때마다 참석자들은 기존 디폴트 옵션을 수용할 생각이라면 버튼을 계속 눌러야 하고, 디폴트 값이 바뀌는 것에 찬성한다면 버튼에서 손을 떼거나 따로 거부 버튼을 눌러야 했다. 그들은 디폴트 값에 대해 꾸준하게 현상 유지 편향을 보였으며, 라인을 판단해야 하는 순간에는 편향의 영향력도 더욱 올라갔다(해당 실험은 라인 판단을 위한 결정의 난이도만 조절하고 경제적 비용이나 손실 회피, 후회 회피 등의 영향은 최소화했다-옮긴이). 라인 판단 과제의 난도가 올라갈수록 현상 유지 편향으로 인한 오판도 증가했다. 또한 fMRI 영상에서는 참석자가 기존 디폴트 값을 거부할 때 시상하핵이 활발히 움직였다. 또 고난도 판단 문제를 수행하는 영역으로 알려진 전전두엽피질의 활동도 증가했다. 이 연구는 어려운 결정을 내리고 현상 유지를 벗어나는, 힘들고 인지적 대가를 많이 치러야 하는 활동에 가장 주도적으로 개입하는 영역이 시상하핵일 수도 있다는 것을 드러낸다.[4]

또 다른 연구에서는 현상 유지를 받아들여서 실수했을 때보다 현상 유지 거부로 오판을 내렸을 때 신경이 더 크게 영향을 받는다는 결과가 나왔다. 간단히 말해, 실수를 저지를 것 같으면 뇌는 차라리 아무것도 하지 않아서 생기는 실수를 선택한다는 것이다. 이런 불균형은 우리 인간은 가만히 있다가 생기는 손해보다 무언가 행동해서 생기는 손해에 훨씬 민감하게 반응한다는 심리학의 후회 회피 편향과도 상통한다. 잘못된 현상 유지일지라도 현재 상태를 유지하는 것은 선택이라고 여겨지지 않는다. 그래서 우리는 순응으로 생기는 나쁜 결과에는 더 쉽게 체념하고 받아들이는 성향이 있다.[5]

보수주의 행동 편향으로 관찰되는 성향의 대부분은 사실상 뇌의 정보 처리 방식과 관련 있다고 볼 수 있다. 평상시 안정된 상태의 뇌가 새 정보를 처리하는 시간은 대략 8~10초 정도이지만, 스트레스를 받으면 반응 시간이 크게 늘어난다. 처리 속도가 굼벵이처럼 느려지면서 스트레스는 우리가 기본 설정값이나 기존 해결책과 같은 한 가지 해결책에 집착하도록 유도하고 다른 해결책에는 눈을 돌리지 못하게 만들 수 있다. 진화심리학자들은 이런 마비에 가까운 행동은 동물에게는 나름의 생존 우위를 제공했을지도 모른다고 추측한다. 단, 포식동물이 꼼짝 않고 있는 먹잇감을 발견하지 못했을 것이라는 가정하에서 말이다. 그러나 사슴이 숲에서라면 가만히 있는 편이 낫지만 고속도로에서는 아닌 것처럼, 인간의 이런 보수주의 편향도 아프리카 평원에서는 몰라도 월스트리트에는 들어맞지 않는다.

앞에서 말한 몇 가지 신경 처리 과정으로 발생하는 보수주의 편향은 보유 효과, 단순 노출 효과mere exposure effect(상대방과 거듭 만나기만 해도 호감도가 늘어나는 효과-옮긴이), 자국 편향home bias(자국 주식 중심으로 투자하는 편향-옮긴이), 후회 회피, 손실 회피 등 여러 가지 비합리적인 인지 과정이 상호작용하면서 드러나는 행동 편향이다. 앞에서도 말했지만, 인간의 뇌와 몸은 언제나 에너지 절약을 꾀한다. 과거에 효과가 있었거나 이미 완료된 방식이야말로 인지 에너지를 절감하는 가장 효율적인 방식이다. 복잡한 사안을 결정해야 하거나 생각만 해도 피곤한 상충 관계가 존재한다면, 기존 방식을 고수하고 싶은 편향이 당연히 힘을 얻는다.

리처드 탈러는 소유했다는 이유만으로 자기 것에 더 높은 가치를 부여하는 보유 효과가 이런 편향의 뿌리라고 말한다. 정치적 사상이건 물건이건, 무언가의 관점에서 세상을 바라본다면 우리는 그 물건이나 시각이 자기 것이기 때문에 애정을 갖게 된다. 이런 성향은 자존감에 긍정적 영향을 끼치지만, 새로운 것과 익숙한 것의 진정한 가치를 냉정하게 평가하기 어려워지게 하는 요인이기도 하다. 대니얼 카너먼은 이런 관성적 행동의 원인을 손실 회피에서 찾으면서, 현상 유지가 준거 기준이 되고 그 기준에서 벗어나는 것은 (그것이 긍정적인 일탈이어도) 손실이라고 여기게 된다고 주장한다. 잠재적 손실을 동량의 잠재적 이득보다 2배는 더 두려워하는 심리에서 기존 행동방식은 돌처럼 단단하게 박힌다.

보수주의에 맞서 싸울 도구

당신은 새롭게 깨달은 지식으로 무장했다. 우리 인간은 의사 결정을 할 때는 안전하고 익숙한 것에 기대는 성향이 있고 이런 성향이 위험한 결과를 초래할 수 있다는 사실을 알게 되었다. 그렇다면, 이런 천성적인 보수주의 편향을 극복할 현실적인 방안은 무엇인가?

세계를 품에 안아라

해외 주식보다는 국내 주식이 더 안전하고 파악하기 쉽다고 생각하는 자국 편향은 바꿔 말하면 전 세계 모든 투자자가 해외 투자를 꺼린다는 뜻이기도 하다. 당신의 포트폴리오에서 특정 국가 주식의 비율은 국제 시장에서 그 나라의 증시가 차지하는 비중과 대략 일치해야 하는 것이 일반적으로는 맞다. 모건스탠리Morgan Stanley에 따르면, 미국 내 모든 주식의 시가총액을 합산한 금액은 세계 전체 시가총액의 절반을 약간 밑돈다. 그러나 미국 투자자들이 미국 국적의 주식에 배분하는 금액은 자그마치 90%나 된다.[6] 이런 지리적 편애는 미국 안에서도 그대로 이어지는데, 북동부 사람들은 금융주에 편중해서 투자하는 반면에 중서부 사람들은 농업주와 에너지주 투자 비중이 상당히 높은 편이다.

익숙한 종목에만 투자하는 자국 편향이 경제 최강국인 미국에서도 위험한 행동이라면, 전체 시가총액이 상대적으로 적은 나라에서는 얼마나 위험한 행동일지 생각해 봐야 한다. 예를 들어, 영국 주식시장은 글로벌 시가총액에서 차지하는 비중이 10%도 되지 않지만 영국 투자자들은 영국 국적의 기업에 거의 80%를 투자한다.

놀라운 점은 아마추어 투자자만이 아니라 전문 투자자들 역시 자국 편향에 크게 영향을 받는다는 사실이다. 맨체스터대학교와 랭커스터 대학교 연구진은 미국, 영국, 유럽 대륙, 일본의 펀드매니저들에게 미국 주식에 대한 기대치를 묻는 설문지를 돌렸다. 1995년부터 1999년까지 진행된 이 설문에서 미국 펀드매니저들은 12개월 실적 예측에서 다른 나라 매니저들보다 미국 증시를 훨씬 낙관적으로 예상했다. 또한 미국 펀드매니저들에게 미국 외 시장에 대한 예측을 물었을 때, 그들은 해당 국가 매니저들보다 성장 예측치를 훨씬 낮게 잡았다.[7]

마크 트웨인Mark Twain은 다음과 같은 재치 있는 말을 했다. "여행은 편견과 아집, 옹졸함에 치명적이고, 이런 이유에서라도 많은 사람에게는 여행이 필요하다. 지구의 한 귀퉁이에서 평생을 빈둥거리며 지내기만 해서는 사람과 세상에 대해 넓고 유익하고 너그러운 시각을 얻을 수 없다." 트웨인의 말은 낯선 곳으로 여행을 하라는 뜻이었지만, 투자자는 현명한 투자를 위해 그가 말하고자 하는 바를 받아들여야 한다. 익숙하지 않은 시장에 투자하는 것에 대한 편협하고 옹졸한 시선이 널리 퍼져 있다. 성실함과 독창성은 어느 한 나라만의 전유물이 아니라는 사실을 명심하며 투자해야 한다.

오늘이 아니라 내일을 선택하라

자기보존self-preservation의 진화적 뿌리가 무엇인지는 이해가 간다. 우리의 선조가 매일 생사가 걸린 결정을 내려야 하는 순간에 직면했던 것은 기나긴 진화의 시간과 비교하면 그리 오래전이 아니었다. 아프리카 초원에 사는 사람에게 왼쪽으로 방향을 틀어야 하는데 오른쪽으로 트는 것은 목숨을 내놓는 짓일 수 있었다. 역사적으로도 의사 결정은 신체의 안전을 보존하고 신체적 욕구를 충족하는 일에 가장 몰두했다. 이렇게 생사가 걸린 시나리오에서는 자아실현을 포기하더라도 위험을 최소화하는 것이 지극히 논리적인 결정이다. 그러나 수천 년이 지난 지금 세상이 변했지만, 우리의 사고 패턴은 그런 변화를 따라잡지 못하고 있다.

선진국 시민 대부분은 에이브러햄 H. 매슬로Abraham H. Maslow의 욕구 피라미드의 아래 단계는 이미 충족했다. 그들은 음식과 물, 잠, 안전이 부족하지 않다. 기본 욕구를 채운 그들은 소속감이나 자아실현 같은 좀 더 형이상학적인 욕구를 채우고자 하는 갈증이 남아 있다. 우리가 가진 무기라고는 현대 환경에 맞지 않는 구식의 뇌와 의사 결정 방식뿐이다. 우리는 안전이 풍부하고 기쁨은 희소 자원인 환경에서조차 기쁨을 희생하고 안전을 선택하도록 프로그래밍 되어 있다. 훨씬 안전해진 시대에 맞게 위험과 보상을 평가하도록 뇌를 훈련하지 못한다면, 우리는 우리를 행복으로 이끌어 줄 수 있는 위험도 감수하지 못하며 언제까지나 위험 회피에 급급한 삶에 갇혀 살게 될 것이다.

당신은 자산 A와 B라는 두 가지 투자 중에서 위험이 낮은 것을 선택해야 한다. 과거 100여 년 중 아무 때나 10년 데이터를 골라잡아서 봐도 그중 80%에서는 자산 A가 자산 B보다 수익률이 높았고, 은퇴를 위한 평생 투자 기간이라고 볼 수 있는 30년을 아무 주기나 잡아서 보면 100%의 데이터에서 자산 A의 실적이 더 좋았다. 자산 A는 아무 시기나 20년을 골라잡아도 인플레이션을 100% 웃돌았지만, 자산 B는 같은 데이터에서 31%에서만 인플레이션보다 높은 수익률을 냈다. 자산 A의 인플레이션 조정 연간 수익률은 7%였지만, 자산 B는 고작 1%였다.

자산 A와 B 중 어느 쪽이 더 위험한 자산으로 보이는가?

두 자산의 정체를 밝히지 않은 상태에서 이렇게 물으면 대다수가 자산 A의 위험이 낮다고 대답할 것이다. 자산 B처럼 대부분의 시간 동안 수익률이 인플레이션에도 미치지 못한다면 이것은 말만 그럴듯하지 결국 '돈을 까먹는' 것에 불과하다. 자산 A는 누구나 위험이 크다고 말하는 주식이고, 자산 B의 정체는 채권이다.

실상이 이런데도 두 자산군의 실제 실적과 우리의 위험 인지가 이렇게나 엇박자를 걷는 이유는 무엇인가? 사람들은 인생을 보듯 시장을 본다. 그래서 장기 보상보다는 단기 손실의 관점에서 위험을 평가한다. 주식은 장기적으로는 충분히 예상할 수 있고, 보상도 높았다는 것이 실제로 드러났지만, 단기 손실의 위험이 상당히 크다는 것도 분명한 사실이다. 두려움에 젖은 투자자들이 내일보다는 오늘을 중시하고 미래의 위대함보다는 눈앞의 확실한 중간치를 선택하는 그 순간이 행동투자자에게는 꿈에서나 그리는 주식 위험 프리미엄equity risk premium, 즉 초과 수익률을 올릴 절호의 기회가 된다. 주식 위험 프리미엄을 벌 수 있는 방법은 간단하다. 그들과 정반대로 움직여 오늘이 아니라 내일에 더 높은 가치를 부여하면 된다.

익숙하지 않은 것이 기피 대상은 아니다

역사상 가장 유명한 그림을 한 점만 꼽으라고 한다면 뭐라고 답하겠는가? 많은 사람이 십중팔구는 세계 미술에서 가장 상징적 작품인 레오나르도 다빈치의 〈모나리자〉라고 대답할 것이다. 그러나 다빈치의 최고

걸작이라고 여겨지는 이 그림이 얼마 전까지만 해도 그의 작품 중에서는 중간 취급을 받았다는 것을 알고 있는가? 〈모나리자〉가 미술계의 걸작 전체를 대표하는 상징적 존재가 된 것은 범죄 행위와 주로 인간 심리로 발동하는 호기심과 큰 관련이 있었다.

1911년 루브르 박물관에서 일하는 잡역부가 그림 한 점을 훔쳐 집으로 가져갔다. 보안이 이렇게나 허술했다니, 당시 〈모나리자〉의 명성이 얼마나 별 볼일 없었는지를 그대로 방증한다. 심지어 24시간이 지나도록 아무도 그림이 사라졌는지조차 알아차리지 못했다! 그러나 도난 사건이 신문에 실리고 언론이 이 도난과 관련된 신비주의를 잔뜩 부풀려 보도하면서 그림에 대한 관심이 폭발적으로 늘어났다. 많은 관람객이 소동의 주인공이었던 그림을 보려고 구름같이 몰려들면서 〈모나리자〉는 루브르 박물관에서 가장 인기 있는 그림이 되었다. 도난으로 유명세를 치른 후에야 〈모나리자〉는 세계의 존경과 숭배를 한 몸에 받게 된 것이다. 다들 〈모나리자〉가 인기 있는 것은 그림이 특별해서라고 생각하지만, 사실은 인기가 치솟은 뒤에 특별한 그림이 되었다고 말해야 한다.[8] 이렇게 익숙하다는 이유만으로 무언가에 호감을 갖게 되는 현상을 심리학 용어로 단순 노출 효과라고 한다.

피터 린치Peter Lynch는 투자자들에게 "아는 것을 사라"라고 조언했다. 다음번 위대한 종목을 발굴할 때는 매일 사용하는 제품과 서비스를 눈여겨보라는 뜻이었다. 위대한 투자자에게 백번 경의를 보내기는 하지만, 이 조언만큼은 현명하다고 동의할 수가 없다. 우리는 보수주의 편향 때문에 익숙한 것에 존재하는 위험을 잘 인지하지 못하고, 잘 안다는 이유만으로 과중한 가치를 부여하는 편이다. 우리는 아는 것이 바람직한 것이라고 크게 착각하는 성향이 있다. 어느 정도냐면, 발음하기 쉬운 티커(주식 부호, 예컨대 MOO)를 가진 종목은 발음이 어려운 티커(예컨대 NTT)를 가진 종목보다 덜 위험하다고 인지할 정도다. 그러므로 다음 번에 위대한 투자 종목을 발굴할 때는 마트를 탐색할 것이 아니라 지리와 자산군을 아우르고 익숙한 것과 낯선 종목을 아울러서 투자를 다변화할 계획을 세워야 한다.

무슨 종목을 보유했는지 몰라야 한다

트롤리 문제(광차 문제)는 철학과 윤리학 수업에서 자주 거론되는 사고 실험 문제다. 다음은 일반적인 트롤리 문제를 약간 변형한 것이다.

고장 나서 제어되지 않는 트롤리 한 대가 전속력으로 선로를 달리고 있다. 저 앞쪽에는 남자 5명이 선로에 묶여 꼼짝도 하지 못하고 있다. 이대로 가다간 트롤리가 그들을 향해 돌진한다. 당신은 선로에서 멀찌감치 떨어진 곳에 서 있고 옆에는 레버가 있다. 레버를 잡아당기면 트롤리는 다른 궤도를 타게 된다. 문제는, 그쪽에도 사람이 묶여 있다는 것이다. 그 사람은 당신의 친구다. 당신에게는 두 가지 선택지가 있다.

1. 아무것도 하지 않는다. 그러면 트롤리는 본선을 계속 달리고 5명이 치어 죽는다.
2. 레버를 당겨 트롤리의 방향을 옆으로 튼다. 그러면 당신의 친구가 죽는다.

슬프더라도 어쩔 수 없이 선택해야 한다면 몇 번을 선택하겠는가? 공리주의자 관점에서 보면 레버를 당겨서 다수의 목숨을 구하는 것이 가장 바람직한 선택이다. 다른 모든 것이 동일하다면, 우리는 대부분 1명보다는 5명을 구하는 것이 그나마 나은 선택이라는 데 동의할지도 모른다. 그러나 아무리 현실적인 선택이고 가장 바람직한 결과를 낳을지라도 많은 사람은 레버를 당기지 않는 쪽을 선택한다는 것이 내 생각이다. 그렇게 생각하는 데는 두 가지 이유가 있는데, 둘 다 보수주의 편향에서 연유한다.

첫째, 레버를 당겨 상황을 바꾼다는 행동은 결정을 내린다는 생각을 들게 한다. 물론, 어느 쪽으로 행동하든 결정을 내리는 것이긴 하지만, 행동을 한다는 것에는 행동하지 않는 것보다 의지가 더 많이 반영된다는 느낌이 든다. 둘째, 당신은 친구에게 친근성familiarity 편향이 있지만 다른 5명한테는 그런 편향이 없다. 친구와는 잘 아는 사이이고, 알고 지낸다는 사실 자체가 옳고 그름에 대한 인식을 근본적으로 바꾸게 된다. 이와 비슷한 일(물론, 이만큼 극적이지는 않다!)이 주식을 조사하고 매수하고 추종할 때도 벌어진다. 증권을 보유하면서 느끼는 친밀감으로 보유 효과가 만들어지고, 우리는 그 증권을 실제 가치보다 높게 평가한다.

이런 편향을 막을 가장 확실한 방법은 무엇인가? 무슨 종목을 보유했는지조차 몰라야 한다. 대부분 투자자가 기겁할 만한 조언이지만 상식적으로 충분히 말이 된다. 실제로도 일부 펀드매니저들은 이 투자 개념을 포용해서 실천하고 있다. 〈USA투데이〉는 행동투자에 입각해 투자하는 펀드매니저 C. 토머스 하워드C. Thomas Howard에 관한 기사를 실었다.

"토머스 하워드는 역사상 가장 기이할 수 있는 투자 방법을 실행한다. 66세의 전직 경영대학원 교수는 심지어 어떤 회사 주식인지도 모른 채 주식을 매매한다. 게다가 얼마를 주고 그 주식을 샀는지도 알지 못한다. 그는 주가가 상승 중인지 하락 중인지도 추적하지 않는다. 그러나 월스트리트가 거세게 등락을 반복하던 12년 동안 이 눈먼 접근법으로 하워드의 주력 펀드인 아테나 퓨어Athena Pure는 대략 연평균 25%의 수익률을 달성하면서 그 어떤 펀드보다도 훌륭한 실적을 낸 펀드 중 하나가 되었다."[9]

소유 의식이 가치에 대한 인식을 왜곡하고 잘못된 매매 결정을 이끈다면, 펀드매니저는 소유한 종목을 의식하는 것부터 자제해야 한다. 그렇게 할 때만 보유 효과라는 쇠고랑을 내던지고 규칙에 근거해 감정을 배제한 매매 결정을 내릴 수 있다.

혼란스러운 위험을 포용하라

"3만 피트 상공에서 비상 탈출 방법이라고? 흐으음. 안전에 대한 착각이죠."

영화 〈파이트 클럽Fight Club〉에서 브래드 피트가 타일러 더든 역을 맡아 한 대사다. 기내 안전 수칙에 대한 이 불평은 고객에게 위험 수용 성향 질문서(일명 RTQ)를 돌리는 재무자문들의 허튼 짓거리에도 그대로 해당하는 말이다. RTQ는 안전과 통찰에 대한 착각을 불러일으키는 데다, 위험 감수risk-taking 행동은 특정 영역에서나 해당하고 맥락에 좌우되며 가변적이라고 주장하는 연구 결과에도 위배된다. 학계 일각에서는 나름의 요령을 발휘하여 위험 감수를 직접 다루지 않고 위험 수용risk tolerance과 위험 지각risk perception으로 구분해 처리한다.

'위험 수용'은 위험에 대한 정적이고 장기적인 태도이고, '위험 지각'은 가변적이고 맥락에 좌우되며 시장이 급변할 때는 같이 요동칠 수 있다. 학계가 성급하게 둘러대는 내용에 따르면, 위험 수용은 변하지 않는 태도이며 연구도 그것을 입증한다고 한다. 결국 그들의 말은 우리가 일순간 판별력을 잃고 위험 지각이 올라가 잘못된 행동을 할지라도, 위험과 보상의 맞교환(즉 위험 수용)에 대해서는 언제나 옳은 태도를 유지할 수 있다는 것이다. 이런 상아탑의 탁상공론은 툭하면 잘못된 타이밍에 시장에 들어가고 나오는 투자자들에게도, 패닉에 빠진 고객들의 전화를 수시로 받아야 하는 진퇴양난의 투자자문들에게도 거의 쓸모가 없다. 결국, 어떤 위험 감수 행동을 하느냐가 중요하고 그것은 여러 상황에 따라 수시로 변할 수 있다.

몇몇 RTQ는 고객의 위험 선호도를 알아보기 위해 비금융 영역에서 하는 위험 감수 행동에 대해 묻기도 한다. 이런 질문들은 따분한 서류 작업에 약간의 재미를 더해 주는 효과는 있지만, 번지점프를 즐기는 취향이라고 해서 침체장에서 꾹 참고 버티며 주식을 팔지 않을 만큼 참을성이 있는 것은 아니다. N. 니컬슨N. Nicholson, E. 손E. Soane, M. F. 오크리비M. F. O'Creevy, P. 윌리엄P. William이 지적했다시피, "한 가지 심리 질문서만 가지고는 다양한 영역의 위험 감수 행동을 예측하지 못하며, 재무 의사 결정에서 극도로 위험을 회피하는 사람들이 극한 스포츠를 즐기는 이유도 설명하지 못한다."[10]

또 다른 RTQ는 가상의 상황을 설정해 질문하기도 한다. "20%의 시장 조정이 발생하면 어떻게 하겠습니까?" 실제로 시장 혼란이 발생했을 때를 예측하려는 희망에서 던지는 질문이지만, 이번에도 과학이 재를 뿌린다. "더욱이, 종이 위에서만 내리는 가상의 재무 결정과 실제 시장 거래를 하기 위해 내리는 진짜 재무 결정 사이에 상관관계가 존재한다는 직접적인 증거는 거의 없었다."[11]

반면에 위험 감수의 크기는 과제를 수행하는 피험자의 감정 상태라든가 그 과제가 감정 반응을 얼마나 불러일으키는지에 따라 크게 달라진다는 것을 보여주는 연구 결과는 많았다. 이를테면, 피험자들은 부정적 프레임("이만큼의 손실이 발생할지도 모릅니다")과 긍정적 프레임("이만큼의 이익이 발생할 수 있습니다")이 대비될 때 위험을 더 많이 감수했다. 또 기분 역시 위험 감수와 밀접한 상관관계가 있는데, 긍정적 기분을 유도당한 피험자들은 위험 지각이 왜곡되기도 한다. 앤드루 로와 동료들은 상황 변수가 투자자의 정서 성향과 상호작용하기 때문에 위험 감수 행동도 상황 변수에 크게 영향을 받는다고 주장한다.

"이러한 (RTQ의) 한계는 위험 감수가 맥락에 따라 달라질 수 있으며, 전체적 맥락의 특성을 몇 가지 표준화하여 제시할 때 더 생산적인 질문을 던질 수 있다는 것을 방증한다. 의사 결정자의 감정이나 정서 상태 및 해당 환경의 특정한 정서적 분위기는 그런 맥락적 특성을 정의하는 괜찮은 수단이 될 수 있을 것이다."[12]

대다수 RTQ가 측정하는 것은 머리가 냉철할 때의 위험 감수 성향이라는 쓸모없는 결과지만, 실제 상황에서 하는 위험 감수는 개인의 신경증적 성질과 해당 상황이 얼마나 두려움을 일으키는지에 따라 달라지는 아주 혼란스러운 경험이다. 대다수 RTQ가 계속해서 맥락이나 감정적 반응을 측정하지 못한다면 그 효용에는 한계가 있다. 제이슨 츠바이크가 RTQ의 검사-재검사 신뢰도는(즉, 같은 사람이 같은 검사를 반복했을 때 비슷한 결과가 나올 확률은) '동전 던지기'와 같다고 한 것도 아마 이런 이유에서였을 것이다. 헤라클레이토스의 말이 생각난다. "누구도 똑같은 강물에 발을 두 번 담그지는 못한다. 강도 똑같은 강이 아니고, 그 사람도 똑같은 사람이 아니기 때문이다." 위험 관리에도 그대로 들어맞는 표현이다.

손실에 대한 두려움에서 벗어나라

미국 역사상 두 번째로 최악인 금융위기가 기승을 부릴 때 현대자동차는 인간 심리에 대한 깊은 이해를 보여주고 어쩌면 회사까지도 구원한 판매 프로그램을 도입했다. 모든 경제 계층에서 경제적 불안으로 거액의 구매 행위는 일단 뒤로 미루고 실직의 두려움이 팽배한 가운데, 현대자동차는 자사 차량을 할부나 리스로 산 구매자가 실직 등으로 차량을 유지하기 어려워지면 무상으로 차량을 반품할 수 있는 보증 프로그램을 도입했다. 자동차를 무상 반납한 소비자는 350명에 불과했지만, 이 정책으로 현대자동차는 차량 구매에 대한 두려움과 불안감을 제거할 수 있었고, 많은 자동차 회사가 파산 일보 직전이었던 2009년에 판매량이 8%나 증가하면서 43만 5000대의 판매량을 기록했다.[13]

액티브 투자 운용의 가장 치졸한 비밀은 펀드매니저들도 실직을 두려워하기 때문에 말은 액티브 운용이라 하고 액티브 펀드 수수료를 챙기면서, 실제로는 패시브 투자 운용을 하고 있다는 점이다. 아테나인베스트AthenaInvest의 토머스 하워드는 클로젯 인덱싱 펀드closet indexing fund(시장 평균 수익률을 목표로 포트폴리오를 다양한 종목으로 구성하는 투자 기법. 유사 인덱싱 펀드라고도 한다-옮긴이)를 심층 조사하고 다음과 같은 결론을 내렸다. "대부분 펀드에서 고확신 포지션보다 저확신 포지션이 3대 1로 압도적으로 높게 구성되어 있다."[14]

2009년 발표한 논문에서 마타인 크레머스Martijn Cremers와 안티 페타지스토Antti Petajisto는 포트폴리오 구성비와 벤치마크 지수의 차이를 의미하는 '액티브 투자 비중active share'이라는 개념을 처음 소개했다. 조사 결과 진정한 액티브 매니저(구성비가 벤치마크 지수와 60% 이상 차이 나게 운용하는 매니저)는 역사적으로 시장 실적을 앞질렀고, 구성비 차이가 높은 매니저일수록 실적도 더 우수한 편이었다.

2013년 다시 진행한 연구에서 페타지스토는 액티브 투자 비중이 높은 포트폴리오가 1990년부터 2009년까지의 실적이 시장을 훨씬 앞질렀으며, 이런 액티브 펀드들은 시장 위기 때에도 주식을 계속 보유하고 있는 경우가 많았다는 점을 발견했다. 페타지스토는 이렇게 말했다. "대부분 액티브 종목 발굴자들은 투자자들의 자산을 늘려 주었으며, 수수료와 비용을 모두 제외하고도 매년 1.26%씩 벤치마크 지수보다 높은 실적을 냈다."

랜돌프 B. 코언Randolph B. Cohen, 크리스토퍼 폴크Christopher Polk, 버나드 실리Bernhard Silli(2010)의 연구 결과에 따르면, 펀드에서 최고의 발굴 종목(포지션 크기로 판단)이 거둔 실적은 벤치마크를 연평균 6% 앞질렀다. 더욱 중요한 사실은 이 포지션의 크기가 줄 때마다 실적도 단계적으로 하락했다는 것이다! 액티브 매니저들의 역사적으로 저조한 수익률에 대해서는 이 매니저들에게 종목 발굴 능력이 없었기 때문이라는 잘못된 결론을 내리는 것이 대부분이었다. 하지만 그렇지 않았다. 액티브 매니저들의 저조한 실적은 성공적인 종목 발굴 능력이 없어서가 아니라, 시장을 월등히 앞서는 충분한 집중 포트폴리오를 구성할 용기가 없어서였다.

전문 투자자를 이용하는 사람들은 현대자동차를 교훈 삼아 실수와 실직에 대한 두려움과 초조함을 없애야 한다. 행동투자자에게 보상을 주는 것은 고용 안정에 대한 두려움이 아니라 혁신과 근면함, 성실, 그리고 무엇보다도 신중한 투자 과정이다. 최선의 실행과 인간 행동을 깊이 이해하는 일에 인센티브를 줄 때에만 우리는 우리의 목적에 진정으로 부합하는 유능한 액티브 매니저를 얻을 수 있다.

결정을 조금만 미루어라

과도한 보수주의 편향을 없애는 기적의 치료약은 이미 우리 생활에 녹아 있다. 바로 미루기다. 틸뷔르흐대학교 행동경제학 연구소가 진행한 연구에서, 피험자들은 즉시 결정을 내려야 하는 과제에서는 82%가 기본값 옵션을 선택했지만 잠깐 시간이 주어졌을 때는 56%만 기본값을 선택했다. 속도는 좋은 의사 결정의 적이 되기도 하며, 즉시성은 우리를 편향적 사고로 밀어 넣어 현상 유지에 과도히 의존하게 만든다.[15] 따라서 중요한 투자 결정을 내려야 할 때는 잠깐이라도 시간을 마련해 조금 더 고민해도 지금과 똑같은 결정을 내리게 될지 생각해 봐야 한다.

불확실성을 피할 수 없다면 줄여라

폴 슬로빅과 엘런 피터스Ellen Peters는 위험의 심리적 요인을 공포심과 미지의 위험이라는 두 가지 영역으로 나눠서 분석한다. 공포심은 자본의 총체적 손실에 대한 두려움을 의미하고, 미지라는 것은 예측할 수 없는 재앙의 위험을 의미한다.

학계에서는 위험과 불확실성을 별개의 것으로 구분하는데, 위험은 그나마 확률적 파악이 가능하지만 불확실성은 모호한 도박이 필연적으로 동반된다. 카드 한 벌만 가지고 블랙잭을 하는 것이 고위험 행위라면, 자본시장에 투자하는 것은 위험과 불확실성의 연속체 한가운데를 걷는 것과 비슷하다. 의미론적으로 얼핏 이해되지 않을 수 있지만, 신경 이미지 연구에서도 위험과 불확실성은 뇌의 각기 다른 부분을 활성화한다는 것이 드러났다. fMRI를 이용했더니 위험하지는 않지만 크게 모호한 상황에서는 전두섬엽과 편도체가 활성화하는 것이 드러났다. 더욱이 뇌 손상이 있는 피험자들의 뇌에서는 위험이 클 때와 불확실성이 높을 때 활성화하는 뇌 영역에 구분이 없었고, 그렇다 보니 아이러니하게도 그들은 정상 뇌 피험자들보다 오히려 더 이성적인 판단을 내렸다.

위험이 커도 확률을 따질 수만 있다면 논리적이고 통계적인 사고가 가능해진다. 자본시장처럼 '알려지지 않은 미지unknown unknowns'가 횡행하는 불확실성의 상황에서는 경험 법칙을 따르는 느슨한 통제가 필요하다. 자본 투자에는 미지의 사건이 수도 없이 발생하고, 결과가 불확실할수록 과정을 확실히 정하고 따라야 할 필요성이 훨씬 중요하게 대두된다. 행동투자자는 불확실성이 장기간 이어져도 확률을 효과적으로 사용함으로써 불확실성을 줄이게 되고, 올바른 근거를 통해 원하는 결과가 나올 수 있는 확률을 개선하게 된다.

우리는 불확실성을 극도로 싫어하지만, 불확실성이 없는 세상은 하품이 나올 정도로 따분해질 것이다. 주식은 차익을 내지 못하고, 스포츠 경기는 재미가 없어지고, 코미디는 촌철살인의 재치를 발휘하지 못한다. 결별의 아픔이 두려워 혼자이기를 고집하는 사람은 대신 외로움이라는 동반자를 얻을 것이다. 미래의 기업가는 신념의 도약을 하지 못해 평생을 싫어하는 일만 전전하며 능력을 낭비하게 될 것이다. 강박적인 손실 회피는 손실을 피하려다가 결국 가장 큰 두려움이 현실이 되어 버리는 모순을 낳는다. 행동투자자는 모두가 두려움에 젖어 왜곡된 눈으로 세상을 볼 때 냉철하고 명민한 눈으로 위험과 불확실성을 관찰하고, 자신들의 삶을 더 풍요롭게 만든다.

후회할 기미부터 없애라

보수주의 편향은 대부분 후회 회피 편향에서 연유한다. 우리는 이길 확률에 기대 행동을 하는 것보다 아무 행동도 하지 않고 패배하는 것이 낫다고 결정한다. 다시 말하지만 후회 회피 편향으로 인한 행동 마비를 막는 최고의 해결책은 규칙에 충실한 시스템을 세우는 것이다. 정보를 조사하고 감정을 배제한 상태에서 매매와 보유 결정을 내려야 한다. 이렇게 규칙을 준수하는 접근법은 투자 과정 전체에서 임의로 선택하는 소지를 없애기 때문에 펀드매니저도 정신적 희생양을 마련할 수 있다는 장점이 있다. 혹시 결과가 안 좋더라도 자책하기보다는 모델을 탓하는 쪽이 그나마 마음은 더 편하지 않겠는가.

최악을 준비하라

왜 폼페이 시민들은 분화하는 베수비오산Vesuvio Mt.을 몇 시간 동안 보기만 하고 대피하지는 않았을까? 왜 뉴올리언스 시민 수만 명은 허리케인 카트리나가 다가오는데도 대피하지 않았을까? 왜 타이태닉호 승객들은 자신들의 목숨을 앗아갈 거대한 빙산이 다가오는데도 유람선에서 하선하라는 지시를 따르지 않았을까?

거대한 재앙을 마주한 순간 이런 마비가 발생하는 한 가지 이유는 상상을 하지 못하는 이른바 정상화 편향normalcy bias에서 찾을 수 있다. 정상화 편향은 간단히 말해 '지금까지 아무 일 없었으니 앞으로도 아무 일 없을 것'이라는 믿음이다. 폼페이에는 전에도 지진이 일어났고, 뉴올리언스는 폭우가 자주 내리는 지역이니, 두 도시 시민들은 끝까지 아무 일 없을 거라고 생각했다. 그러나 아니었다. 대략 70%의 사람들이 가지고 있는 정상화 편향은 지금까지 겪은 경험이 앞으로도 이어질 것이라고 믿게 만든다.[16]

사회학자 토머스 드라백Thomas Drabek의 2001년 연구 결과에 따르면, 자연재해가 닥쳐서 대피 명령이 내려졌을 때 이재민들은 평균 4개 정도의 출처를 확인한 뒤에 행동을 결정했다.[17] 《언씽커블: 생존을 위한 재난재해 보고서The Unthinkable: Who Survives When Disaster Strikes》의 저자인 저널리스트 어맨다 리플리Amanda Repley는 위기가 닥쳤을 때 우리는 보통 부인, 심사숙고, 결단이라는 3단계를 거쳐 최종 결정을 내리게 된다고 말한다. 리플리의 3단계 결정은 자연재해가 닥쳤을 때의 상황을 말하고 있지만, 잠재적 금융위기의 한복판에 서 있는 투자자들에게도 귀중한 교훈이된다.

행동투자자는 애초에 부인 단계는 생각하지도 않는데, 투자를 하면서 금융 혼란을 평생 겪지 않는다는 것은 있을 수 없는 일이고, 조정은 평균적으로 매년 일어나며, 대규모 침체장은 평균 3.5년마다 일어난다는 사실을 잘 알고 있기 때문이다. 높은 수준의 변동성을 처음부터 이해하고 받아들이는 것이 합리적 투자의 선결 조건이다. 변동성을 전에 겪었어도 다시 겪을 것이고, 한 번도 경험한 적이 없다면 조금만 기다리면 겪을 것이다.

심사숙고와 결정 단계에서는 여러 문제를 겪을 수 있다. 모든 사안에 대해 최고의 능력을 발휘해야 하는 그 순간이야말로 우리가 심리적으로 가장 취약해지기 때문이다. 내가 《부의 법칙The Laws of Wealth》에서 인용했듯이, 투자자는 재무 압박이 심할 때는 IQ가 평균 13%나 내려간다. 잠재적 위협의 순간에 잘못된 행동을 저지르지 않도록 막아 줄 최고의 방어막은 악천후에도 잘 견디는 투자 위험 관리 시스템을 마련하는 것이다. 단순하게 시장 전체에 분산투자를 한다거나 고도의 복잡한 투자 전술을 따르는 등 특정한 위험 관리 시스템을 마련하기보다는, 평상시에 규칙을 정하고 혼란의 시기에 그 규칙을 따르는 행동이 훨씬 중요하다.

역사상 관찰된 것보다 훨씬 심한 광기와 패닉의 시기가 찾아와도 행동투자 패러다임은 흔들리지 않아야 한다. 모든 선진 주식시장은 적어도 75%의 대폭락을 경험했고, 앞으로도 그만한 수준의 재앙이 또 발생할 수 있다. 그러나 행동투자자는 어떤 상황도 일어날 수 있으며 재앙이 한 번으로 끝이 아닐 수 있다고 각오한다. 충분히 장기적인 관점에서 보면 과거의 대공황이 역사상 최악의 대공황으로 영원히 기록될 것이라고는 아무도 장담하지 못한다. 행동투자자에게 가장 어려운 일은 현실을 인정하는 위험 관리 시스템을 마련하는 것이다. 행동투자자는 시장 변동성이 대부분 단기 문제라는 현실을 인정하면서 동시에 가끔은 자본시장에서 거의 회복 불가능한 수준의 자본 파괴 폭풍이 불어닥치는 재해가 벌어질 수도 있다는 것을 겸손히 인정해야 한다.

뒤집어서 생각하라

워런 버핏의 오른팔인 찰리 멍거Charlie Munger는 "뒤집어라, 언제나 뒤집어라"라는 유명한 교훈을 전한다. 찰리 멍거가 해서 유명해진 말이기는 하지만, 사실 이런 생각을 처음 한 사람은 존경받는 독일 수학자 카를 야코비Carl Jacobi였다. 그는 '내가 왜 틀릴 수 있을까?'나 '이 상황을 보는 또 다른 시각은 무엇인가?'라는 질문이 큰 도움을 줄 수 있다고 말했다. 인공지능에 대한 종말론적 묵상으로 유명한 닉 보스트롬Nick Bostrom은 이른바 '전환 시험reversal test'을 통해 같은 내용을 더욱 정교한 정리定理로 제시했다.

"특정 매개변수를 바꾸는 제안이 전체적으로 나쁜 결과를 불러올 것으로 여겨진다면, 같은 매개변수를 반대 방향으로 변경하라. 그렇게 해도 전반적으로 나쁜 결과가 예상된다면, 그런 결론에 도달한 사람들은 왜 우리가 매개변수를 바꿔도 상황을 개선할 수 없는지를 설명해야 한다. 그들이 설명하지 못한다면 이것은 그들에게 현상 유지 편향이 존재한다고 의심할 만한 근거가 된다."[18]

보스트롬의 정리를 더 직관적으로 이해하고 싶다면 모닝커피에 상황을 대입해 보자. 당신은 금융 구루들의 조언을 금과옥조로 여기면서 허투루 쓰는 돈이 없는지 따져 보다가 매일 스타벅스 커피를 마셔도 괜찮은지 생각하게 되었다. 그러나 전환 시험을 적용하면, 매일 커피 값으로 5달러를 써도 되는지를 고민하지 않고 이런 질문을 던지게 된다. "그날 하루 내가 커피를 마시지 않으면 그 5달러가 내 것이 되는가?" 그렇다는 답이 나온다면 커피를 자제해야 한다. 뒤집어서 생각하라는 멍거와 야코비의 충고도, 전환 시험을 해보라는 보스트롬의 제안도 전통적 사고에서 벗어나 명쾌한 사고가 가능하도록 생각의 틀을 바꾸는 단순하지만 강력한 길을 우리에게 시사한다.

• • •

보수주의 편향은 우리가 손실 대비 이득이나, 변화 대비 현상 유지를 비대칭적으로 선호하면서 생긴 부산물이다. 패배보다는 승리를, 새 방식보다는 원래 방식을 훨씬 선호하는 우리의 성향은 세상을 있는 그대로 명확하게 보는 능력을 뒤틀어 버린다. 이런 보수주의 편향의 영향은 새로운 방식에 대한 저항(현상 유지 편향), 위험을 점증적으로 크게 줄이는 것보다는 위험이 아예 없는 것을 선호하는 편향(무위험 편향), 미래의 자아가 필요로 하는 것보다 지금 자아의 욕구를 중시하는 편향(가치 편하 효과hyperbolic discounting) 등의 형태로 나타날 수 있다.

익숙함에 대한 선호는 이해가 가지만, 그러다가는 새로운 사람들을 만나고, 새로운 삶의 방식을 탐구하고, 부를 적절히 배분할 기회가 날아갈 수 있다. 낯섦을 포용하는 태도는 투자 실적을 개선하는 차원을 넘어 삶을 풍요롭게 하는 지름길이기도 하다.

보수주의에 저항하는 포트폴리오 만들기

- 팩트 체크 자산군의 지각된 위험은 대개가 장기 실적보다는 단기 실적과 관련이 높다. 어떻게 해야 하는가? 행동투자자는 주식처럼 실제 위험보다 지각된 위험이 큰 자산군의 투자 비중을 높인다.
- 팩트 체크 위험 감수는 개인의 선호가 아니라 상황과 관련이 크다.
  어떻게 해야 하는가? 두려움을 유도하는 상황을 피하고, 임의적 판단이 아니라 규칙에 기반한 포트폴리오 운용 절차를 마련한다.
- 팩트 체크 거품은 모든 자본시장이 태생적으로 지니는 특성이며 반복해서 발생한다. 어떻게 해야 하는가? 회복 불가능한 손실이 몇 년에 한 번은 찾아온다. 이것을 피하기 위해서는 규칙 기반의 위험 관리 시스템을 마련해야 한다.

Chapter 10

행동투자자는
주의 집중을 갈고닦는다

"요새 쓸모없는 정보가 그토록 적다는 것이 너무나도 애석하다."

– 오스카 와일드(Oscar Wilde)

식민지 시대 매사추세츠 주 세일럼 마을에서 1692년부터 1693년까지 진행된 마녀재판으로 20명 이상의 여성이 죽었다. 신세계의 마녀에 대한 두려움은 유럽에서 넘어온 것이었다. 1300년대부터 1600년대 말까지 유럽에서는 수만 명의 여성이 악마와 결탁했다는 죄목으로 처형당했다. 1600년대 말 영국과 프랑스가 벌인 이른바 윌리엄 왕 전쟁은 유럽 본토만이 아니라 식민지인 아메리카 대륙에서도 벌어졌고, 살던 곳을 떠나 수백 명이 세일럼으로 피난을 갔다. 대규모 난민 유입으로 원래부터 분쟁이 가시지 않던 지역에 긴장감이 더욱 팽배했고, 집단 광기가 발현하기에 완벽한 조건이 만들어졌다. 1692년 1월, 새로 부임한 목사의 딸과 그 딸의 두 친구가 알아듣지 못할 말을 중얼거리고 몸이 뒤틀리고 발작적으로 광기를 표출하는 등 이상 증상을 보이기 시작했다.

애가 셋이나 되는 아빠인 내게 이런 일은 크로스비 가족의 여느 화요일 풍경과 다를 바 없다는 말은 주제에 맞지 않으니 넘어가기로 하자. 이 증상을 마녀의 저주라고 진단한 의사 탓에 추궁에 못 이긴 소녀들은 세 여자가 자신들에게 마법을 걸었다고 말했다. 마을의 노파, 떠돌이 여인, 그리고 카리브해 출신 노예였다. 노파와 떠돌이 여인은 저주를 건적이 없다고 강하게 부인했지만, 티투바라는 이름의 노예는 어둠의 힘과 결탁했다고 진술했다. 이 진술로 도화선에 불이 붙으면서 휴지기 상태였던 마녀사냥의 광기가 식민지 전체에 휘몰아치기 시작했다.

식민지 사람들은 법과 질서를 준수하는 독실한 기독교도를 표방했으므로 마녀 화형식도 증거가 있어야만 치를 수 있었다. 마녀사냥 '전문가'들은 진짜 마녀를 가리는 이론적 방법을 수두룩하게 세워 두었다. 목격자 증언 또는 마녀가 저주를 거는 것을 꿈에서 보았다고 말하는 등의 '환영 증거spectral evidence'도 그런 방법의 하나였다. 그러나 가장 유명한 마녀 판별법은 물에 들어가는 시험이었다. 마녀로 의심되는 여인을 물에 넣어서 뜨면 마녀였고, 가라앉으면 마녀가 아니었다. 의미 있는 자료를 모을 수 없고 공정한 법과 규칙도 없이 이루어지는 인민재판이나 다름없었다. 마녀재판의 물 판별법은 유죄여도 문제, 무죄여도 문제라는 것이 딜레마였다. 그러므로 위험성이 높은 결정을 내려야 할 때 우리가 원하는 객관적이고 냉정한 태도로 증거를 가늠하는 재판은 아니었다.

주의 집중 편향 위험attention risk은 우리가 투자 결정을 하면서 정보를 상대적으로 평가하고 현저성salience을 확률보다 중시하면서 생기는 편향이다. 현저성은 눈에 잘 띄는 것을 의미하는 심리학 용어이며, 현저성 편향이란 우리가 상어 습격과 같은 저확률-고공포 사건에 주의를 집중하고 차도에서 셀카를 찍는 것과 같은 고확률-저공포 사건은 무시하는 것을 의미한다(지난 한 해 동안 상어 공격으로 죽은 사람보다 길거리에서 셀카를 찍다가 죽은 사람이 더 많았다). 식민지 시대의 뉴잉글랜드 주민들이 피고가 무조건 지는 마녀재판의 성격을 무시하게 만든 것도, 비상식적이지만 선동적인 이야기에 자극을 받아 도덕적 패닉을 일으키게 한 주범도 바로 이 현저성 편향이었다.

또한 현저성 편향은 익숙하지 않은 것을 더 위험하다고 판단하면서 해당 종목의 펀더멘털과 상관없이 국내 주식(국내 편향)과 익숙한 이름(단순 노출 효과)을 더 선호하게 만든다. 주의 집중이 귀중한 자원이 된 오늘날의 세상에서 우리는 온갖 종류의 잡음 생산자들을 경계해야 한다. 그러기 위해서는 의미 있는 정보와 잡음을 구분하는 시스템이 필요하다. 이제부터 우리가 살펴볼 것도 그와 관련된 내용이다. 다음의 3단계는 우리가 확률에 따라 사물을 바라보는 시각을 길러 줄 것이다.

행동투자 아이디어의 3단계 관문

행동투자자가 투자 아이디어를 두고 고려해야 할 첫 관문은 그 아이디어를 경험적으로 뒷받침하는 역사가 풍부한가 하는 것이다. 투자 아이디어에는 반드시 데이터가 뒷받침되어야 한다. 두말할 필요도 없다.

그러나 데이터 없는 이론이 마녀재판이라면, 이론 정립이 되지 않는 데이터도 마찬가지로 위험할 수 있다. 앞에서 방글라데시 버터 생산과 S&P 500 등락 사이의 공분산이 95%라고 말했다. 데이터는 존재하지만 이론은 없다. 이 둘 사이에 상관관계가 있다고 생각하는 것 자체가 웃기지 않은가. 마찬가지로 신빙성이 없는 상관관계가 슈퍼볼 지표다. 이 지표에 따르면, 아메리칸 풋볼 리그 팀이 우승하면 증시가 내려가고 내셔널 풋볼 리그 팀이 우승하면 증시가 올라간다고 한다. 이 지표는 1970년대에 레너드 코펫Leonard Koppett이 처음 발견했는데, 그때까지 이 지표가 틀린 적은 한 번도 없었다. 2017년 현재까지도 슈퍼볼 지표의 적중률은 여전히 80%나 된다.

데이터 없는 이론이 마녀재판을 이끄는 것처럼, 이론 없는 데이터는 진실의 뒤꽁무니만 쫓는 결과를 낳을 수 있다. 높은 수익률과 데이터값 사이에 합당한 상관관계를 찾아내지 못한다면, 그것은 합당한 상관관계가 존재하지 않기 때문일 것이다. 그러므로 두 번째로 넘어야 할 장애물은 합당한 이론이다.

진실을 추구하는 행동에서는 대부분 이론적으로도 수긍할 수 있는 경험적 증거를 찾는 행동만으로 충분하다. 그러나 금융시장에서는 몇 가지 특별한 상황이 나오기도 하는데, 이론적으로 합당하고 경험적 증거로도 뒷받침되는 이례적 현상은 순식간에 차익거래의 타깃이 된다. 똑똑한 사람들이 시장에 대한 진실을 발견해 세상에 알리는 즉시 수익에 굶주린 차익거래자들은 그 진실을 조만간 사라지게 만드는 데 총력을 다한다.

연중 특정한 주나 달의 며칠 동안 펀드 흐름이나 기타 변수 때문에 잠재적 수익률이 높아지는 이례적 현상인 캘린더 효과calendar effect가 그 좋은 예다. 캘린더 효과는 데이터를 검토하던 중에 발견되었으므로 경험적 증거라는 첫 번째 관문은 자연히 통과한다. 또한 캘린더 효과가 존재하는 합당한 이론적 토대도 있다. 세금 납부, 급여 수령, 포트폴리오 재조정 등은 타이밍을 고려해 어느 정도 정기적으로 진행되고, 그런 정기성이 진짜 투자 기회가 된다. 그러므로 캘린더 효과는 합당한 이론이라는 두 번째 조건도 충족한다.

그러나 캘린더 효과는 물론이고 시장의 여러 이례적 현상도 행동투자자가 요구하는 세 번째이자 마지막 조건인, 지속적인 심리 성향에 기인해야 한다는 조건을 충족하지 못한다. 캘린더 효과를 이용한 차익거래에서는 심리적 고통이 발생하지 않는다. 특정한 달의 어떤 날이 아니라 다른 날 매수를 하는 것이 특별히 어려운 행동은 아니기 때문에, 캘린더 효과는 발견을 하더라도 거의 곧바로 사라졌다. 행동투자자가 고려할 만한 괜찮은 투자 아이디어가 되려면 경험적 증거와 이론적 합당함, 그리고 행동상의 완고함이라는 세 조건이 다 갖춰져야 한다.

세 번째이자 판별하기 가장 어려운 관문을 변수가 통과할 수 있는지 가늠할 때 유용한 잣대는 시간이다. 뉴욕의 한 육가공 상호에서 유래한 린디 효과lindy effect는 기술이나 아이디어의 기대 수명은 현재의 나이에 비례해 늘어난다는 개념이다. 간단히 말해, 지금까지 시간의 풍상을 이긴 아이디어는 앞으로도 계속 이길 가능성이 크다. 인간은 수천 년 동안 호메로스의 작품을 읽었으며, 앞으로 500년 후에도《오디세이Odyssey》는 필독서 자리를 지킬 것으로 예상된다. 킴 카다시안Kim Kardashian의 셀카 사진첩인《셀피시Selfish》는 얼마 전에 〈뉴욕타임스〉 베스트셀러 목록에 올랐고 지금은《오디세이》보다 잘 팔린다. 그러나 린디 효과에 따르면 지금 당장 인기가 많더라도《셀피시》는 아직 시간의 시험대를 통과하지 못했기 때문에 계속해서《오디세이》보다 잘 팔릴지는 두고 봐야 알 일이다.

캘린더 효과는 이것을 발견한 교수들에게 종신직을 안겨주었고, 발견되자마자 차익거래가 행해지면서 곧바로 사라졌다. 반대로 가치나 모멘텀 같은 변수들은 장기적으로 지속되는 변수였으며 린디 효과에도 잘 견딘다고 말할 수 있다. 이런 변수들은 시간을 이겨냈고, 앞으로도 이겨낼 것이다. 이론적으로 린디 효과의 시간 지속성을 결정하는 세 조건은 품질quality, 독창성originality, 의미import이지만, 자본시장에 한해서는 심리도 중요한 역할을 한다.

뒤에서 자세히 설명하겠지만, 가치 투자는 심리적으로 어려운 투자 철학이고, 투자 수익을 내준다는 사실이 잘 알려져 있는데도 시간을 이긴다. 워런 버핏에 대한 학술 논문이나 자서전을 빼놓지 않고 다 읽은 사람도 인기 없는 종목을 발굴하고 매수하여 장기 보유하는 가치 투자를 하는 것은 어지간한 뚝심만으로는 쉽지 않다. 가치 투자는 경험적 증거를 갖추었고, 이론적으로 합당하며, 행동투자에 기반한다. 따라서 투자를 위한 세 가지 조건을 모두 충족한다.

반직관적이기는 하지만, 전략의 우수성을 논할 때 결과는 대단히 빈약한 예측 지표다. 3년 동안 시장을 이긴 기록(대다수 기관 투자자의 최소 조건)의 경우에도 행운이 좌우하는 요소는 12.5%나 된다. 행운과 실력을 완전히 분리해서 실적을 확인하려면 거의 25년의 시간이 필요한데, 이 정도면 펀드매니저가 은퇴할 때쯤에나 그가 실력이 좋은지 어떤지를 알 수 있다는 뜻이 된다. 이런 실적의 기만적인 특징 때문에 이론과 데이터, 심리적 요인 모두에 더 많은 주의를 기울여야 한다.

원칙주의자이며 로터리 클럽 회원인 내 부친의 책상에는 로터리 클럽의 4단계 시험을 적은 액자가 올려져 있다. 시험 내용은 다음과 같다.

1. 진실인가?
2. 관련자 모두에게 공정한가?
3. 선의를 쌓고 훌륭한 교우 관계의 바탕이 되는가?
4. 관련자 모두에게 유익한가?

내 아버지는 이 네 가지 간단한 질문을 안내 지침 삼아 어떤 행동을 하기 전에 그 행동의 옳고 그름부터 평가한다. 행동투자자 역시 투자 아이디어의 3단계 관문을 이용한다면 기존 자료의 합리성과 필연적으로 발생할 새로운 이례적 현상을 평가할 수 있다. 자본시장에서 새로운 진리로 대두하는 무언가가 있다면 신빙성 있는 증거와 합리적인 이론이 마련되기 때문이겠지만, 그것이 오래도록 진리로 남으려면 인간 심리에 뿌리를 내려야 한다.

투자 가능 아이디어의 3단계 관문은 단순히 금융시장의 잡음을 막는 용도만 있지 않다. 더 현실적으로는, 중요한 신호와 그렇지 않은 신호를 구분하는 용도로도 쓸 수 있다.

주의 집중 편향을 물리치기 위한 도구

확률에 근거하고, 스토리는 무시하라

매력적인 시골뜨기의 아이콘인 제프 폭스워시Jeff Foxworthy가 진행한 TV 프로그램 가운데 〈당신은 5학년보다 똑똑합니까?Are You Smarter Than a Fifth Grader?〉라는 것이 있다. 이 프로그램에서는 성인들에게 초등학교 시절에 배운 내용을 질문한다. 이제 나는 독자 여러분에게 '당신은 쥐보다 똑똑합니까?'라는 게임을 진행하려고 한다. 이 게임은 1812년에 일어난 영미전쟁이나 장제법(12 이상의 수로 나누는 나눗셈-옮긴이)을 질문하는 것이 아니라, 무작위로 녹색불과 빨간불을 깜빡인다. 당신은 다음 불빛이 녹색일지 빨간색일지 알아맞혀야 한다. 확률도 미리 알려줄 것이므로 시험은 아주 쉽다! 녹색불이 깜빡일 확률은 80%이고, 빨간불은 20%다. 당신의 경쟁자인 쥐는 당연히 말을 하지 못하므로 녹색불이 깜빡일 때는 간식이 나가고 빨간불에서는 전기 충격을 받는 식으로 진행한다.

잠시 전략을 구상해 보자. 80대 20의 확률인 게임에서 다음번 불빛 색깔을 알아맞히려면 어떤 전략을 구사해야 하는가? 대부분 참가자는 일단 과제부터 시작한 다음 곧바로 잡음을 가려내는 작업에 들어간다. 다시 말해 패턴을 판별하려고 노력한다. 이 책의 앞부분에서 기능적 허구를 강력한 사회적 체계로 조직하는 능력이 인간과 동물을 구분 짓는 특징이라고 했다. 그것을 고려하면 나쁘지 않은 전략이다. 게임의 인간 참가자들은 진짜 잡음 속에서 신호만 판별하려고 노력하고, 그들이 녹색불과 빨간불을 알아맞히는 적중률은 65%나 된다. 반대로 쥐들은 고등 사고를 할 능력도 없고 욕구도 없으므로 곧바로 확률 학습으로 넘어간다. 음식이 나올 가능성이 전기 충격을 받을 가능성보다 4배 높다는 확신이 들면 쥐들은 언제나 녹색불을 예상하고, 최종 적중률은 80%다. 쥐들은 시스템을 이기거나 우아한 스토리를 만들려는 욕구가 없기 때문에 단순하게 접근한다. 그리고 이런 단순한 접근으로 훨씬 똑똑하다고 말해지는 경쟁자보다 높은 점수를 얻는다.

이런 상황이 시장에서도 고스란히 드러난다. 금융 뉴스 채널만 틀어도 금세 확인할 수 있다. 아이비리그 출신에 3000달러짜리 양복을 입은 시장 전문가라는 사람이 나와 지정학적 위협이나 연방준비제도이사회의 잠재적 움직임, 대두 생산에 이르기까지 모든 요소를 다 고려하는 복잡한 매크로 투자에 대해 열심히 설명한다. 인간의 고등 사고와 패턴 인식 능력을 충분히 드러내는 이런 스토리를 듣다 보면 우리는 저절로 고개를 끄덕이게 된다. 그러나 이 시장의 마법사는 앞의 단순한 과제를 복잡하게 풀려는 게임 참가자들과 다르지 않다. 스토리의 우아함이 발생 가능성을 압도하고 있다.

행동투자자는 정교한 난센스를 열망하는 세상에서 오로지 확률에만 주의를 기울이는 쥐처럼 행동한다. 저명 금융 뉴스 채널에 출연해 스토리를 만들어 달라는 요구를 받아도 행동투자자는 웅대한 주제를 만들지 않고 연쇄적으로 쓰러지는 도미노 시리즈를 만들지도 않는다. 그러다 보니 재출연 섭외도 오지 않는다. 대신 행동투자자는 과정을 중시하는 길을 걸으면서 방향을 꺾어야 할 때마다 언제나 확률에 입각해 사고한다. 그는 '확률론적으로'라는 말이 강력한 투자 단어라는 사실을 언제나 잊지 않는다.

평균에 의존하라

자신이 주의 집중 편향에 휘둘리지 않는지 확인하고 싶다면 다음의 질문에 답해 보라.

경찰이 이용하는 음주측정기는 음주운전이라고 오측정하는 확률이 5%지만, 만취 측정 정확도는 100%다. 평균적으로 1000명 중 1명이 음주운전자다. 경찰이 아무 차나 멈춰 세우고 운전자에게 음주측정기를 불게 했더니 양성반응이 나왔다고 가정하자. 이 운전자가 진짜 음주운전일 확률은 얼마인가?

오측정된 양성반응이 5%라는 것까지 고려해서 이 운전자는 95%의 확률로 진짜 음주운전자라는 답변이 가장 많다. 당신도 그렇게 생각하는가? 진짜 확률은 훨씬 낮으며, 이 질문은 우리가 어떤 식으로 기저율(주의 집중 현저성 낮음)을 무시하고 대신 특정하게 눈에 띄는 것(주의 집중 현저성 높음)에 눈길을 주게 되는지를 보여준다. 빠른 사고는 이 운전자가 음주운전자일 확률이 95%임이 확실하다고 믿게 하지만, 느리고 신중한 사고에서는 완전히 다른 시각으로 바라본다.

음주 측정에 걸리는 운전자가 평균 1000명 중 1명이고 판별의 정확도를 다음과 같이 적용한다면 진짜 계산은 이렇다. 다시 말해, 음주운전을 하지 않은 사람 999명 중 무려 49.95명(999명의 5%)이 도로교통법을 어긴 것으로 판정이 난다는 뜻이다. 음주운전이면서 동시에 무작위 검문에도 걸릴 진짜 확률이 기저율이 되는데, 1을 양성반응이 나오는 사람의 수로 나눈 값이다(오측정된 양성반응 49.95에 진짜 양성반응 1명을 더하면 50.95명이므로 기저율은 1/50.95, 즉 0.019627이다). 95%라는 주의 집중 현저성이 높은 숫자가 아니라, 음주측정기로 무작위 검문을 해서 정확하게 음주운전자를 가려내는 진짜 확률은 2%에도 미치지 못한다!

문제를 맞히지 못했다고 애석해할 필요는 없다. 하버드 의대 학생들에게 비슷한 문제를 냈을 때 그들도 거의 절반이 95%라고 답했다.[1] 게다가 나 역시 직접 계산을 했는데도, 스토리의 논리성보다는 눈에 잘 띄는 것을 더 믿고 싶은 찜찜한 마음이 여전히 남아 있다. 이처럼 평균을 무시하는 것은 지극히 인간적인 성향이다.

여기서 교훈은, 평균을 고려하면 불확실한 미래를 적절히 준비하고 위험을 관리하는 방향으로 나아갈 수 있다는 것이다. 이혼율이 50%라면 결혼식 당일이라는 생애 가장 행복한 날에도 이혼할 가능성이 50%라는 말이 된다. 롱보드자산운용Longboard Asset Management의 조사에 따르면, 거의 40%의 주식은 그 종목의 수명을 놓고 보면 결국 손해가 나며, 64%는 브로드마켓 지수BMI보다 낮은 수익을 내며, 겨우 4분의 1의 주식만이 장기 이익을 가져다준다. 액티브 트레이더에게 이 사실은 몇 달을 조사하고 고확신으로 투자했더라도 그중 4분의 1만이 진정한 승리주가 된다는 뜻이기도 하다.

이런 냉엄한 현실에 기가 죽을 수 있지만, 그럼으로써 재앙을 피하는 만반의 준비를 할 수 있다는 사실도 인정해야 한다. 모든 부부가 결혼식장에 들어서기 전에 적절한 혼전 부부관계 상담을 받고 평생을 함께하는 것에 대해 신중히 고민한다면 어떻게 달라질까? 아니면 자산 운용 시장이 만용과 허세로 움직이지 않고, 타인의 돈을 관리하는 데 따르는 어려움을 충분히 숙지하고 인정하면서 일을 한다면? 우리가 평균치에 속한다는 사실을 인정하는 것이 지금 당장은 고통스러울 수 있지만, 그럼으로써 힘든 내일이 평생 이어지는 것을 방지할 수 있다.

단순한 해결책을 찾아라

내가 자란 앨라배마 주 헌츠빌은 전통적으로 우주산업에 공헌하고 있다는 자부심이 높은 도시다. 그래서 로켓 시티라는 애칭까지 있다. 헌츠빌 우주 체험 캠프와 미국 우주 로켓 박물관의 스카이라인을 지배하는 것은 인류를 최초로 달에 실어 나른 새턴 5Saturn V호 로켓이다. 전시의 주역은 의심할 여지 없이 새턴 5호지만, 최근 고향에 들른 내 눈을 잡아끈 것은 박물관 옥외에 전시된 우주왕복선이었다. 그 옆을 지나가는 내게 무언가 위화감이 들었다. 반짝거리는 전체 외관과 다르게 외부 탱크는 투박하고 녹까지 슬어 있었다. 조금 알아보니, 연료 탱크가 누렇게 녹슨 것은 디자인을 무시해서가 아니었다. 그보다는 단순한 해결책이 엄청난 힘을 발휘할 수 있다는 것을 보여주는 결과물이었다.

새턴 5호의 첫 두 비행인 STS-1과 STS-2 미션에서는 외부 연료 탱크도 고체 로켓 부스터나 궤도선처럼 눈부신 하얀색으로 칠했다. 그러나 처음 두 비행을 하고 난 후 우주왕복선에 약간의 다이어트가 필요하다는 결론이 내려졌다. 최고의 성능을 위해 왕복선 무게를 600파운드 정도 감량해야 했던 것이다.[2] 이런 숙제가 떨어졌어도 로켓과학자들은 흔들림 없이 자신들이 해야 할 일을 하기 시작했다. 그들은 최첨단 재료로 실험을 했고 공기역학의 효율성을 높일 방법을 찾았지만 다 허사였다. 좌절감이 하늘 높이 치솟은 상황에서, 과학자들의 이런 모습을 보고 한 저임금 조립 라인 근로자가 한마디 툭 던졌다. "탱크에 꼭 페인트칠을 해야 하나요?" 연료 탱크에 칠해지는 페인트의 무게가 딱 600파운드였고, 그 후로 못난 오렌지색 연료 탱크의 역사가 시작되었다.

아마도 당신은 금융시장에서 쓸 만한 기술 몇 가지를 기대하며 이 책을 읽고 있을지도 모른다. 고작해야 시장보다 몇 베이시스포인트Basis Point, BP 높은 수익을 내도록 도와주는 통찰과 식견이 가끔은 굉장히 효율적인 것처럼 느껴지기도 한다. 물론 몇 BP라면 괜찮은 이유가 되기는 하지만, 정면을 응시하기만 하면 찾을 수 있는 간단하고 효과적인 해결책을 간과해도 괜찮은 이유는 되지 못한다. 금융 데이터 금광의 열쇠지기인 모닝스타의 조사에 따르면, 수수료야말로 펀드 실적을 가늠하는 최고의 예측 지표다. 스타급 매니저나 경험적으로 타당한 과정이나 정보력이 아니다. 수수료다.[3]

투자회사 피델리티Fidelity의 한 팀도 진정으로 뛰어난 투자자의 행동이 무엇인지를 알아보기 위해 최고 실적을 내는 소매 계좌의 행동 패턴을 분석했다. 최고 실적 계좌의 소유주를 알아보았더니, 계좌 자체를 아예 잊고 있는 사람들이거나 죽은 사람들이라는 공통점이 있었다. 유능한 투자자의 복잡한 행동 특징에 대해서는 더 이상 말을 말자.

주의 집중 편향은 행동재무학 전문가 브라이언 포트노이Brian Portnoy가 '복잡성 집착fetish for complexity'이라고 말하는 행동을 하게 이끈다. 도요새를 잡을 적절한 도구를 손에 들고 있는데도 우리는 더 훌륭하고 위대한 계획을 세우려 하는 것이다.

제 꾀에 넘어가지 마라

영국 시인 알렉산더 포프Alexander Pope는 "어설픈 지식은 위험하다"라는 명언을 남겼다. 1709년에 발표한 《비평론An Essay on Criticism》에서 포프는 다음과 같이 적었다.

"어설픈 지식은 위험하다. 깊이 마실 것이 아니라면 시적 영감의 샘을 아예 마시지 마라. 축이기만 하는 정도에는 뇌가 취하고, 많이 들이마실 때 우리의 정신은 다시 깨어난다."

그러나 실제로는 포프가 얕은 지식의 위험에 대해 경고하기 훨씬 전 AB라고만 알려진 익명의 저자는 〈광신의 불가사의The Mystery of Phanaticism〉에서 비슷한 충고를 적었다.

"(…) 어설픈 지식은 부풀어 오르는 성질이 있어서 인간을 들뜨게 만든다. 그러나 지식이 커질수록 인간은 바로잡히면서 아래로 끌려 내려와 자신을 겸허히 생각하게 된다."

처음 말한 사람이 누구인지는 중요하지 않다. 어설픈 지식의 위험성은 행동재무학 연구를 절대적으로 지배하는 개념이고, 잘못된 의사 결정의 근원을 파헤치려는 사람에게는 중요한 교두보다. 자신과 인간 사고의 간교한 습성에 대해 조금 더 알게 되었다는 생각에 우리는 들뜨고 흥분해서 그 어설픈 지식을 빨리 써먹으려고 한다. 그러나 지식을 피상적으로 익히고 적용한다면, 그 피상적 지식으로 잘못된 의사 결정 과정이 더 심해지는 결과가 나올 수도 있다! 새로 배운 심리 편향에 대한 지식이 잘못된 추론 기계를 보강하는 또 하나의 톱니가 될 수 있는 것이다.

찰스 S. 테이버와 밀턴 로지는 논문 〈정치적 신념의 평가에 대한 회의주의 동기Motivated Skepticism in the Evaluation of Political Beliefs〉에서 그러한 사실을 입증했다.[4] 두 사람은 신념이 사고에 영향을 미치는 방식을 몇 가지 발견했는데, 어떤 신념은 교육을 받으면 오히려 더 굳건해졌다. 그중 대표적인 두 가지는 다음과 같다.

1. 태도 극단화(attitude polarization): 피험자들은 찬반 양쪽의 내용을 골고루 접한 후 오히려 처음의 생각이 더 강해졌다.
2. 정교화 노력(sophistication effect): 지식이 높은 피험자일수록 확증 편향, 불확증 편향disconfirmation bias, 뒷받침되는 주장을 반대 주장보다 더 중요하게 여기는 사전 태도 편향prior attitude effect이 더 강해졌다.

행동 편향에 대한 지식은 행동 동기를 성찰하게 하는 등대가 되어 주기도 하지만, 한편으로 현상을 유지하고 반대편을 두들겨 패려고 들고 다니는 몽둥이가 되기도 한다. 이런 지식의 오용을 피하려면 행동투자자는 개인적으로 크게 의미가 있거나, 진실이나 거짓이기를 간절히 바라는 사안에 대해서는 별도로 꼼꼼하게 조사해야 한다. 그리고 관점이 다른 사람의 피드백을 계속 들어야 하며, 결정의 효과를 직접 점검하고, 그런 생각과 행동을 하게 만드는 근원적 동기가 무엇인지도 조사해야 한다. 그렇게 할 때만 우리는 엉성하다 못해 쓸모없는 정보를 소중히 여기는 인간의 진짜 성향에 맞서 싸울 수 있다.

규모가 중요하다

워런 버핏은 가능성과 영향의 결합이 다국적 지주회사인 버크셔해서웨이Berkshire Hathaway가 하는 모든 일의 핵심이라고 말한다. "이득이 날 확률에 이득 가능액을 곱하고 여기에서 손실 확률에 손실 가능액을 곱한 값을 뺀다. 그것이 우리가 하려고 노력하는 일이다. 불완전하지만, 그것이 가장 중요하다." 더 구체적으로 말하면 확률적으로는 낮지만 큰 폭의 상승이나 하락이 기대되는 사건은 참작할 만한 가치가 충분하다는 것이다. 반대로 말하면 확률적으로는 높아도 상승이나 하락 폭이 제한적인 사건은 무시해도 좋다는 말이기도 하다.

행동투자자는 부정적 사건의 심리적 현실(우리는 이득보다 손실을 2.5배 싫어한다)과 수학적 현실(50%의 손실을 만회하려면 100%의 이득이 필요하다), 이 둘 모두에 특별한 관심을 기울여야 한다.

나심 탈레브는 《행운에 속지 마라Fooled by Randomness》에서 멋진 예를 들어 위의 사실을 설명했다. 탈레브는 동료 트레이더들과 만난 자리에서 다음 주에 시장이 상승할 가능성이 높다고 말했다. 그러나 그가 매도 포지션(공매도)을 취하고 있다는 사실을 안 트레이더들은 당황했다. 상승장이 예상되는데 매도 포지션을 취했다고? 왜 그랬는지 이유를 설명하기 위해 탈레브는 한 가지 표를 보여주었다.

탈레브는 발생 가능한 손실과 이득의 크기에는 비대칭이 존재한다고 믿었다. 시장이 상승할 확률이 (거의 언제나 그렇듯이) 훨씬 높았지만, 시장 하락은 가능성이 낮기는 해도 그 영향만큼은 훨씬 극적이었다. 따라서 그는 단순히 확률만이 아니라 기댓값을 추정하고 그에 따라 포지션을 구성했다.

사건	확률	결과	기댓값
시장이 상승한다	70%	+1%	+0.7
시장이 하락한다	30%	−10%	−3.0
총계	100%		−2.3

확률만 따진다면, 주의 깊은 투자자는 낙관주의를 사실상의 포지션으로 구성해야 한다. 시장은 대체로 오르기 때문이다. 그러나 투자자를 멈춰 세우고 더 신중한 자세를 취하도록 이끄는 두 가지 문제가 있다. 첫 번째는 시장이 하락할 확률이 높아지게 만드는 모멘텀 약화다. 두 번째는 잠재적 시장 붕괴의 강도를 높이는 지나친 고평가다. 장기 평균에서 멀어진 시장일수록 한번 지상으로 떨어지기 시작하면 그만큼 무시무시한 가속이 붙는다.

따라서 행동투자자는 모멘텀의 세가 약해지기 전까지만(확률), 그리고 평가 가치가 극단적으로 치솟기 전까지만(강도) 공격적으로 투자한다는 기본자세를 취해야 한다. 이런 태도는 확률을 중시하면서 동시에 잠재적 충격은 높지만 확률은 낮은 사건도 중시하는 접근법을 유지할 수 있다. 행동투자자는 언제나 두 가지 질문을 던져야 한다. '이 사건이 일어날 가능성은 얼마인가?' '이것은 얼마나 큰 사건인가?'

시간을 주어라

확률에 입각한 투자에서 가장 의욕을 떨어뜨리는 부분 중 하나는 올바른 행동이 언제나 좋은 결과를 보장하지는 못한다는 사실이다. 가끔은 위안이 되는 이야기도 없고 결과도 나쁜, 최악의 세상을 맛볼 수도 있다. 그런 어마어마한 통증에 비한다면, 규칙에 따라 움직였다는 것은 작은 위안도 되지 못한다. 확률에 입각한 투자가 자주 버림받는 것도 바로 그런 이유 때문이다. 시간을 두고 무수한 반복을 겪은 후에야 확률은 비로소 진가를 입증할 수 있다.

컬린 로셰Cullen Roche가 자신의 블로그 '실용적 자본주의Pragmatic Capitalism' 에서 지적했듯이, 시장은 하루하루 움직임만 보면 기본적으로 무작위로 움직인다.[5] 규칙을 충실히 따르는 행동투자자의 성공 확률은 다트 던지기를 하는 원숭이의 성공 확률과 비슷하다. 일일 변동에 따른 평균 이득은 0.03%에 불과하다.

월별 기준으로 보면 수익률 윤곽이 어느 정도 드러나지만, 그래도 여전히 잡음투성이다. 따라서 올바른 행동을 한다고 해도 좋은 결과를 얻는다는 보장이 거의 없다.

그러나 훨씬 장기적인 패턴을 관찰하면 진짜 패턴이 등장하기 시작한다. 1950년부터 현재까지 시장의 연간 수익률은 거의 13%로 뚜렷한 오름세의 추이가 등장한다. 지평을 길게 잡을수록 올바른 원인으로 좋은 결과가 나올 가능성이 더 높아진다. 행동투자가 효과를 보기 위해서는 시간을 길게 잡아야 한다.

행동투자를 원칙으로 포트폴리오를 구성하는 것은 축소판 보험회사를 운영하는 것과 비슷하다. 첫째, 보험회사는 부정적인 외부 요인을 막기 위해 심신 미약자를 걸러내야 한다. 이것이 윤리적으로 맞는지는 논쟁의 여지가 많지만 흡연자와 비만자, 유병자는 보험금을 청구할 가능성이 높으므로 보험회사는 그들에게 비싼 보험료를 책정한다. 마찬가지로, 행동투자자의 시작은 '무해한 행동'을 하는 것이다. 다시 말해, 사기성이 짙거나 파산 위험이 높아 보이거나 기타 비정상적으로 보이는 주식을 거른다.

둘째, 보험회사도 현명한 투자자도 투자를 분산한다. 튼튼한 철인 3종 경기 선수도 돌연사할 수 있듯이, 비싸지 않은 고품질 주식도 무언가가 촉매제가 되어 비운을 맞이할 수 있다. 올바른 이유에 따라 올바른 행동으로 보상을 얻을 가능성을 높이려면 위험을 묶음 처리해야 한다. 다시 말해, 분산투자를 해야 한다.

마지막으로, 인내해야 한다. 어떤 개인이든 장기적으로는 모두 불행한 예후를 맞는다. 아무리 식단을 조절하고 운동을 열심히 해도 질병과 죽음은 필연적이다. 그럼에도 보험회사들은 건재하다(너무 건재해서 탈이기는 하다). 이는 사람들 대부분 어지간한 기간에는 건강하게 지내기 때문이다. 마찬가지로 대다수 주식은 장기적인 예후는 충격적일 정도로 좋지 않다. 롱보드자산운용의 보고서 〈자본주의의 분배Capitalism Distribution〉를 보면 이 상황을 한눈에 파악할 수 있다.

- 39%의 종목은 수익을 내지 못했다.
- 18.5%의 종목에서 최소 75%의 비극적 손실이 발생했다.
- 64%의 종목은 러셀 3000Russell 3000보다 낮은 실적을 냈다.
- 25%의 종목에서 시장의 거의 모든 수익이 나온다.

보험회사가 질병과 죽음이라는 인간의 필연성에도 수익을 내는 것처럼, 행동투자자는 상당수 종목이 시장보다 낮은 실적을 내거나 휴짓조각이나 다름없어져도 높은 재무적 보상을 거둘 수 있다. 그러기 위해서는 일순간의 실패에 연연하지 않는 지구력, 그리고 시간의 검증을 이긴 원칙을 충실히 따르는 집요함이 요구된다. 무엇보다도, 인내할 줄 알아야 한다.

앞서 논했던 여러 편향처럼 주의 집중 편향 역시 긴장한 시스템이 현실의 지름길을 원하면서 만들어 낸 부산물이다. 가장 무섭고 요란한 정보를 전면에 내세우는 이런 시스템은 어떤 상황에서는 잘 돌아갈지 모르지만, 잔뜩 숨을 죽인 전문가와 패닉에 휩싸인 대중이 널린 세상에서 이성적으로 행동하려는 투자자의 노력을 허사로 만드는 원인이 될 수도 있다. 한 발 뒤로 물러나 앞에서 말한 세 가지 원칙을 실천에 옮길 때 행동투자자는 주위 모두가 이성을 잃을 때도 침착할 수 있다.

주의 집중 편향을 물리치는 포트폴리오 만들기

- 팩트 체크 '확률적으로'는 강력한 투자 언어다. 어떻게 해야 하는가? 복잡하고 거시적인 스토리는 주의 깊게 무시해야 한다.
- 팩트 체크 사건 발생 확률과 그 사건이 미칠 영향의 강도를 둘 다 중요하게 고려해야 한다. 어떻게 해야 하는가? 포트폴리오 전략은 낙관주의를 기본 설정값으로 삼되, '확률이 낮고 충격은 큰 사건'이라는 돌발 변수의 발생도 고려해야 한다.
- 팩트 체크 이론이 없는 데이터도, 데이터가 없는 이론도 허울뿐인 결과를 낳는다. 어떻게 해야 하는가? 투자 아이디어는 경험적 증거가 존재해야 하고, 이론적으로 합당해야 하며, 행동의 근거가 있어야 한다.

Chapter **11**

행동투자자는
감정을 관리한다

"나는 내 감정에 휘둘리고 싶지 않다. 나는 내 감정을 이용하고 즐기고 지배하고 싶다."

— 오스카 와일드, 《도리언 그레이의 초상(The Picture of Dorian Gray)》

8월 26일 저녁, 마틴 루서 킹Martin Luther King 목사는 다음 날 링컨 기념관 앞에 운집할 수십만 지지자에게 해야 할 연설을 준비하지 않은 채로 워싱턴에 도착했다. 같은 날 연설을 하기로 되어 있는 동료 연사들은 사전 준비를 다 하고 연설문 사본까지 미리 배포했지만, 연설에 진정성과 시급성을 담고 싶었던 킹 목사는 과도한 준비가 오히려 연설을 망치는 독이 될 수 있다는 생각에 연설문 작성을 그때까지도 망설였다. 그날 밤, 이 위대한 영웅은 펜을 종이에 대고 연설문을 쓰기 시작했지만 한밤이 지나도록 연설문은 완성되지 못했다. 펜을 놓고 침대에 누웠을 때 그가 준비한 연설문에는 "나에게는 꿈이 있습니다" 말고는 아무 말도 적혀 있지 않았다.

킹 목사는 인종 화합에 대한 연설을 생각하면서 연단으로 향했다. 지금은 모두가 다 아는, 킹의 대표적인 웅변 문구는 그가 준비한 내용에는 들어 있지 않았다. 연설을 시작하려는데, 청중 속에 있던 복음성가 가수인 머핼리아 잭슨Mahalia Jackson이 큰소리로 외쳤다. "꿈에 대해 말해 주세요." 5년 전 킹이 인종 통합을 꿈꾸며 디트로이트에서 했던 연설을 상기시키는 말이었다. 준비한 노트를 옆으로 제친 킹은 마음속에서 우러나오는 연설을 시작했다. 미국 역사상 가장 강력한 명연설이 시작되는 순간이었다. 킹 목사는 자신이 시민권 운동을 하면서 느낀 감정을 이 즉흥 연설로 고스란히 표현했는데, 이는 미국의 모든 세대에게는 지독한 편견의 역사를 되돌아보게 하는 계기가 되었다. 그리고 그날, 감정의 고삐를 푼 킹은 위대한 유산을 남겼고 나라의 운명마저 뒤바꿨다.

감정의 고삐를 푼 것이 킹 목사에게 도움이 된 이유는 무엇인가? 노예제도와 짐 크로Jim Crow(시골뜨기에 무지렁이로 흑인을 희화하고 경멸하는 뜻으로 쓰이는 말. 과거 인종 분리 정책의 법안 이름도 짐 크로 법이었다-옮긴이)라는 유산에 물든 미국인의 징신을, 더 중요하게는 마음을 바꾸는 것이 그의 소명이었기 때문이다. 그러나 앞에서도 말했지만 어떤 상황에서는 합리적이고 추천할 만한 행동 변화일지라도, 투자자로서 정통과 전통에 얽매이지 않는 행동이 요구되는 상황에서는 오히려 부작용을 불러일으킬 수 있다. 전작인 《부의 법칙》에서 나는 일상의 현실과 이른바 월스트리트의 비자로 월드Bizarro World(DC 코믹스에 등장하는 허구의 정육면체 행성인 헤트라이를 뜻하는 가상 세계. 여기에서 발전해 대중문화에서는 다 뒤집혀 있거나 기대와는 정반대의 결과가 나타나는 세상을 가리키는 의미로도 쓰인다-옮긴이)는 여러 측면에서 다르게 움직인다고 설명했다. 몇 가지만 예를 들면, 월스트리트에서는 현재보다 미래가 더 확실하며, 군중보다 개인이 더 똑똑하고, 적게 움직이는 것이 많이 움직이는 것보다 낫다. 그리고 더 빠르고 현명하게 일상의 결정을 내려야 할 때는 도움이 되는 감정이라는 것이 투자 결정 문제에서는 심각한 방해가 될 수 있다는 사실도 어렵지 않게 목록에 덧붙일 수 있다.

감정 편향은 그 순간의 감정 상태와 우리 개인의 긍정적 성향이나 부정적 성향이 위험 지각을 왜곡하는 데서 시작한다. 감정은 불길한 일이 벌어질 가능성을 과소평가하게 하고(낙관 편향), 실패를 생각하는 것을 피하게 하며(타조 효과), 감정이 의사 결정에서 차지하는 중요한 역할을 무시하게 한다(공감 격차empathy gap). 몰아닥치기 시작한 두려움의 강력한 힘에 사로잡혀 우리는 고통을 피하려고만 하면서 움직일 생각도 하지 않는다(부정성 편향negativity bias). 그러나 합리적 투자 과정을 파괴하는 이 모든 감정 편향에도 불구하고, 많은 투자자는 직관적 육감을 발휘해 투자 결정의 방향을 잡기도 한다. 투자에서 감정적 요소를 제거하는 것이 가능하기는 한가? 가능하다면 없애는 것이 바람직한가? 아니면, 이 소중한 장치를 테이블에 그대로 두어야 하는가?

감정에 대한 이해가 넓어지고는 있지만, 감정의 종류는 무한하다. 르네 데카르트René Descartes는 6개의 핵심 감정이 존재한다고 믿었다. 영향력에서 그에 뒤지지 않는 픽사의 영화 〈인사이드 아웃Inside Out〉은 5개의 핵심 감정을 설명하지만, 현대의 연구자들이 그리는 그림은 훨씬 섬세하고 문화에도 크게 의존한다. 티퍼니 와트 스미스Tiffany Watt Smith는 이렇게 설명한다.

"우리의 가장 동물적인 자아가 가진 감정 중에서도 두려움은 종류를 나누기가 불가능한 감정이라고 생각할 수도 있다. 그러나 호주 서부 사막에 사는 핀투피족은 두려움을 무려 15가지 종류로 나눠 말한다. 이를테면, 놀라 펄쩍 뛰며 주위를 둘러보게 만드는 섬뜩한 두려움이 있고(nginyiwarrarringu), 적이 복수를 도모하고 있다는 데서 느끼는 서서히 차오르는 두려움이 있고(ngulu), 악한 정기가 주위에 있다고 느끼는 공포심(kanarunvtju)도 있다."

감정 도해를 그리기가 까다로운 두 번째 이유는 복합적으로 느끼는 감정도 있다는 것이다. 예컨대 향수병은 슬픔과 그리움, 애정, 기쁨이 골고루 섞인 감정이다. 와트 스미스 박사는 자신이 직접 편찬한《감정 총람: 분노에서 방랑벽까지, 감정 백과사전The Book of Human Emotions: An Encyclopedia of Feeling from Anger to Wanderlust》에서 150여 종류가 넘는 감정에 이름을 붙이고 자세히 설명한다. 열 손가락으로만 세도 남는 데카르트의 감정에 비하면 장족의 발전이다.

감정에 이름을 붙인다고 해서 뭔가 크게 달라지지는 않지만 요점은, 감정은 강력하고 침투력이 크며 우리의 모든 선택과 순간에 영향을 미친다는 사실이다. 감정은 결정을 내리는 데 도움이 되기도 하고 방해가 되기도 한다. 그러나 그런 과정을 겪어야만 우리는 감정의 힘과 편재성을 깨닫고 그것을 때와 장소에 맞게 효과적으로 사용하는 능력을 기를 수 있다. 이런 노력을 시작하려면 다음의 내용을 숙지해야 한다.

감정을 극복하기 위한 도구

감정은 무찌르는 대상이 아니라 함께 어울리는 친구다

많은 무술은 공격자가 휘두르는 기세와 힘을 역이용하는 이른바 자기 방어 순환 이론에 의지한다. 팔을 한껏 뻗으며 전속력으로 당신에게 돌진하는 가상의 공격자를 상상해 보자. 그가 전력으로 휘두르는 주먹에 정면으로 맞는 대신 당신은 한 발짝만 살짝 움직여 가격을 피한다. 그는 팔을 내뻗은 채로 당신 옆을 지나고 반격을 가할 빈틈이 생겨난다. 이렇게 강한 힘과 '함께' 움직이지만 '맞서지 않는' 접근법은 현명한 투자 결정을 내리기 위해 감정을 관리하려는 투자자에게 귀한 교훈이 된다. 당장이라도 감정을 억제하고 차단하고 싶은 생각이 들 수 있지만, 그것보다는 원하는 결과가 나오도록 감정의 용도를 바꾸는 것이 더 적절한 방식일 수 있다.

행동재무학을 흔히 투자자가 자신의 비합리적이고 성가신 편향을 없애고 경제학자들의 오랜 열망인 호모 에코노미쿠스로 재탄생하기 위한 수단쯤으로 생각한다. 우리가 원하는 대로 비합리성을 제거할 수 있다면 완벽한 재무 결정도 꿈은 아니다. 그러나 문제는 얼토당토않은 비합리적 행동이 때로는 재무적 목표를 이루는 데 큰 도움이 되기도 한다는 사실이다. 행동투자자가 되려면 교과서가 정의하는 합리성에만 집착해서는 안 된다. 그보다는 인간의 특이한 속성을 이해하고 그런 편향을 제대로 이용하는 것이 더 중요하다.

노벨경제학상 수상자인 리처드 탈러가 처음으로 발견하고 이름 붙인 '심적 회계mental accounting'라는 개념이 있다. 돈에 어떤 이름을 붙여서 구분했는지에 따라 그 돈의 지출과 저축이 달라진다는 것을 의미하는 개념이다. 연구 결과에 따르면, 환급이라는 명칭이 붙은 돈은 저축을 하는 편이고 보너스로 나오는 돈은 지출로 나가는 성향이 크다고 한다. 버락 오바마Barack Obama와 그의 경제 보좌관(리처드 탈러도 그중 하나였다)들은 대침체기 이후 나눠 준 장려금에 이러한 효과를 이용해 보너스라는 명칭을 붙였다. 이는 장려금 수령자들이 받은 돈을 저축하지 않고 대형 스크린 TV를 사도록 유도하기 위해서였다.

이 단순한 개념인 심적 회계는 돈을 안전, 소득, 성장 바구니로 구분하고 그에 맞게 투자하는 목표 중심 투자, 다시 말해 개인 벤치마킹 투자의 기준이 된다. 돈을 나누고 이름을 붙이는 간단한 작업만으로도 저축과 투자가 달라질 수 있다는 것이 믿기지 않을 수 있지만, 조지 로웬스타인은 그 이유를 이렇게 설명한다. "시시해 보이는 과정이지만, 돈에 용도별 이름을 붙이는 것은 은퇴저축 계좌에 극적인 영향을 미칠 수 있다. 아마르 치마Amar Cheema와 딜립 소먼Dilip Soman(2009)은 통장에 따로 이름을 짓고 보관 봉투에는 자녀 사진을 붙였더니 이 계좌를 개설한 저소득 부모의 저축률이 거의 2배로 올랐다는 사실을 발견했다."

자녀를 사랑하는 마음을 이용했더니 저축률이 2배로 늘어나는 것이 이성적인 행동일까? 절대 아니다. 우리는 이런 행동을 이해하고 이용할 수 있을까? 물론이다.

리처드 탈러는 해롭다고 인식되는 행동 편향을 유익하게 이용할 수 있다는 사실을 보여주기에 모자라지 않는 능력과 머리를 갖춘 사람이었다. 아무 행동도 하지 않으려는 현상 유지 편향을 예로 들어 보자. 인간은 한번 결정을 내리면 거기에 다시 의문을 품지 않는 성향이 있다는 사실을 잘 알기 때문에 탈러는 노후 준비가 전혀 되지 않은 미국인들의 저축률을 높이는 데 이 편향을 이용했다. 이렇게 해서 그가 만든 저축 프로그램이 '내일은 더 저축합시다'로, 은퇴계좌에 저축이 자동으로 이체되고 급료가 오르면 이체액도 같이 자동으로 오르는 제도였다.[1] 저축자들로서는 매달 저축액을 결정하는 것보다 처음에 설정하고 잊어버리는 것이 훨씬 쉬웠고, 탈러는 그 사실을 잘 이해했다. 어떤 행동을 결정하고 나면 평생을 거기에 대해 의문조차 갖지 않을 수 있다는 현상 유지 편향에서 빠져나가기는 쉽지 않다. 이것은 명백하게 비이성적인 행동이기는 하다. 그러나 이런 인지 편향을 이용한 단순한 저축 프로그램이 미국 은퇴계좌의 저축을 290억 달러 이상 늘리는 데 기여했다.[2]

이성적인 행동이 아니면 어떤가. 탈러와 그의 동료들이 발견했듯이, 심리적 오류도 잘만 이해하면 유익한 것으로 바뀔 수 있다. 게으름 피우고 싶어 하는 천성, 변화를 회피하려는 성향, 그리고 지나치게 감성적인 성향도 얼마든지 도움이 되는 도구가 될 수 있다.

명상하라

명상과 마음챙김mindfulness에는 나와 같은 냉소적 회의론자들이 무조건 반대 의견을 말하게 할 만큼 지난 몇 년간 끝없는 찬양 논리가 쏟아졌다. 어쨌거나 자본시장만이 아니라 인생사 전반에서도 너무 좋은 것은 진실일 리가 없는 경우가 많기 때문이다. 그러나 명상을 깊이 파헤칠수록 나는 사람들이 명상을 외쳐대는 이유를 이해하게 되었고, 수천 년을 이어온 영적 수행이 어쩌면 내 순진한 회의주의가 생각하는 것보다 더 많은 것을 가르치고 있다는 확신이 생기게 되었다. 레이 달리오Ray Dalio,

폴 튜더 존스Paul Tudor Jones, 블랙록BlackRock, 골드만삭스Goldman Sachs가 충분히 좋다고 생각한다면(이들 모두 직원 명상 프로그램을 운영한다), 그리고 전 세계에 명상을 하는 사람이 수십억 명이나 된다면, 명상에도 무언가 좋은 점이 있지 않겠는가.[3]

이 책에서 중요하게 다루는 주제 중 하나는 중요한 재무 결정을 내릴 때 반사적 사고를 늦추기 위해 노력하는 것이 결과의 개선으로 이어질 수 있다는 사실이다. 대니얼 카너먼이 명명한 '빠른 사고'는 우리가 휴리스틱과 편향, 지름길에 의존하도록 이끌고, 어느 정도 노력이 들어가야 하는 '느린 사고'는 전후 관계를 완전히 파악하면서 결정을 내리도록 유도한다. 한 연구에서 마음챙김 명상을 끝낸 참가자들에게 인종과 나이와 관련해 은연중에 무엇이 연상되는지 물어보았다. 그들은 마음챙김 명상을 다 끝내지 않은 상태로 질문을 받은 통제 집단보다 편향을 적게 보였다.[4] 반사적 사고를 늦추고 각성 상태를 높이는 단순한 행동이 케케묵은 편향에 대한 의존을 줄였고, 참가자들에게는 다양한 연령과 인종을 일반화하여 판단하지 않고 개개인의 장점을 고려하게 했다. 투자 결정에 이처럼 미세한 차이를 존중하는 사고는 그 긍정적 잠재력이 무궁무진할 정도로 높다.

지나친 단순화일 수도 있지만, 금융시장 안팎으로 흐르는 감정은 두려움이거나 탐욕이거나 둘 중 하나다. 이 두 감정을 길들일 수 있는 것이 명상이다. 47건의 실험과 3515명의 참가자들에 대한 메타분석에서 명상은 초조함과 우울감과 고통을 줄인 것으로 드러났다. 이보다 결정적인 증거는 아니지만, 스트레스 수준을 낮추고 전체적인 삶의 질을 높이는 데 도움이 된다는 것도 확실하게 밝혀졌다.[5] 두려움과 탐욕의 스펙트럼에서 두려움 쪽으로 기울어진 사람들에게 명상은 강력한 처방약이다.

명상은 두려움을 줄일 수 있지만, 연구에 따르면 우리가 보상을 생각하고 기대하는 방식도 바꿀 수 있다고 한다. 보상 추구는 인간의 보편적 행동이나 극단적 보상 추구는 탐욕이 되어 온 정신을 지배해 주관적 행복의 중요성을 폄하하게 하거나 버나드 메이도프Bernard Madoff식의 폰지 사기 등에 이르기까지 어떤 잘못된 결과로도 이어질 수 있다. U. 커크U. Kirk, K. W. 브라운K. W. Brown, J. 다우너J. Downar는 명상을 한 34명의 참가자와 하지 않은 44명의 통제 집단을 대조한 실험을 발표했다. 보상을 기대하는 실험에서 명상을 마친 참가자들은 명상을 하지 않은 통제 집단과 비교했을 때 미상핵과 복내측전전두피질의 신경 활동이 낮았다. 쉽게 설명한다면, 명상을 하는 사람들의 뇌에서는 탐욕과 연관되어 보상을 기대하고 바라는 영역이 활발히 움직이지 않는다는 뜻이다. 두려움과 탐욕은 예금 인출 소동, 투자 거품, 친분을 이용한 사기 등 최악의 금융 결정을 내리게 하는 일등 공신이지만, 마음챙김 명상이라는 단순한 행동만으로도 길들일 수 있다는 사실이 입증되었다.

무엇보다 인상 깊은 점은 명상이 우리 몸을 재구성하는 데 어느 정도 기여한다는 증거가 하나둘 늘고 있다는 것이다. 공상과학소설에나 나올 법한 말이지만 사실이다. DNA의 말단 조각인 텔로미어는 세포분열 과정에서 염색체 끝부분을 보호하면서 염색체 정보가 소실되지 않도록 막아 준다. 텔로미어 자체는 특정 질병의 원인이 되지 않지만, 노화가 진행될수록 텔로미어의 길이가 짧아지고 당뇨병이나 심장병, 암, 정신질환이 있는 사람의 텔로미어도 역시 짧은 편이다. 린다 E. 칼슨Linda E.

Carlson 박사는 텔로미어를 운동화 끈의 올이 풀리지 않도록 제일 끝을 감싼 플라스틱 조각에 비유한다.

명상이 신체 건강에 미치는 영향을 연구하기 위해 칼슨 박사는 유방암 완치자들을 세 집단으로 분류했다. 첫 번째 집단에게는 2개월 동안 명상과 요가를 무작위로 병행하게 했고, 두 번째 집단은 조금 더 긴 기간 테라피 치료 프로토콜을 진행하도록 했으며, 마지막 통제 집단에게는 여섯 시간 과정의 스트레스 관리 훈련을 받게 했다. 88명 피험자의 혈액을 분석한 결과, 명상 집단과 테라피 치료 집단의 텔로미어 길이가 스트레스 관리 훈련을 받은 집단보다 훨씬 길어져 있었다. 명상이 정신적 평온을 유지하는 데 도움이 되는 만큼 신체적 건강을 보존하는 데도 도움이 된다는 놀라운 결과가 나온 것이다.[6]

사원의 승려들처럼 명상을 해야 한다는 뜻이 아니다. 마음을 다스리기 위해 머리를 깎고 승복을 입어야 한다는 말도 아니다. 어떤 판단의 잣대도 들이대지 않고 현재의 생각과 행동을 있는 그대로 주시하는 것이 마음챙김과 명상의 핵심이며, 이는 누구라도 조금만 노력하면 가능한 일이다. 제이슨 보스Jason Voss가 협회장으로 있는 국제재무분석사협회는 초보 명상자들을 위해 몇 가지 현실적인 툴을 개발했다. 모바일 명상 앱도 있고, 인터넷에서도 초보자에게 도움이 되는 많은 조언을 얻을 수 있다. 나처럼 명상을 회의적으로 바라보던 사람들에게는《10% 행복 플러스Meditation for Fidgety Skeptics》가 도움이 될 것이다.

현재의 순간을 놓치지 않는 투자자는 감정을 자기 것으로 만들고 이름 붙이고 이해할 수 있으며, 중요한 결정을 내릴 때 감정에 맹목적으로 휘둘리지 않을 수 있다.

강렬한 감정을 다스리는 법

이 책 전체에서 나는 자산 운용 매니저는 어떻게 투자 결정을 내려야 하는지에 대해 다소 논란의 여지가 많은 생각을 여럿 설명했다. 나는 투자에서는 체계적인 접근법이 최상의 방법이며, 매니저는 극히 제한적인 재량권만 가져야 한다고 믿는다.

우선 매니저 보상을 정하는 기준은 원칙과 과정을 충실히 준수하는지 여부이며, 실적에 따른 보상은 철저히 배격해야 한다. 투자 운용 매니저가 운용 결정을 내리는 데 쓰는 이상적인 시간은 1년에 4~12일이며, 나머지 361일은 기존 생각에 대치되는 투자 아이디어가 있지는 않은지 조사하는 데 쏟아야 한다.

이런 실적 불가지론에 1년 4일 근무를 주장하는 내 의견에 고개를 크게 끄덕이며 따를 사람이 있을 것이라고는 생각하지 않는다. 그래서 대신 나는 최고의 시스템마저 쓸모없게 만들 수 있는, 강한 감정을 다스리도록 도와줄 몇 가지 도구를 제안하려 한다. 어쨌거나 아무리 경험적으로 입증되었어도 패닉의 순간에 제 역할을 하지 못하는 합리적 시스템(이것은 어떤 시스템도 예외가 아니다)은 시스템이 전혀 없는 것이나 다름없다.

원칙에서 벗어나 헤매고 있다는 느낌이 들 때는 미셸 맥도널드Michele McDonald가 극심한 스트레스를 관리하기 위해 제안한 간단하지만 효과는 강력한 R.A.I.N. 모델을 따르는 것이 도움이 될 수 있다. 방법은 다음과 같다.

- 인식(Recognition): 당신의 몸과 마음에서 벌어지는 현상을 신중하게 관찰하

고 이름을 짓는다. '내 심장과 머리가 뜀박질을 하고 있어'라는 식이다.

- 수용(Acceptance): 앞에서 관찰한 현상이 무엇이건 그 존재를 인정하고 수용한다. 그 현상을 좋아할 필요는 없지만, 무찌르려고 해봤자 사태만 더 나빠진다.

- 조사(Investigation): 머릿속에서 되뇌는 스토리가 무엇인지 알아보고, 지금 어떤 생각이 떠오르는지 살펴본다.

- 비동일화(Non-Identification): 스트레스를 인식하고 수용하고 조사하는 작업까지 마쳤다면, 어떤 감정도 당신보다 크지 않다는 것을 깨달아야 한다. 감정을 느끼는 것과 감정이 당신을 정의하게 두는 것은 다르다.

합리적 사고는 차갑고 무익하며 한가한 놀음이라고 생각될 수 있다. 반대로 감정은 당장 피부로 와닿고 시급하며 현실감이 잔뜩 든다. 이렇게 감정은 초점을 집중하는 힘이 있기 때문에 우리는 감정으로 느끼는 현실과 외부의 진짜 현실을 구분하지 못한다. 감정적 반응의 전조 현상을 인식하고 수용하고 조사할 수 있어야 한다. 그때에야 감정은 진실 추구라는 커다란 직물을 이루는 귀중한 정보 조각이 될 수 있으며, 감정을 진실이라고 착각하는 실수도 사라진다.

규칙의 자동화, 자동화, 자동화

처음에는 이 책의 제목을 '규칙의 자동화, 자동화, 자동화'로 지을까 생각하기도 했다. 아무리 봐도 좋은 제목은 아니고, 독자들은 이 지나치게 단순한 제목을 쳐다보지도 않을 것이다. 그러나 시장에 어떤 풍파가 몰아닥쳐도 체계적인 투자 규칙을 절대적으로 따를 수만 있다면 고통스러운 감정의 상당 부분을 제거할 수 있다는 것도 엄연한 사실이다. 이런 사실을 가장 생생하게 보여주는 것이 호메로스의 서사시《오디세이》에 나오는 그리스 이타카 왕 오디세우스의 일화다. 보통 오디세우스라고 하면 트로이 전쟁에서 목마에 몸을 숨기고 적의 요새에 잠입했던 일이라든가 전쟁이 끝나고 고향 땅을 밟기까지 걸린 10년의 여정을 떠올린다. 그러나 이 책에서 우리가 주목해야 할 부분은 전사로서 오디세우스의 능력이 아니다. 그것보다는 그가 보인 가장 중요하다면 중요할 수 있는 행동에 주목해야 한다. 그것은 바로 자신을 묶는 행위다.

그리스 신화에서 세이렌은 아름다운 노래와 외모로 선원들을 유혹해 그들의 배를 암초로 돌진하게 만드는 위험한 바다의 요정이다. 그러나 오늘날 흔히 묘사되는 모습과 달리 그리스 신화의 세이렌은 단순히 치명적인 인어라고만 알려지지는 않았다. 세이렌이 선원들의 귓가에 속삭이는 노래에는 지혜의 원천이 담겨 있었다. 다만 그것이 선원들이 듣는 마지막 말이기 때문에 들어봤자 소용이 없다는 점이 문제였다. 목숨이라는 최후의 대가를 치르지 않고 세이렌의 지혜를 얻어낼 방법을 알아내야 했지만, 오디세우스 전까지 아무리 노련한 선원도 그 방법을 알아내지 못했다.

키르케에게 남은 항해에 대한 조언을 들은 뒤 오디세우스가 찾아낸 수법은 선원들에게 밀랍 덩어리로 귀를 막고 자신을 돛대에 단단히 묶게 한 것이다. 그러면 선원들은 세이렌의 노래에 넘어가지 않을 수 있고, 오디세우스 본인은 세이렌이 알려주는 지혜를 들을 수 있다. 예상했던 대로 오디세우스는 세이렌의 노래를 듣는 동안 몸부림을 치면서 풀어 달라고 선원들에게 애원했다. 그러나 선원들은 오디세우스가 정한 원칙을 충실히 따르면서 그의 호소에 꿈쩍도 하지 않았다. 강인한 힘과 행동력을 갖춘 오디세우스처럼 대담하고 적극적인 생활방식이 몸에 배어 성공한 투자자는 많다. 그러나 오디세우스는 때로 절제가 어째서 가장 신중한 행동이 될 수 있는지를 단적으로 보여주는 예이기도 하다.

　최고의 지식과 실력을 갖춘 전문 투자자도 한순간의 충동적 행동을 언제라도 조절할 수 있다고 착각하는 이른바 '절제 편향restraint bias'에서 자유롭지 못하다. 세상 모든 사람이 종합 영양 정보를 잘 숙지하고 있다고 해도, 스트레스가 치솟을 때는 도넛 하나를 베어 무는 것이 아스파라거스를 먹는 것보다 심적으로 더 큰 만족감을 준다는 사실을 바꾸지는 못한다. 패닉에 휩싸여 성급히 손절매를 하거나 속 빈 강정에 불과한 글래머 주식(즉 인기주)을 비싸게 매수하는 것은 지식이 부족해서가 아니라 절제심이 없기 때문이다. 행동투자자는 오디세우스의 발자취를 좇아야 한다. 최상의 결과를 거두기 위해 노력하되, 감정이 격해지는 순간에는 스트레스에 휘둘릴 수 있다는 사실을 인정해야 한다. 행동투자자는 자신도 도넛에 손이 가는 날이 오게 된다는 사실을 절대 잊지 말아야 한다.

감정을 인식하는 방법을 배워라

잠시 책을 내려놓고 심호흡을 한 뒤 자신에게 묻자. '지금 내 감정은 어떤 상태인가?' 생각만큼 감정을 규명하기가 쉽지는 않을 것이다. 가진 능력만으로 알아내려 한다면 어느 순간 지금의 감정이 진실이 된다. 그냥 그렇게 된다. 감정은 워낙 자연스럽게 퍼져 나가고 또 지름길 역할도 하기 때문에 인간이 지금의 감정 상태를 정의하려고 노력한다는 것은 물고기가 물속에 있는 것이 어떤 기분인지를 규명하려고 노력하는 것과 비슷하다. 그렇긴 해도 감정을 인식하고 정의하는 작업은 행동투자자에게 대단히 중요하다. 감정은 우리가 위험을 평가하고, 돈을 생각하고, 시간의 상쇄를 경험하는 방식에 극적으로 영향을 미치기 때문이다.

예를 들어 하버드대학교의 연구에 따르면, 슬픔에 빠진 사람은 당장 급여가 34% 줄어도 받아들인다고 한다. 이 실험은 슬픔이 미래를 건설하는 능력을 없앤다는 사실을 확실하게 입증한 셈이다.[7] 그러나 시간 감각을 무디게 하는 감정은 슬픔만이 아니다. 분노 역시 조바심을 늘린다는 것이 입증되었으며, 사실상 모든 강렬한 감정은 당장의 눈앞만 보게 만들고 조바심을 증폭하는 힘이 있다. 경험적 증거를 원하는 투자자에게 조금 있는 희망마저 앗아가는 두 가지 최악의 상황이다.[8] 두려움이 불확실성을 느끼는 마음을 증폭한다면 반대로 분노는 자신감을 주입한다. 분노에 빠진 사람은 더 큰 위험을 감수하고 잠재적 위험을 축소하여 평가한다.

감정을 배제하고 투자 결정을 내리는 것은 바람직하지도 않고 가능하지도 않지만, 자신의 감정을 똑바로 인지하는 능력을 기르거나 감정이 위험과 기회를 평가할 때 어떤 영향을 미치는지 이해하는 능력을 기르는 일은 불가능하지 않다. 이런 능력이 위기의 순간 진가를 발휘할 수 있게 하려면 시황이 좋을 때나 나쁠 때나 열심히 의식적으로 연마해야 한다. 초보자이니 지금 닥친 상황에 눈과 귀가 멀어 감정이 격해지고 있다는 것을 알아채지 못할 수도 있다. 지금 당장 자신이 비이성적으로 분노하거나 기뻐하고 있다고 느끼지 못한다. 그저 당연한 감정이라고만 생각한다.

알코올이나 도박 중독자를 위한 12단계 치료 프로그램인 H.A.L.T.는 투자자들에게도 도움이 된다. H.A.L.T.는 배고픔hungry, 분노angry, 외로움 lonely, 피곤함tired의 약어로, 이 네 가지 감정 상태일 때는 어떤 중요한 결정도 내리지 말아야 한다.

감정이 있어서 우리의 삶은 풍요로워지고 빠른 의사 결정도 가능하지만, 감정이 극단으로 치달으면 빤히 보이는 해결책도 보지 못할 수 있다.

감정 내성형 포트폴리오 만들기

- `팩트 체크` 직관은 빠르고 믿을 수 있는 피드백을 주는 영역에서만 존재한다. `어떻게 해야 하는가?` 투자자가 본능에 귀를 기울인다는 것은 바보에게 조언을 구하는 것과 같다.
- `팩트 체크` 신체 반응은 행동을 충동질하지만 그 행동에 대한 정신적 분석은 나중에나 이뤄진다. `어떻게 해야 하는가?` 모델을 만들고 철저히 따른다.
- `팩트 체크` 개개인의 변수보다는 상황적 변수가 더 중요한 행동 조짐이다. `어떻게 해야 하는가?` 금융 뉴스를 시청하거나 주식계좌 잔액을 자주 확인하는 등 감정적 반응을 부추기는 상황을 피해야 한다.
- `팩트 체크` 의지력은 빨리 고갈된다. `어떻게 해야 하는가?` 다른 방법이 없다. 모델을 만들고 철저히 따르는 수밖에.

행동투자자의
포트폴리오

THE
BEHAVIORAL
INVESTOR

DANIEL
CROSBY

앞에서 투자 결정을 내리면서 부딪히게 되는 사회학적 어려움을 살펴보았다. 구체적인 이유는 우리가 합리성보다는 사회적 응집을 중시하면서 결정을 내리는 종의 구성원이라는 데 있다. 그다음으로는 진화와 설계의 경이로움을 보여주는 뇌와 신체가 어떻게 부를 쌓는 일과 상극을 이루는지도 관찰했다. 마지막으로 장소와 개개인의 사정에 얽매여 생겨나는 네 가지 행동 편향을 살펴보았다.

이 모든 설명은 지식을 위한 지식을 전수하기 위해서가 아니었다. 그보다 투자 결정을 내려야 하는 제반 상황에 대해 전체 맥락을 파악하고, 사람으로서 저지르기 마련인 착오에도 흔들리지 않는 투자 시스템을 발전시키기 위한 것이 목표였다. 다시 말해, 올바른 원칙을 가르치고 특별한 포트폴리오를 만드는 능력을 기르게 한다는 목표에서 한 설명이었다. 행동투자 포트폴리오를 운용하는 데 하나의 '정답'은 존재하지 않지만 다음의 공통된 원칙만은 분명하게 입증되었다.

- 시스템은 자율적 재량권을 이긴다.
- 분산투자와 확신 투자는 공존할 수 있다.
- 거품주 붕괴를 준비하되, 거기에 지나치게 신경을 집중하지 않는다.
- 정보를 다룰 때는 적은 것이 많은 것이라는 사실을 명심한다.
- 증거, 이론, 행동의 근거를 찾아야 한다.

정도의 차이는 있지만 금융계 전반이 이 책에서 설명한 행동재무학에 관한 진실을 수용하고 있다는 것은 그만큼 비교적 짧은 시간 안에 행동재무학이 상당히 발전했다는 뜻이기도 하다. 그러나 투자 운용 세계에서 이론과 응용 사이의 틈은 여전히 크다. 인간이 오류투성이이고 시장이 비효율적이라는 사실을 인정한다고 해도, 행동과학을 깊이 이해하고 어떨 때는 투자 과정을 완전히 재창조해야 한다는 사실을 받아들이는 것은 또 다른 문제다. 제4부에서는 행동과학을 바탕으로 주식 포트폴리오를 만드는 구체적인 방법을 제시함으로써 투자를 재창조하는 작업에 들어갈 것이다.

제3의
부의 원칙

최근 몇 년 동안 '패시브 투자 대 액티브 투자'를 놓고 다소 신랄한 난상 토론이 벌어졌다. 뜨거운 토론이 다 그렇듯이, 이 논쟁에서도 사실이 무엇인지는 별로 중요하지 않았다. 참가자들은 사실을 토론하기보다는 서로를 비난하는 데 더 열중하는 모양새다. 행동투자자는 무엇보다도 증거 지향적인 투자자가 되어야 하며, 감정에 휩쓸리는 투자자들이 자주 무시하는 회색빛 진실을 추구해야 한다. 이 목표를 달성하기 위해 지금부터 우리는 패시브 투자와 액티브 투자의 장단점을 검토하고, 내가 규칙 기반 행동투자Rules-based Behavioral Investing, RBI라고 이름 붙인 제3의 길도 살펴볼 것이다.

	RBI	패시브 투자	액티브 투자
저수수료	✓	✓	
분산투자	✓	✓	✓
잠재적 초과 실적	✓		✓
낮은 회전율	✓	✓	
편향 관리	✓		

패시브 투자: 측정하려다 다 망친다

"체스든, 브리지든, 종목 발굴이든 머리로 승부하는 시합에서 생각은 시간 낭비라고 배운 사람들을 상대하는 것만큼 유리한 상황이 또 있을까요?"

‒ 워런 버핏

프랑스 식민지 시절 베트남 하노이에는 골칫거리가 있었다. 바로 쥐였다. 하노이의 쥐들이 얼마나 끈질기고 강인한지 잘 몰랐던 프랑스인들은 그 어마어마한 숫자에 놀라서 나름 합리적이라고 생각되는 박멸 계획을 세웠다. 프랑스인들은 쥐를 잡아 오는 베트남인들에게 한 마리마다 소액의 보상금을 주기로 했다. 그들은 죽은 쥐의 몸통을 다 보고 싶지는 않았기 때문에 쥐꼬리만으로도 충분한 증거가 된다고 생각했다. 그러나 박멸 계획을 시작하고 오래지 않아 지배 계층은 상황이 뭔가 계획대로 돌아가지 않는다는 것을 알아차렸다. 수많은 사람이 쥐꼬리를 가져왔지만, 길거리를 돌아다니는 쥐는 줄어들 기색이 보이지 않았다. 꾀를 낸 베트남 사람들이 쥐꼬리만 잘라 와 보상금을 받고 잡은 쥐는 도로 하수구에 풀어줬던 것이다. 이 쥐들이 새끼를 낳아서 쥐의 수가 불어나면 또 꼬리를 잘라서 보상금을 탈 수 있었기 때문이다. 영국 식민지일 때의 인도에서도 비슷한 일이 벌어졌다. 코브라를 죽여서 가져오면 보상금을 내주는 정책을 시작하자 기지가 넘치는 인도인들은 뱀 농장에서 코브라를 기르기 시작했다. 잘못된 자극이 오히려 잘못된 결과의 원인이 된다는 코브라 효과cobra effect는 '측정 자체가 목표가 되는 순간 그것은 더는 좋은 측정이 되지 못한다'는 캠벨의 법칙campbell's law을 단적으로 보여준다.

이 법칙을 만든 미국 사회과학자 도널드 T. 캠벨Donald T. Campbell은 측정의 효력이 변질되는 성향을 이렇게 설명한다. "어떤 정량적 사회 지표든 사회적 의사 결정에 많이 사용될수록 그것은 부패 압력에 굴복할 가능성이 높으며, 원래 측정하려던 사회적 과정을 왜곡하고 변질시킬 공산이 커진다." 내가 제2의 고향으로 생각하는 조지아 주 애틀랜타에서 최근 캠벨의 법칙에 해당하는 사건이 일어났다. 교사들의 책임감을 높이기 위해 시 당국은 교사의 연봉 인상과 재임용을 학생들의 학력 시험 합격률과 연동하는 고부담 검사high-stakes testing 법안을 통과시켰다. 그 결과 일부 초등학교 교사들은 자리를 지키려고 시험 성적을 조작하는 범죄 행위를 저질렀다. 범법 행위를 저지르지는 않았어도 '시험 위주 교육'을 하는 교사들 때문에 학생들은 수업 과목을 전반적으로 이해하는 것이 아니라 학력 시험 성적을 올리는 데 필요한 내용만을 집중적으로 배웠다.

캠벨은 이런 현상을 다음과 같이 설명한다. "학업 성취도 시험은 전반적 능력 함양을 목표로 정상적인 교육이 행해지는 상태에서라면 학교의 전체 학업 성취도를 측정하는 귀중한 지표가 될 수 있다. 그러나 시험 성적이 교육 과정의 목표가 되는 순간, 학업 성취도 시험은 교육 현황을 측정하는 지표로서 가치를 상실하고 교육 과정까지 바람직하지 않은 방향으로 왜곡한다." 황금률을 규정하려고 노력하는 과정에서 오히려 그 황금률이 변질되는 결과가 생길 수 있다. '측정이 가능하면 다 된 것이다'라는 말이 있지만, 반대로 '측정을 하다가 다 망친다'는 사실도 명심해야 한다.

측정 기준을 투자 운용 수단으로 삼는 패시브 투자는 자칫하다가 코브라 효과의 먹이가 될 수도 있다. 그러나 행동투자의 관점에서 패시브 투자를 비판하기 전에, 그리고 삼지창을 든 보글헤드bogleheads(뱅가드 창업자 존 보글의 이름을 따서 붙인 지수연동형 펀드 투자자들의 커뮤니티-옮긴이) 군단의 분노를 사기 전에, 이 투자 기법의 장점부터 몇 가지 설명하고 넘어가자.

툭 터놓고 말해 투자 운용에 대해서는 지식도 기술도 관심도 없는 투자자에게 최상의 선택은 패시브 투자다. '투자에 대해 일자무식인' 투자자는(그리고 투자를 잘 안다고 자부하는 사람들도) 다양한 자산군에 투자하는 지수연동형 펀드를 통해 분산투자함으로써 90%의 액티브 매니저들보다 훌륭한 수익을 낼 수 있으며, 부를 쌓는 것보다 더 의미 있는 일을 할 시간도 마련할 수 있다. 패시브 운용에는 돈이 많이 드는 리서치 작업이나 스타 매니저가 필요 없으므로 액티브 투자보다 들어가는 비용도 훨씬 적다. 이것만으로도 투자자에게는 큰 이득이다. 운용 수수료는 투자 실적을 직접 깎아 먹는 데다 장기적으로 보면 부를 극적으로 줄이는 원인이 될 수 있다. 그래서 다른 모든 조건이 동일하다면 투자자는 언제나 수수료가 가장 낮은 펀드를 선택해야 한다. 수수료는 투자 실적을 곧바로 줄이는 비용이고, 전체 투자 기간을 놓고 보았을 때 그 악영향도 훨씬 커지기 때문이다.

게다가 패시브 투자는 단순히 저비용·저수수료 투자이기만 한 것이 아니다. 투자 기간에 상관없이 패시브 펀드 실적은 언제나 액티브 펀드보다 꾸준히 높았다. 이것은 액티브 매니저와 패시브 매니저의 투자 실적을 비교한 SPIVA 성적표만 봐도 알 수 있다. 5년 실적과 10년 실적을 비교했을 때 대형주 액티브 펀드매니저의 각각 88.65%와 82.07%가 패시브 매니저보다 실적이 낮았다(수수료를 차감하기도 전이다!). 아직은 주식 가격이 비효율적이라고 여겨져 액티브 매니저들에게 인기 있는 소형주 펀드의 실적도 참패이기는 마찬가지였다. 지난 10년 동안 소형주 액티브 매니저의 87.75%가 패시브 매니저들에게 참패했다.

지금 이 글을 쓰는 시점의 자산 흐름은 패시브 펀드 쪽이 3대 1 정도로 압도적으로 많다. 지수연동형 펀드의 대표 선수인 뱅가드의 운용 자산은 매일 수십억 달러씩 늘고 있다! 패시브 투자는 꾸준하고 탄탄하게 액티브 투자를 이기고 있고, 그에 대한 대가로 액티브 투자의 몇 분의 1에 해당하는 수수료만을 받는다.

그러나 금융 역사에서 배워야 할 한 가지 교훈이 있다. 너도나도 따르는 중론은 나쁜 소식을 알리는 조짐이 된다는 것이다. 에런 태스크Aaron Task가 '교만에는 멸망이 따르나니: 인덱싱 펀드'라는 제목으로 블로그에 올린 글에도 이와 같은 신중한 생각이 담겨 있다. "'모두'가 무언가를 알 때야말로 보통은 정반대로 움직여야 할 호기다. 그리고 지금 '모두' 가 아는 사실은 당신이 할 수 있는 최고의 현명한 투자가 지수연동형 펀드라는 것이다." 모두가 말하는 정답이 지수연동형 펀드라면, 역설적으로 그것이 정답이 아닐 수도 있지 않겠는가?

성공의 희생양

지수연동형 펀드로 말미암은 코브라 효과 한 가지는 지수연동형 펀드에 주식이 포함되는 순간 곧바로 그 주식의 주가 수익 비율Price-to-Earnings Ratio, PER과 주가 순자산 비율Price-to-Book Ratio, PBR이 올라간다는 것이다. 인덱스에 포함된다는 것은 수백만 투자자가 해당 주식의 가치를 근본적으로 신뢰해서가 아니라 펀드의 획일적 방침에 따라 그 주식을 매수하고 있다는 뜻이다. 이렇게 되면 별로 중요하지 않은 정보에 의해 평가 가치가 오르고 기대 수익률이 오를 수 있다. 또한 패시브 투자가 증가하면 대규모 지수연동형 펀드에 포함된 종목들의 정보가 그렇지 않은 종목들의 정보보다 효율성이 떨어지게 된다. 마이클 모부신과 그의 회사가 발표한 보고서에는 이렇게 적혀 있다. "2016년 중반에 패시브 지수연동형 펀드와 ETF는 S&P 500 기업 중 458개에 대해 10% 이상의 주식을 보유하고 있었다. 2005년에는 불과 2개 기업에 대해서만 10% 이상을 보유했다." 확신 투자가 아니라 습관에 따라 기업 주식이 대량으로 매매되는 추세가 늘고 있다는 것은 주가와 진짜 가치가 점점 따로 놀고 있다는 의미로도 볼 수 있다.

이런 현상에 대해 제시 펠더Jesse Felder가 한 말이 있다. "'패시브 투자' 는 결국 그것이 이룬 성공의 피해자가 될 것이다. 지난 15년 동안 지수연동형 펀드로 대규모 자본이 이동한 탓에 대형 지수연동형 펀드에 속한 종목들은 평가 가치가 높아졌다. 결국 이 종목들의 실적이 앞으로는 낮아질 수밖에 없다는 의미다. 실적이 나쁘면 자본 유입은 자본 유출로 바뀔 것이고, 악순환은 또 다른 악순환이 될 것이다." 나심 탈레브도 비슷한 말을 했다. "우리가 무작위성과 변동성을 억지로 누른 것이 (…) 경제와 우리의 건강, 정치 생명, 교육을 비롯해 거의 모든 것을 약화하는 결과로 나타났다. (…) 이것이 근대성의 비극이다. 신경증적으로 과보호를 하는 부모처럼, 도와주려 애쓰는 사람들이 종종 가장 크게 피해를 끼치는 사람이 되기도 한다."[1] 남들이 다 예스라고 말하는 일을 하지 않는 것, 그것이 자본시장에서 해야 할 옳은 일이다.

혼잡한 바와 혼잡한 트레이드

게임 이론의 일종인 엘 페롤 바 문제El Farol bar problem는 액티브 투자와 패시브 투자의 문제점 몇 가지를 깔끔하게 설명한다. 산타페에 있는 바에서 이름을 따온 이 문제의 개념은 다음과 같다. 뉴멕시코에는 소도시가 하나 있고, 이 소도시의 시민들은 매주 목요일 밤에 시내의 엘 페롤 바로 놀러 가고 싶어 한다. 문제는 그곳이 워낙 작은 술집이기 때문에 사람이 너무 붐비면 재미없는 곳이 되어 버린다는 것이다. 구체적으로 설명하면 이렇다.

- 엘 페롤 바로 놀러 오는 사람이 전체 주민의 60% 이하라면 모든 손님이 집에 있을 때보다 재미있게 놀 수 있다.
- 마을 주민의 60% 이상이 이 술집으로 놀러 오면 집에 있는 것이 나을 정

도로 재미가 없어진다.

주민들은 모두 동시에 결정해야 하며, 그날 밤 바가 얼마나 붐빌지 미리 알 수는 없다. 모두가 똑같은 전략을 사용해서 술집에 놀러 갈지를 결정한다면 문제는 절대로 해결되지 못한다. 크레디트스위스Credit Suisse 의 보고서 〈단순한 게임 방법을 찾아라Looking for Easy Games〉에서는 투자에서도 비슷한 현상이 일어난다는 사실을 명쾌하게 설명한다.

"이 점이 모순이다. 정보를 아는 사람이 늘어날수록 가격 효율성은 늘어나지만 반대로 정보의 가치는 떨어지게 된다. 효율적 가격은 투자자를 액티브에서 패시브 투자로 이동하게 만들고, 그러다 보면 비효율성이 생겨나 액티브 매니저가 이익을 거둘 기회가 만들어질 수 있다. 따라서 모두가 적극적으로 움직이는 투자가 있다면, 당신은 소극적으로 굴어야 한다."

술집에서도 시장에서도 모두가 재미있는 시간을 보내려면 다양한 의견이 개진되어야 한다.

공유지의 비극tragedy of the commons은 모든 개인이 하나같이 자기 이익만을 중시하면서 자원을 훼손하고 공공의 이익을 해치는 현상을 의미한다. 이 개념을 설명할 때 가장 자주 언급되는 예가 개인 목장주들이 국유지에서 소를 방목하는 경우다. 목장주 개개인의 처지에서는 소들이 국유지인 풀밭에서 풀을 맘껏 뜯어 먹는 것이 가장 이익이 된다. 그러나 전체적으로 보면 작은 공유지에 지나치게 많은 소가 모여 풀을 뜯는다면 남는 풀이 없어져 결국에는 모두에게 쓸모없는 땅이 되고 만다. 공유지의 예와 마찬가지로, 개인에게는 더없이 합리적인 행동일지라도 이 행동을 모두가 한다면 전체에는 해가 될 수 있다.

지수연동형 펀드에서도 비슷한 기제가 존재한다. 패시브 투자는 하나하나 따지면 상당히 합리적인 투자다. 수수료가 싸고, 시장 전체에 노출되며, 역사적 수익률도 매력적이다. 그러나 블레이크 르배런Blake LeBaron의 지적처럼, 모두가 지수연동형 펀드에 몰린다면 시장이 혼잡하고 재미없는 술집이 되어 버릴 수 있다.

"붕괴를 향해 달려갈 때는 사람들의 다양성이 무너진다. 그들이 가진 공공재의 실적이 자기 강화를 시작하면서 대리인들은 너도나도 비슷한 전략을 이용한다. 그러면서 모두가 굉장히 취약해지고, 주식 수요가 조금만 줄어도 시장은 안정성이 뒤흔들리는 맹타를 입는다. 이때의 경제 기제는 분명하다. 모두가 똑같은 전략을 추종하기 때문에 트레이더들은 주식을 사줄 사람을 찾기 어려워진다. 프랑스 경제학자 레옹 발라Leon Walras의 일반균형이론을 적용한다면, 모두의 똑같은 행동에 가격은 큰 폭으로 떨어지고 시장은 텅 비게 된다. 사람들의 동질성은 다른 말로는 시장 유동성이 감소한다는 뜻이다."[2]

베트남 토착민들이 쥐 꼬리만 잘라 왔던 것처럼, 우리가 시장을 규격화하고 통제하려는 시도는 역설적으로 시장 효율성을 왜곡한다. 행동투자자는 패시브 투자의 장점 – 낮은 회전율, 최저 수수료, 적절한 분산투자 – 을 이해하고 흉내 내지만, 매매를 시스템에만 맡기는 행동은 하지 않는다.

액티브 투자: 고객의 요트는 어디에 있는가

액티브 포트폴리오 운용은 자본시장이 건전성을 유지하는 데 중요한 역할을 한다. 액티브 펀드는 수수료를 차감한 수익률을 놓고 보면 적지 않은 투자자에게 역사적으로 불리한 투자였지만, 시장이 기능을 하기 위해서는 절대적으로 필요한 투자 방식이기도 하다. 절댓값이 아닌 위험 조정 수익률에서 벤치마크로 삼은 패시브 펀드를 앞지른다는 액티브 운용의 목표는 여러모로 매력적이다. 그러나 슬프게도 현실에서는 천명한 목표와 실제 달성된 수익률이 일치하지 못한다.

액티브 운용의 표면적인 장점 하나는 행동 오류를 막아 준다는 것이지만, 연구에 따르면 전문가들도 당신이나 나처럼 멍청한 실수를 자주 저지른다. 찰스 엘리스Charles Ellis는《투자의 요소The Elements of Investing》에서 다음과 같이 지적한다. "전문가가 운용하는 펀드는 시장이 정점일 때 현금 포지션이 제일 낮고, 시장이 바닥일 때 현금 포지션이 제일 높은 편이다." 우리처럼 전문가들도 주가가 고공 행진일 때는 탐욕스럽게 사 모으고 주가가 매력적인 수준일 때는 겁에 질려 매도한다.

액티브 펀드의 큰 장점은 실적이라고 생각하지만, 액티브 매니저는 수수료와 거래 비용까지 계산하고 난 후의 실적을 발표해야 한다.《펀더멘털 인덱스The Fundamental Index》에서 언급했듯이 수수료와 거래 비용이 수익률에 미치는 영향이 얼마나 극적이냐면, 이 둘을 차감할 시 액티브 매니저의 연간 실적이 적게는 0.5%에서 많게는 2.0%까지 낮아진다. 액티브 매니저들은 깊은 경기 침체의 늪에서 벗어나려는 연방준비제도이 사회의 포용책 탓이라며 최근 시장 환경에 원인을 전가하지만, 실제로 이런 수수료와 거래비용의 폐해는 오래전부터 깊고 넓게 퍼져 있었다. 제이슨 츠바이크는 〈월스트리트저널〉에서 다음과 같이 말했다.

"당신이 그들이 하는 말을 아무리 열심히 믿더라도, 지난 몇 년 동안 시장보다 낮은 실적을 거둔 것은 한두 시장에서 일시적으로 생기는 현상만이 아니다. 1974년 중반까지 10년 동안, 모든 자산 운용 매니저의 89%는 S&P 500보다 실적이 낮았다. 1964년까지 20년 동안 펀드 실적은 평균적으로 시장보다 대략 110BP가 낮았다. 심지어 1929년부터 1950년까지는 S&P를 이긴 대형 뮤추얼펀드가 하나도 없었다. 아무 기간이나 골라잡아도 결과는 하나같이 실망스럽다."

액티브 운용 세상에서는 시간이 돈이기 때문에(아이비리그 출신 수학 천재들은 공짜로 일하지 않는다!) 투자와 관련해서 하는 모든 조사와 분석은 들어간 비용 이상의 결과물을 만들어내야 한다. 매니저가 종목 발굴을 고민하면서 들인 비용이 99센트라면 그 결과의 가치는 최소 1달러는 넘어야 한다. 그러나 투자위원회가 시간을 쓰는 방식에 대해 뱅가드가 조사한 결과를 보면, 투자자가 지급하는 펀드 수수료가 정말로 유용하게 쓰이고 있는지 심각하게 의심이 든다. 조사에 따르면 투자위원회는 다음과 같이 시간을 할애한다.

- 41%: 과거 실적 관찰. 자신들의 과거 행적을 돌아보고 미래 실적을 예측하기 위해서는 아니다.
- 10%: 매니저 선정. 브라이언 포트노이 박사가 인용한 증거에 따르면, 펀

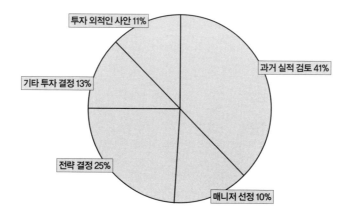

◆ 투자위원회는 시간을 어떻게 할당하는가 ◆

- 투자 외적인 사안 11%
- 기타 투자 결정 13%
- 과거 실적 검토 41%
- 전략 결정 25%
- 매니저 선정 10%

• 자료 출처: 'Conviction in Equity Investing,' Hewitt EnnisKupp (2012)

드매니저가 운용하는 기관 펀드 중에서 매니저를 고르는 능력이 있다는 것을 뚜렷하게 입증한 펀드는 5%에 불과하다.

- 11%: 투자 외적인 사안. 커피를 마신다거나 "주말 잘 보냈습니까?"와 같은 잡담.
- 13%: '기타.' 이런 기타 업무로 창출되는 가치는 높지 않다.
- 25%: 투자 전략 결정. 드디어 약간의 가치 창출 업무가 행해진다!

당신은 액티브 투자에 대한 언론의 비난 보도에도 아랑곳하지 않는 투자자이며, 시장보다 자주 뛰어난 실적을 내는 유니콘 주를 발굴해 투자하기를 원한다고 가정해 보자. 〈저널 오브 포트폴리오 매니지먼트〉에 실린 〈확신 투자Conviction in Equity Investing〉라는 글에서는 액티브 매니저를 선택할 때의 어려움 중 하나를 이렇게 설명한다. "액티브 포트폴리오 운용은 상거래 세상에서는 아주 진귀한 능력을 가진 제품이다. 소비자가 제품을 구입하기 전에는 – 그리고 대개 구입한 후에도 – 진정한 가치를 알아보지 못하기 때문이다." 자동차 디자인은 한눈에도 객관적으로 쉽게 평가된다. 운전석에 앉아 볼 수 있고, 외관이 어떤지 살펴볼 수 있고, 판매용 차량에 붙은 윈도 스티커를 통해 연비도 알 수 있다. 펀드에도 약간의 관찰 기준은 있지만, 설명서만 봐도 금세 알 수 있듯이 과거 실적은 미래 결과를 알려주는 예측 지표가 되지 못한다. 실제로도 평균 가격으로 이동하는 평균 복귀mean reversion의 성질에 따라 과거의 실적이 미래의 성공에 반비례하는 경우가 비일비재하다! 자동차 매장에서는 메르세데스벤츠에 수도 없이 앉았지만 결국 유고 자동차를 몰고 집으로 가게 되는 것과 비슷하다. 과거 실적이나 역사적 표준편차 등 주식 조사와 분석에서 흔하게 포함되는 요소들은 액티브 펀드의 미래 실적을 예측할 때 전혀 도움이 되지 못한다.

투자위원회는 수수료를 늘리는 데는 크게 보탬이 되지만, 실적 향상에는 거의 도움이 되지 않는 활동에 돈과 시간을 가장 많이 쓴다. 매니저들은 투자 유망주를 재량적으로 예측할 능력이 없고, 시장은 예측 불허로 변화하고, 과거의 실적은 믿을 수 없다. 이 모든 것이 투자 실사에서 가장 중요한 부분인 투자 결정 과정의 변수가 된다.

매니저 선택은 일종의 장난질이고, 과거 실적은 지나간 영광이다. 투자 행동의 원칙과 규칙을 철저히 따르는 투자 과정만이 미래 성공을 대변하는 예측 지표지만, 대다수(그리고 값비싼!) 자원은 겉모습을 그럴듯하게 단장하고 실제 가치는 거의 높이지 못하는 활동에 투입된다. 액티브 운용은 잘만 하면 투자자 개인에게도, 자본시장에도 크게 보탬을 주는 잠재력을 가지고 있지만, 탐욕과 오만, 그리고 인간 행동에 대한 오해가 결합되면서 그 잠재력을 제대로 실현하지 못한다.

액티브 투자의 강점과 약점

- 강점: 고수익 잠재력, 위험 관리 잠재력, 더 높은 고수익에 도움이 되는 가격 발견 기능.
- 약점: 높은 수수료, 낮은 확신, 역사적 실적 빈약, 운용에 적절하지 않은 행동 위험.

액티브 투자와 패시브 투자의 약점을 알아보았자 혼란스럽기만 하나 꼭 필요한 출발점이다. 패시브 운용이 성공하는 이유는 자동 매매와 낮은 수수료, 분산투자다. 괜찮지만 따라 하기도 쉬운 특징이다. 패시브 투자의 약점은 나쁜 행동 패턴이 고착되어(비싼 주식의 대량 매집 등) 시장 전체가 무분별한 투자 방식으로 인해 '무너지기 쉬운 상태'가 될 수 있다는 것이다.

액티브 운용이 만약 좋은 성과를 낸다면, 투자자를 행동 착오로부터 보호하고, 급변하는 시장 상황에 대응하고, 타인의 인지 편향을 이용하고, 그들과 다른 투자 스타일로 접근해 높은 수익을 낼 수 있기 때문이다. 그러나 아쉽게도 액티브 운용의 장점을 실현하는 투자는 거의 없는데, 매니저가 자신의 편향적 행동을 자제하지 못하고, 확신도 부족하고, 과도하게 높은 수수료를 부과하는 데만 집착하기 때문이다.

두 투자의 장단점을 분석한 후 더 좋은 방법이 있는지 궁금할 수 있다. 나는 있다고 생각한다. 액티브와 패시브의 장단점을 비판적으로 검토하는 행동투자자는 두 방법의 장점만 취합한 제3의 투자 시스템을 만들 수 있다. 이 제3의 투자 방법에는 다음과 같은 장점이 있다.

- 합리적인 수수료
- 많지도 적지도 않은 분산투자
- 시장 상황에 대한 적절한 대응
- 리서치 기준 마련
- 포트폴리오의 낮은 회전율
- 체계적인 편향 회피

이 투자 방법의 이름은 '규칙 기반 행동투자'다.

Chapter 13

행동투자는
규칙에 기반한다

지금 이 순간 당신은 주위에서 벌어지는 일을 대부분 한눈으로 흘려 넘긴다. 이 글을 읽는 데 집중하느라 바로 옆에서 흘러 다니는 무수한 데이터를 무시할 수밖에 없다. 형광등이 아주 희미하게 윙윙대는 소리, 앉아 있느라 뻣뻣해진 몸, 입천장과 치아에 맞닿아 있는 혀의 느낌, 멀리서 들리는 잔디깎이 소리까지.

　뇌의 의식과 무의식이 처리하는 전체 데이터 용량은 초당 약 1120만 조각이나 된다. 그러나 봅 니스Bob Nease 박사에 따르면, 뇌가 1초에 처리하는 이 1120만 개 정보 조각 중에서 의식적 사고로 오는 것은 50조각에 불과하다! 네덜란드 심리학자 압 데이크스테르하위스Ap Dijksterhuis는 다음과 같이 말한다. "무의식은 용량 제한 문제가 없다. 무의식이 현대식 컴퓨터라면 의식은 케케묵은 주판이다. 의식의 저용량은 그것이 복잡한 의사 결정 과제를 처리하는 데 맞지 않을 수도 있다는 의미다. (…) 그 결과로 정보의 극히 일부만을 처리하게 된다. 이것이 최종 결정에 피해를 끼칠 수 있다." 뇌의 처리 능력 대부분이 직관적으로 진행되고 신중한 사고와 관련이 없다면, 잠재의식에 풍부하게 존재하는 지혜를 꺼내 쓰는 능력이 높아질수록 재무 결정 능력도 같이 올라갈 것이라고 생각된다. 예술도 학문도 그렇게 굳게 믿기는 한다.

우리가 사는 사회는 직관적 사고를 사랑한다. 컴퓨터가 사고와 학습을 담당하고 일자리가 갈수록 자동화되는 시대에는 인간만이 가진 고유의 불가해한 능력이 있다고 믿고 싶다. 무의식적 사고를 낭만적으로 숭배하는 사람은 하나둘이 아니다. 스티브 잡스Steve Jobs는 서양식 관점에서 벗어나 합리성을 연구하면서 큰 영향을 받았고, 무엇보다도 인도에서의 경험에 깊은 영감을 받았다.

"인도 시골 사람들은 우리처럼 지성을 쓰는 것이 아니라 직관을 쓴다. 그리고 그들의 직관 능력은 세상 어느 곳 사람들보다도 훨씬 발달해 있다. (…) 직관은 아주 강력하다. 내가 보기에는 지성보다도 더욱 강력하다. 직관은 내게 큰 영향을 미쳤다. 서구식 합리적 사고는 인간 본연의 특징이 아니다. 합리적 사고는 학습되는 것이며, 서구 문명의 커다란 성취다. 인도 벽촌의 사람들은 합리적 사고를 학습하지 않았다. 대신 그들은 어떤 면에서는 합리적 사고만큼 중요하지만 어떤 면에서는 중요하지 않은 다른 무언가를 배웠다. 그들이 배운 것은 직관과 경험적 지혜의 힘이다."

작가이며 사회운동가인 앤 라모트Anne Lamotte도 합리적 사고와 직관의 대립에 관해 한마디를 덧붙인다.

"합리적 정신은 당신을 살찌우지 못한다. 당신은 합리적 사고가 이 문화가 숭배하는 황금 소이므로 당연히 진실도 알려줄 것이라고 생각한다. 그러나 아니다. 합리적 정신은 풍요롭고 재미있고 매혹적인 많은 것을 몰아낸다."

프랑스 철학자 앙리 베르그송Henri Bergson의 말도 빼놓을 수 없다.

"생기가 없는 것은 그토록 잘 다루는 지성이 살아 있는 것을 다뤄야 하는 순간에는 서툴기 짝이 없어진다. 신체의 생명을 다룰 때건 정신의 생명을 다룰 때건, 지성은 애초부터 용도에 맞지 않는 도구를 가지고 경직되고 융통성 없게, 그리고 야만적으로 생명을 다루려 한다. 생명을 이해하는 일에서는 무능력을 타고났다는 것이 지성의 특징이다. 반대로 본능은 처음부터 생명의 형태를 본떠 만들어진다. 지성이 모든 것을 기계적으로 처리한다면, 본능은 유기적으로 처리한다. 본능 속에 잠든 의식이 깨어난다면, 그 본능이 행위가 아니라 지식을 자아낸다면, 그리고 우리의 물음에 본능이 답을 할 수 있다면, 우리는 생명의 가장 내밀한 비밀을 알게 될 것이다."

당신으로서는 마음을 좇는 것이 아니라 무능한 합리적 의사 결정을 찬미하는 책이나 영화를 찾아내고 싶은 마음이 굴뚝같겠지만, 행동투자자에게는 찬미의 노래가 아니라 통계학이 필요하다. 합리적 의사 결정과 직관을 대조하는 연구를 검토할수록 언제 어떻게 상황에 따라 자율적 결정을 내리는 것이 도움이 되고, 어떤 상황에서 자율적 결정을 피해야 하는지를 그럴듯하게 포장하는 복잡한 그림만 펼쳐질 뿐이다.

직관의 증거

직관에 대한 연구 결과가 매혹적인 데는 지극히 형이상학적인 결과가 존재한다는 것도 한몫한다. 코넬대학교는 참가자들의 직관과 예지 능력을 시험하기 위해 컴퓨터 화면에 뜬 2개의 '커튼' 중 뒤에 야한 사진을 감추고 있는 커튼을 알아맞히는 과제를 진행했다. 슬라이드는 무작위로 나왔으며 화면상에서는 디지털 커튼에 가려 전혀 보이지 않는데도, 총 100번의 과제 수행이 뒤로 진행될수록 참가자들의 야한 슬라이드를 찾아내는 정답률이 점점 높아졌다! 더욱 놀랍게도, 참가자들은 컴퓨터에 정답 그림이 뜨기 몇 초 전에 정답을 예측했다고 짐작하게 하는 생리적 반응까지 보였다.

또 다른 직관 실험에서 참가자들은 최대한 많은 상금을 타낸다는 목표로 카드 두 벌 중 하나를 고르는 과제를 수행했다. 카드 한 벌은 거액을 탔다가 거액의 손실이 나도록 설계되었고, 다른 한 벌은 상금은 소액이나 손해는 전혀 없도록 설계되었다. 참가자들은 패턴을 알아내고 카드 두 벌 구성의 다른 점을 설명해야 했다. 참가자들은 50장의 카드를 보고 나서는 뭔가 감이 온다고 말했고, 80장의 카드를 봤을 때는 카드가 나오는 패턴을 명확히 설명했다. 그러나 직관적이고 생리적인 반응은 그보다 훨씬 먼저 나타나기 시작했다. 빠르면 10장째 카드를 보고 나서부터 카드로 손을 내미는 참가자의 손바닥 땀샘이 조금 열렸다. 의식적 정신이 패턴을 알아채기까지는 시간이 훨씬 오래 걸린다는 사실을 잠재의식은 알고 있었다.

직관과 의식적 의사 결정에 대한 압 데이크스테르하위스의 선구적 연구는 몇 가지 매혹적인 결과를 만들어냈다. 일단은 다음과 같은 결과가 나왔다. "의식이라는 것은 능력치가 낮다. 그래서 선택자는 결정의 순간 관련 정보를 일부만 고려하게 된다." 또한 의식의 심사숙고는 데이터를 부적절하게 비교하여 잘못된 결정을 내리고 종국에는 후회를 하게 만든다는 사실도 발견했다. 이를테면 5개의 포스터를 보고 마음에 드는 것을 하나 고르는 과제에서 곰곰이 생각한 뒤 고른 참가자들은 고민 없이 한눈에 포스터를 고른 참가자들보다 만족도가 낮았다.

이렇게 의식하지 않는 심사숙고 효과 가설은 의식적 사고는 능력치가 낮아서 단순한 선택에 적합하지만, 무의식적 사고에서는 복잡한 선택에도 능력이 유지된다는 반론을 불러일으키기에 십상이다. 오븐용 장갑을 고를 때는 곰곰이 고민(의식적 사고)하지만 집을 살 때는 직관(무의식적 사고)에 의존하게 된다는 것이다. 연구자들은 이런 주장이 맞는지 시험하기 위해 한눈에도 차이가 드러나는 자동차 네 대 중 좋은 차를 고르는 과제를 진행했다(가장 좋은 차는 좋은 특징이 75%를 차지했고, 가장 나쁜 차는 좋은 점이 25%에 불과했다). 4개의 변수라는 단순 과제에서만이 아니라 12개의 변수를 제시하는 복잡한 과제에서도 같은 실험을 진행했다. 진행 방식은 두 가지로, 4분 동안 고민해서 결정하거나 초성 문제 맞히기와 같은 문제풀이를 한 후에 결정하는 방식이었다. 의식하지 않는 심사숙고 가설을 뒷받침하는 결과가 나왔다. 의식적 결정은 변수가 4개뿐일 때는 괜찮은 선택을 이끌었지만, 변수가 12개로 늘어났을 때는 오히려 나쁜 선택을 하게 했다.

복잡성이 늘어날수록 고심하는 행위는 저절로 꼬이면서 다양한 변수를 어떻게 비교하고 평가해야 하는지 제대로 파악하지 못한다. 어쨌거나, 주행 거리는 적지만 외관은 안 좋은 차와 엔진은 아직 튼튼하지만 외관은 볼품없는 차를 비교하려면 어떻게 해야 하는가? 이런 의식하지 않는 심사숙고 효과의 문제는 단순히 자동차를 고를 때만 나타나지 않는다. 티머시 윌슨Timothy Wilson과 조너선 스쿨러Jonathan Schooler(1991)는 참가자들에게 대학 강의 여러 개를 평가하고 결정을 내리는 과제를 제시했다. 첫 번째 실험은 강의 개요를 대충만 살펴보고 곧바로 수강 과목을 결정하는 조건으로 진행되었다. 두 번째 실험은 강의의 장단점을 설명한 글을 자세히 읽고 분석한 다음 자신들이 내린 결론을 종이에 적어야 하는 조건으로 진행되었다. 자동차를 선택하는 과제와 마찬가지로, 고심해야 하는 조건에서 실험을 진행한 참가자들이 오히려 나쁜 선택을 했고, 몇 가지 기준만을 고민했다. 복잡성이 늘어날수록 의사 결정 능력은 무너진다. 게다가 무의식적으로 내린 결정을 잠재의식은 나중에 더 좋게 평가한다. 인간은 크게 고민하지 않고 선택할 때 자신의 선택에 더 만족한다.

와우, 결론이 나왔다! 종목 발굴의 전문가가 되고 싶다면, 뇌의 셔터를 내리고 직관에 의지하고 잠재의식의 형이상학적 마법에 선택을 맡겨야 한다. 그러나, 정말로 그런가? 직관의 놀라운 힘을 입증하는 증거도 많지만, 반박 증거도 무시하지 못할 정도로 많다. 특히 투자라는 특정 분야에서는 직관에만 의지해서는 큰일 난다. 루이스 골드버그Lewis Goldberg는 1968년에 모델 기반 접근법에 따라 정신 질환을 판별할 때와 전문의들이 임상적으로 판단할 때의 결과를 비교·분석했다. 단순한 모델은 직관에 의지하는 심리학자들의 임상적 판단보다 더 좋은 성적을 거뒀을 뿐 아니라, 모델을 이용해도 된다는 허락을 받은 심리학자들까지도 이겼다.[1]

모델은 대법원 판결[2]이나 대통령 선거(네이트 실버), 영화 선호도, 출소자의 재범률, 와인 품질, 결혼생활 만족도, 군사작전의 성공 등 도합 45개가 넘는 분야에서 결과를 예측할 때도 인간의 직관보다 우수한 성적을 냈다.[3] 윌리엄 그로브William Grove, 데이비드 졸드David Zald, 보이드 레보Boyd Lebow, 베스 스니츠Beth Snitz, 채드 넬슨Chad Nelson의 메타분석에 따르면, 모델은 무려 94.12%의 상황에서 인간과 비등하거나 인간보다 뛰어난 결정을 내렸다. 바꿔 말하면, 인간은 겨우 5.88%의 상황에서만 모델보다 나은 판단력을 보인다는 뜻이기도 하다.[4] 게다가 알고리즘이 압도적 성적을 거둔 영역은 금융시장처럼 인간의 행동이 핵심 요소로 작용하는 분야였다. 이직률, 자살 기도, 청소년 범죄, 대학 학점, 정신병동 입원 기간, 직업 선택에서는 알고리즘의 점수가 17점이나 높았다.

제임스 샨토James Shanteau(1992)는 가축 감정사, 천문학자, 시험조종 파일럿, 토양 감정사, 체스 마스터, 물리학자, 수학자, 회계사, 곡물 조사관, 사진 분석가, 보험 분석가 등의 직업군 의사 결정에서는 자율적인 전문성과 직관이 중요하게 작용한다는 증거를 보여주었다. 반대로 트레이더, 임상심리학자, 정신분석의, 대학 입학 사정관, 판사, 인력 자원 전문가, 지능 분석가의 의사결정에서는 자율적 전문성과 직관이 큰 도움이 된다는 증거가 별로 없었다.

어떤 추이가 보이지 않는가? 중심 주제가 인간인 업종이나 학문일수록 인간의 직관과 판별력이 발휘하는 힘이 약해진다. 전단풍, 토양 밀도, 손익계산서와 관련해서는 뛰어난 자율적 선택을 할 수 있지만, 인간의 사소한 잘못이 개입되는 분야에서는 상황이 완전히 달라진다. 샨토는 인간이 자율적으로 결정해도 문제가 없으려면 예측 가능한 결과, 정적인 자극, 양질의 피드백이라는 기준이 충족되어야 한다고 말한다. 인간의 행동이 절대적으로 중요한 자본시장은 이런 기준을 단 하나도 충족하지 못한다.

예측 분야의 대가인 필립 테틀록Philip Tetlock은 메타분석의 통계적 의미를 한마디로 단언한다. "정교한 통계 알고리즘은 고사하고 조악한 외삽법 알고리즘보다 인간이 뛰어난 영역은 단 하나도 찾을 수 없다." 연구가 말하는 결과는 분명하다. 체계적인 프로세스가 아니라 인간의 판단력에 의지해 투자 결정을 내린다는 것은 수익률을 떨어뜨리려 노력한다는 뜻이다.

직관도 통하는 분야가 따로 있다

어느 봄날, 파블로 피카소가 공원에 앉아 스케치를 하고 있는데 위대한 예술가를 알아본 팬이 그에게 다가왔다. 그녀는 뛸 듯이 기뻐하며 피카소에게 초상화 한 점을 그려 달라고 부탁했다. 피카소는 맞장구를 쳐주며 잠깐 시간을 내 초상화를 그려 건네주었다. 여자는 그림이 완벽하고 자신의 모습을 예술적으로 정확히 담았으니 대대손손 가보로 물려줄 것이라고 연신 감탄을 했다. 그림값을 묻는 그녀의 말에 피카소가 대답했다. "5000달러입니다, 부인." 몇 분 그린 그림에 거액이 매겨진 것에 여자는 다 그리는 데 고작 5분 걸리지 않았느냐고 따졌다. 여자의 눈을 정면으로 바라보며 피카소가 응수했다. "아뇨, 부인. 제 평생이 걸렸습니다."

직관은 평생의 학습이 조용하게 합작된 것이고, 직관이 쓸모가 있으려면 갈고닦아야 한다. B. 크랜들B. Crandall과 K. 게첼라이터K. Getchell-Reiter(1993)는 신생아 집중치료실에서 일하며 검사 전에 영아의 패혈증을 알아보는 법을 익힌 간호사들의 사례를 설명했다. 어떻게 그런 놀라운 능력을 익혔느냐는 질문에 간호사들은 딱히 대답을 하지 못했다. 그들은 그냥 할 수 있게 된 것이었다. 연구진이 그들의 능력을 조사했더니, 그들의 정확한 직관은 흔히 말하는 최상의 관행과는 반대였고 의학서적에도 나오지 않는 것들이었다. 신생아 집중치료실 간호사들은 오랜 시간 근무하고 곧바로 피드백을 얻는 단조롭고 단순한 과정을 통해 그런 직관 능력을 길렀다. 피카소처럼 그들의 능력도 기적이 아니라 따분하고 재미없는 반복을 통해 길러진 것이었다.

허버트 사이먼Herbert Simon(1992)이 제시하는 직관에 대한 정의는 내가 책과 개인적 경험으로 얻은 지식과 일맥상통한다. "상황이 신호를 제시한다. 신호를 받은 전문가는 기억에 저장된 정보에 접근하고, 정보가 답을 준다. 직관은 인정하는 것, 그 이상도 이하도 아니다." 투자 코치들은 '본능에 귀를 기울이는 것'이야말로 비할 데 없이 훌륭한 행동이라고 말한다. 진실을 인정해야 한다. 이 충고는 직관적 판단이 도움이 되는 결정을 내리거나 감을 충분히 기른 것이 아니라면 도움이 되지 않는다.

게다가 충분히 기른 직관도 들어맞는 환경에서만 도움이 되고, 환경 신호는 직관의 출중함과는 상관없이 좋은 예측 지표로서만 머물 뿐이다. 일정 수준을 넘는 예측 가능성과 빠른 피드백이 없으면 직관이 뿌리 내리기에 좋은 토양이 형성되지 못한다. 금융시장에서는 이 예측 가능성도, 빠른 피드백도 없다. 신생아 집중치료실 간호사나 물리학자, 수학자의 직관은 믿을 수 있지만, 심리학자나 종목 발굴자의 직관을 믿기에는 근거가 부실하다(슬프게도 나는 둘 다에 해당한다). 이 분야의 전문가가 직관이 부족한 것은 개인의 탓이 아니라 분야 자체의 탓이다. 미국 물리학자 머리 겔만Murray Gell-Mann의 말처럼 "전자가 생각할 수 있다면 물리학이 얼마나 더 어려워졌을 것인가."

직관은 많은 영역에서 강력한 힘을 내지만 자본 배분이라는 예측 불허의 영역에는 들어맞지 않는다. 이 사실을 잘 아는 일부 투자자는 자본시장에 대해 배울 수 있는 것은 다 배우고, 시황이 좋건 나쁘건 자유의지를 발휘해 그런 지식을 십분 활용하려고 노력한다. 그럼 이제 자유의지라는 것을 고민해 보자.

자유의지

이 책을 읽기로 한 것은 당신의 선택인가?

멍청하기 짝이 없는 질문으로 생각될 것이다. '당연히, 내 의지로 이 책을 읽기로 한 것이다. 그런 멍청한 질문을 계속하면 당장에 책을 덮어 버릴 것이다.' 주관적으로 경험하는 자유의지는 모든 인간 경험의 핵심이다. 자유의지가 있어서 우리는 본인의 의도대로 살고 있다고 생각하고, 우리의 정신은 자유의지대로 살기 위해 노력한다. 미국 철학자 윌리엄 제임스William James는 이 부분을 더 아름답게 설명한다. "모든 것은 우리의 인식 속에서 순간마다 결정된다는 사실을 이해하느냐에 따라 우리가 겪는 자의적 삶의 모든 흥분과 고통이 좌우된다. 아득히 오래전에 맞물려진 사슬이 둔탁하게 철그렁대는 것과는 상관이 없다."

그러나 현대 심리학의 선조인 윌리엄 제임스는 자유의지가 일반적 인식과는 반대로 신체에서 뇌로 전달된다는 것을 최초로 사실로 인정한 사람 중 하나였다. 제임스의 주장에 따르면, 뇌는 심박수 같은 물리적 자극을 대단히 빨리 알아채기 때문에 우리로서는 물리적 자극이 인지에 미치는 영향을 감지하기는 힘들다. 신체가 뇌를 이끄는 것인데 우리는 정확히 그 반대로 생각한다. 제임스의 주장은 발표 당시 많은 논란을 불러일으켰지만, 감각과 지각에 관한 이해가 높아지면서 그의 주장도 점차 주류가 되었다.

게슈탈트심리학을 개척한 솔로몬 아시Solomon Asch는 오늘날도 찬반양론이 분분한 집단 순응성을 연구했다. 아시의 순응성 연구에 참여한 집단들은 각각 8명으로 구성되었는데, 그중 7명은 이른바 '공모자'였다. 참가자들은 연달아 그려진 선을 보고 오른쪽 3개의 선 중에서 왼쪽에 있는 선과 길이가 똑같은 것을 알아맞히는 과제를 수행했다. 제시된 과제는 272쪽의 그림이었다. 1차와 2차 실험에서(총 18번 과제를 수행했다) 공모자들은 정답을 말하기로 미리 말을 맞췄다. 그러나 세 번째 실험부터 공모자 7명은 이구동성으로 오답을 정답이라 말했고, 연구진은 이 사실

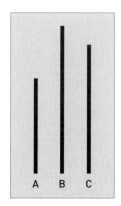

을 모르는 나머지 참가자가 어떻게 대답하는지를 기록했다. 아무것도 알지 못하는 참가자가 집단에 순응할지, 아니면 정답을 그대로 주장할지가 연구의 관건이었다. 처음 두 차례 실험에서 진짜 참가자의 정답률은 99%였다. 그러나 집단 순응성에 사로잡히기 시작했을 때의 정답률은 67%로 낮아졌다. 어린 초등학생도 맞힐 정도로 정답이 한눈에 보이는 단순한 문제였지만, 실험 집단 대다수가 우기기 시작하자 순응성 효과는 거부하기 힘들 정도로 강력해졌다.

현대 과학은 솔로몬 아시 시절에는 꿈에서나 가능했던 기술을 맘껏 사용할 수 있게 되었다. 바로 기능적 자기공명영상, 즉 fMRI다. 이 기술 덕에 현대에는 아시의 실험을 재현해 참가자의 뇌 활동을 모니터링할 수 있고, 왜 그런 결정을 내리는지 더 폭넓게 설명할 수 있게 되었다. 집단에 순응하는 참가자의 신경 사진에서는 중요한 판단을 내릴 때 관여하는 전뇌 활동이 줄어들었다.

그 대신 참가자들의 뇌에서는 시각과 지각에 관여하는 후두부 영역이 활성화했다. 그들은 단순히 자신의 선택을 의심하거나 군중을 따른 것이 아니었다. 뇌 스캔 결과에 따르면 참가자들이 순응성을 보인 이유는 어쩌면 군중의 생각 때문에 선의 크기와 형태를 이해하는 신체적 수단에도 변화가 생긴 것이기 때문일 수 있었다! 동료 압박이 의견을 만드는 것을 넘어 실제 지각까지도 변형한 것이었다. 이 연구를 이끈 그레고리 번스Gregory Berns는 이렇게 설명한다. "우리는 보는 것을 믿고 싶어 한다." 그러나 이 연구에서 드러난 바는 다르다. "보는 것은 집단이 믿으라고 말하는 것을 믿는 것이다."

EEG(뇌전도) 연구도 아시 실험 2.0 버전의 결과를 뒷받침하며, 신체에 먼저 기록되고 정신은 조금 나중에 그것을 의식한다는 것에 대한 추가 증거도 제시한다. 어떤 행동을 하겠다고 의식하게 되는 것은 처음 뇌파 활동이 나타나고 약 300밀리초 뒤의 일인데, 작지만 굉장히 중요한 시차다. 더욱이 행동을 의도하고도 약 200밀리초 뒤에야 실제 행동을 하게 된다. 다시 말해, 우리는 몸이 먼저 욕구를 경험한 다음, 그 욕구가 무엇인지를 알거나 행동으로 옮기게 된다. 이 모든 작동은 의식 아래에서 진행되기 때문에, 우리는 "의식에 접근하지 못하는 이전의 사건들이 의도를 깨닫게 하고 행동까지 하게 만들 때" 자유의지로 행동한다는 것을 경험하게 된다. 우리는 생각부터 하고 생각을 행동으로 옮긴다고 여기지만, 충동이 신체에 각인을 남겨서 경험이라는 전체 연쇄반응을 촉구하는 중요한 첫걸음이 된다는 사실은 인식하지 못한다.

우리는 자유의지가 어느 정도 실재한다고 가정하지만(그렇게 믿을 만한 가치가 있기는 하다), 금융 투자에서는 자동 처리되는 의사 결정을 뒷받침하는 증거도 만만치 않게 많다.

의지력

길고 지루한 장거리 자동차 여행을 하다 보면 평소에는 하지 않을 법한, 사소하지만 여러 생각을 불러일으키는 대화를 나누게 된다. 나도 아내와 그런 여행을 할 일이 있었고, '어느 쪽이 그나마 나을까?'(사람이 하나도 오지 않는 결혼식이 나을까 아니면 장례식이 나을까?)라는 식의 질문을 연달아 주고받다가 주제가 더 무거운 쪽으로 흘렀다. 아내는 자기가 시간과 장소를 골라 다시 태어날 수 있다면 1960년대 미국에 다시 태어나고 싶다고 말했다. 내가 곧바로 물었다. "당신은 인종 평등과 인권을 드러내 놓고 지지할 수 있었을 거라고 자신할 수 있어?" 이것을 또 다른 식으로 묻는다면, 1940년대 유럽에 살았다면 '유대인 이웃을 차별하지 말자고 부르짖을 수 있었을까?'라고 바꿀 수 있다. 냉정한 시선으로 역사를 되새기면 자신이 얼마든 도덕 십자군이 되었을 것이라고 상상할 수 있다. 그러나 행동과 의지력에 관한 연구는 더 복잡한 결과를 보여준다.

예일대학교 심리학 교수 스탠리 밀그램Stanley Milgram은 권위에 맞서는 의지력을 연구했다. 밀그램은 제2차 세계대전 종전 이후 20년 정도 의지력을 연구하면서 한 가지 의문을 품었다. '나치 당원들은 사악한 공범자들인가, 아니면 명령에 따른 평범한 인간에 불과한가?' 이 의문에 답을 얻기 위해 밀그램은 심리적으로 건강하다고 입증된 사람들을 모집하고 처벌과 학습의 관계를 탐색하는 실험에 참가시켰다. 참가자들은 벽돌벽 반대편에 서 있는 '학생'에게 여러 차례에 걸쳐 교육을 진행한다. 그런 다음 '교사(참가자)'는 학생이 제대로 배웠는지 알아보기 위해 질문을 던진다. 학생이 정답을 말하면 다음 질문으로 넘어간다. 학생이 오답을 말하면 교사는 처벌(전기 충격)을 내리는데, 오답이 나올 때마다 전기 충격의 강도는 점점 올라간다. 참가자들은 몰랐지만 학생이 전기 충격을 받으면서 지르는 비명은 미리 테이프에 녹음된 소리였다. 그러나 교사들(모두 남자였다)은 제자에게 진짜 전기 충격을 가하고 있다고 착각했다.

권위가 어떤 효과를 내는지 알아보기 위해 처벌이 진행되는 방에는 회색 연구복 차림의 '의사'가 앉아 있었다. 그는 학생이 내지르는 비명에 불안해하는 참가자들에게 '실험을 멈추지 마세요'라고 은근히 강요했다. 실험을 수행하기 전에 밀그램은 학생이나 다른 교수들, 또는 홀로코스트 사학자들에게 참가자의 몇 퍼센트가 오답이 나올 때마다 치명적인 수위까지 전기 충격(물론 가짜 충격이었다)을 높일 것이라고 생각하는지 물어보았다. 그들 대부분은 한 자릿수일 것이라고 예상했다. 하지만, 학생에게 최대치까지 전기 충격을 가한 참가자는 거의 3분의 2나 되었다!

밀그램은 후속 실험에서 방식을 약간 비틀어, 교사들에게 학생이 맞은편 벽에 서기 전에 '짐승처럼 굴었다'는 식으로 학생의 인격을 폄훼하는 언질을 주었다. 학생을 낮게 평가하는 권위자의 말에, 강요받지 않았는데도 자신의 의지로 450볼트까지 전기 충격을 높인 교사는 90%가 넘었다. 후속 연구에서 밀그램이 최대치까지 전기 충격을 높인 참가자들을 미리 면담했을 때는 하나같이 권위자가 아무리 강요해도 모르는 사람을 다치게 할 생각이 없다고 말했다. 그런데 실제 결과는 정반대였다. 밀그램은 이 연구에서 "대개는 그 사람의 원래 인격이 아니라 그가 처한 상황이 어떻게 행동할지를 결정한다"는 중요한 결과를 발견했다. 의지력은 개인의 정신보다 상황과 더 관련 있어 보인다는 이 연구 결과는 통제감을 갈망하는 인간에게는 고통스러운 깨달음일 수도 있다.

마케팅을 봐도 우리의 행동은 상황에 많이 좌우된다는 것이 드러난다. 마틴 린드스트롬Martin Lindstrom에 따르면, "런던 지하철에서 스피커로 클래식 음악을 내보냈더니 강도 사건은 33%, 직원에 대한 폭행은 25%, 열차와 역내 파손 사건은 37%가 줄어들었다."[5]

또한 린드스트롬의 설명에 따르면, 환경은 우리가 프랑스산 샤르도네 와인을 살지 아니면 독일산 리슬링 와인을 살지 결정할 때도 영향을 미칠 수 있다. "2주 동안 레스터대학교 연구진은 대형 마트의 와인 코너 스피커로 무겁고 유명한 프랑스 아코디언 음악을 내보내거나 독일 맥주 홀의 취주악 연주를 내보냈다. 프랑스 음악이 나간 날에는 소비자의 77%가 프랑스 와인을 골랐고, 독일 음악이 나간 날에는 와인 코너 소비자 대부분이 곧바로 독일산 섹션으로 직진했다."

부부의 외도 가능성을 나타내는 가장 훌륭한 예측 지표는 개인의 윤리나 종교가 아니라 기회이며, 연구에 따르면 부유하고 외모가 뛰어나고 여행을 많이 하는 사람일수록 외도 가능성이 높다고 한다. 부부 외도를 조사한 연구에서는 아우디 운전자가 외도 가능성이 가장 높았고, 다음으로는 BMW와 벤츠 운전자였다. 기아차는 왜 순위에 없는가? 기아차 운전자가 BMW나 벤츠 차량 운전자보다 도덕성이 높아서가 아니라, 기아차를 모는 사람과 바람을 피우고 싶어 하는 사람이 없어서다! 타이거 우즈처럼 배우자 몰래 외도를 하는 사람들에 대해 이러쿵저러쿵 말하기는 어렵지 않다. 그러나 그를 비난하는 사람 중 상당수가 같은 기회가 왔을 때 똑같은 행동을 하는 것도 분명한 사실이다.

음악처럼 단순한 것이 기물 파손이나 와인 선택, 심지어 외도 가능성에까지 영향을 미친다면 융단폭격처럼 쏟아지는 금융 뉴스와 시장 혼란기의 그 엄청난 선택지가 우리의 행동에 얼마나 극적으로 영향을 미칠지는 상상도 가지 않는다. 투자자는 남들이 두려워할 때 탐욕을 부려야 한다는 것을 머리로는 잘 안다. 그러나 CNBC 논평가들이 보내는 강력한 맥락 신호만 보면 세상이 망할 것 같고, 분기별 포트폴리오 정산표를 보면 손이 떨린다. 우리는 극구 부인하려 하지만, 연구에 따르면 우리는 상황에 따라 약해지기도 하고 강해지기도 하고 선해지기도 하고 악해지기도 한다.

의지력이 상황에 좌우된다는 것만으로도 충분히 나쁜 일이지만, 더 나아가 우리는 자기통제를 할 때도 의지력 저장고가 쉽게 바닥난다는 것이 연구 결과 드러났다. 한 연구에서 학생들은 일곱 자리나 두 자리 숫자를 암기하는 과제를 수행했고, 기억에 대한 보상으로 과일이나 케이크 중 하나를 선택해서 받았다. 두 자리 숫자를 암기하는 데 성공한 학생 상당수(59%)가 건강에 좋은 간식을 선택했지만, 일곱 자리 숫자를 암기한 학생들은 3분의 2(63%)가 보상 간식으로 케이크를 골랐다. 다른 비슷한 연구에서도, 아침 일찍 간식 한 바구니를 거절했던 다이어터들은 오후 늦게 치러진 기호 테스트에서 아이스크림을 더 많이 먹었다. 얼마 안 되는 자제력이 어느 상황에서 바닥나면 다른 상황에 처한 순간 무너져 내리고 만다.

연구실에서 이루어진 실험에 대해서는 위험도가 낮으므로 실제 적용할 수 없다는 비난을 흔히 받는다. '과일과 케이크를 걸고 하는 실험실 행동과 진짜 돈을 걸었을 때의 행동은 다르다'는 비난이다. 그러나 의지력 피로증은 자동차 구매자들을 대상으로 한 연구에서도 많이 나타나며, 그 결과로 그들은 수천 달러까지 손해를 본다. 연구진은 네 가지 변속 전환 장치, 13가지 바퀴 림, 25가지 엔진 구성, 56가지 내부 색상 등의 옵션을 고르는 구매자들을 대상으로 실험했다. 처음에 소비자는 신중하게 고민하면서 각 옵션을 이성적으로 비교했지만, 뒤로 갈수록 의지력이 바닥을 드러냈다. 나중에 옵션을 선택할 때는 비교를 덜 하고 딜러가 추천한 대로 따르는 행동이 높아졌다. 딜러들도 이런 성향을 잘 알기 때문에 고가의 옵션일수록 뒤에 선택하게 했는데, 구매자들에게 고가의 옵션을 먼저 선택하게 했을 때보다 약 2000달러 정도 더 비싸게 차를 구입하도록 유도했다. 심지어 손해를 크게 보는 일에서도 우리가 발휘할 수 있는 의지력에는 제한이 있다.

로이 바우마이스터는 감정과 의지력, 의사 결정에 관한 연구 결과를 투자자에게 광범위하게 응용했는데, 2003년에 발표한 연구 논문에서 그 결과를 간단히 요약했다.

- 시장 혼란으로 야기되는 감정 불안 때문에 투자자는 모든 대안을 고려하지 못하면서 객관적으로는 잘못된 선택인데도 고위험/고보상 투자에 마음이 끌리게 된다.
- 자긍심이 위협받을 때는 (실적 악화로 힘겨워하는 헤지펀드 매니저는) 자기 규율 능력을 잃는다. 성격이 오만한 사람일수록(헤지펀드 매니저라고는 말하지 않겠다) 자신을 비판하는 사람들의 의견이 틀렸다는 것을 어떻게든 입증하려 한다. 그러면서 그런 행동이 얼마나 위험한지는 생각하지 않는다.
- 소속의 욕구는 동기부여에서 중심적인 역할을 한다. 그리고 소속의 욕

구가 방해를 받을 때(참고 기다리는 역발상 투자에서는 피할 수 없는 일이다) 비합리적이고 자멸적인 행동에 지배당하게 된다.

홀로코스트의 공포에서 어떻게 살아남을 수 있었는지 묻는 말에 오스트리아의 저명한 정신과 의사이며 (내 마음속 영웅인) 빅터 프랭클Viktor Frankl은 이렇게 말했다. "자극과 반응 사이에는 공간이 있다. 그 공간에 반응을 선택할 수 있는 힘이 존재한다. 그 반응 속에 우리의 성장과 자유가 존재한다." 유대인 집중수용소에서 사랑하는 모든 사람과 모든 것을 잃은 프랭클의 경험은 자유의지는 결정론적인 것에 가깝다는 내 생각에 정면으로 대치된다. 프랭클이 증오를 증오로 갚았다고 해도 비난하기 힘들지만, 그는 의지력과 자신의 개인적 의미에 집중한 덕분에 수용소에서 살아남았고 멋진 인생을 살았다. 그리고 그의 회고록《죽음의 수용소에서Man's Search for Meaning》는 역사상 가장 많이 팔린 수기가 되었다.

프랭클의 수기가 존경과 감탄을 자아내는 이유는 단순한 이야기를 넘어 있을 법하지 않은 경험을 그려냈기 때문이다. 비슷한 상황에서 프랭클처럼 훌륭하게 회복할 수 있는 사람이 몇이나 될까? 자유의지가 실재하는지는 이 책과 내 능력을 벗어난 주제다. 그러나 투자 행동은 외부 요인에 크게 영향을 받을 수밖에 없으므로 돈을 굴리는 사람이라면 자유의지라는 이 특별한 주제를 어느 정도는 이해해야 한다. 행동투자자는 진정한 자유가 자유의 한계를 이해할 때 나온다는 사실을 알고 있다.

Chapter

14

행동투자는
위험 우선 투자다

"가장 멋진 계획은 타인의 어리석음에서 이익을 내는 것이다."

— 대(大) 플리니우스(Pliny The Elder)

닷컴 붐이 정점에 이르렀을 때 컴퓨터리터러시Computer Literacy Inc.라는 따분한 이름의 회사는 팻브레인닷컴fatbrain.com으로 이름을 바꾸고 단 하루 만에 주가가 33%나 올랐다. 마나테크Mannatech Inc.라는 회사는 최초 주식 공개 이후 이틀 만에 주가가 368%나 치솟았다. 기술주에 열광하는 투자자들(정확히는 투기꾼들)은 인터넷 회사라는 시늉만 보여도 열렬히 투자했고, 마나테크라는 회사는 이름만 보면 그들이 원하는 것에 딱 들어맞았다. 문제가 있다면, 마나테크가 변비약을 만드는 회사라는 사실이었다.

위의 두 사례는 내 주장을 펼치기 위해 고른 극단적인 경우라고 생각할 수 있지만, 실제로 나스닥이 붕괴를 향해 질주하는 동안 회사 이름에 인터넷의 '인'자만 들어가도 동종 회사들보다 63%나 주식 실적이 높았다! 주식 가치는 이론적으로는 미래 이익을 현재로 할인한 것이다. 그러나 현실에서는 이름을 바꾸는 말도 안 되는 조치만으로도 주가가 껑충 뛰어오를 수 있다.

이런 엉터리 상황이 실재한다는 사실이야말로 행동투자자에게는 최대의 이익이다. 즉, 이는 잠재적 초과 실적의 원천이다. 그러나 행동투자자에게 차익을 만들어 주는 이런 인간의 약점은 거품과 패닉, 붕괴처럼 부의 파괴를 불러오는 원인이 되기도 한다. 간단히 말해, '인간의 착오를 이용하고 공포를 피하는' 것이 행동투자자의 과제다.

고난과 재앙은 되풀이된다

증권거래소가 체계적 형태를 갖추고 발전한 이후로 거품이 반복되었다는 사실은 시장이 존재하는 한 언제까지나 이어질 인간의 비합리성에 바치는 헌사다. 15세기 독일에서는 쿡슨kuxen이라는 은광 지분 거래가 활발해지면서 신용 구매도 이루어졌다. 밸류워크ValueWalk 웹사이트에서는 쿡슨 주식을 이렇게 설명한다.

"돈놀이 시장에서 거래가 정착되며 이 지분의 가격도 크게 오르거나 떨어질 수 있게 되었다. 마르틴 루터Martin Luther는 1554년에 이 지분을 규탄했다. '나는 쿡슨은 쳐다보지도 않을 것이다. 그것은 돈놀이일 뿐, 진짜 돈은 만들어내지 못한다.'"

쿡슨 거품보다 한 세대 후인 네덜란드 황금기에 발생한 튤립 거품 시기에는 튤립 구근 하나의 가격이 시내의 집 한 채 값이었다. 그러나 거품에서 살아남는다고 해도 다음 세대에 비슷한 실수가 반복되지 않도록 예방주사를 맞은 것은 아니다. IMF는 거품은 "현대 경제사의 반복적인 특성"이라고 설명하면서, 1800년부터 1940년 사이에 영국과 미국에서만도 주식시장 거품이 23건이나 있었다고 보고했다. 거품은 지금까지도 있었고 앞으로도 영원히 우리와 함께할 것이다. 펀더멘털 가치와 완전히 딴판으로 노는 이런 시장의 현상을 무시하는 투자자는 모든 것을 잃을 수도 있다.

금융시장에 불확실성이 높아질 때 거품이 생긴다는 것은 맞지만, 노벨 경제학상 수상자인 버넌 스미스Vernon Smith와 동료들이 발견한 사실에 따르면 가격 결정이 명확하고 기한이 정해진 시장에서도 거품은 자연스럽게 발생한다. 스미스와 동료들은 피험자들에게 일정액을 준 후, 정해진 기한 동안은 펀더멘털 가치가 확실한(즉 예상 배당금이 분명한) 금융자산을 거래하게 했다. 이 통제된 환경에서조차 자산 가치는 진짜 가치 이상으로 올라갔고, 결국 정해진 시한이 거의 끝날 즈음에야 거품이 무너졌다.

스미스의 연구를 재현하고 시장이나 참여자의 다양성에 상관없이 같은 결과가 나오는지 알아보기 위해 많은 연구가 이뤄졌다. '노련한' 트레이더들(전에도 같은 게임을 해본 적이 있는 참가자들)은 반복 연습을 거치면서 거품을 끄는 방법을 익히긴 했지만, 평가 가치가 바뀐 즉시 거품은 다시 생겨났다. 모의 시장의 종류는 다양했고, 규칙도 실험마다 달라졌으며, 공매도가 허용되었다. 어떤 조건에서든 거품이 생겼다.

역사상 유명한 금융시장의 거품과 공황, 붕괴

튤립 광풍(네덜란드) – 1637년

남해주식회사 거품(영국) – 1720년

벵갈 거품(영국) – 1769년

1772년 신용위기(영국)

1791년 금융위기(미국)

1796~1797년 패닉 (미국)

1819년 공황(미국)

1825년 공황(영국)

1837년 공황(미국)

1847년 공황(영국)

1857년 공황(미국)

1866년 공황(영국)

검은 금요일(미국) – 1869년

1882년 파리 증권거래소 붕괴(프랑스)

'잉실라메인토Encilhamento'(브라질) – 1890년

1893년 공황(미국)

1896년 공황(미국)

1901년 공황(미국)

1907년 공황(미국)

대공황(미국) – 1929년

1937~1938년 경기후퇴(미국)

1971년 브라질 시장 붕괴

1973~1974년 영국 시장 붕괴

소크 알마나크Souk Al-Manakh 시장 붕괴(쿠웨이트) – 1982년

검은 월요일(미국) – 1987년

리우데자네이루 증권거래소 붕괴 – 1989년

일본 자산가격 거품 – 1991년

검은 수요일(영국) – 1992년

아시아 금융위기 – 1997년

러시아 금융위기 – 1998년

닷컴 거품(미국) – 2000년

중국 주식 거품 – 2007년

2007~2009년 대침체기(미국)

유럽 소버린 채권 위기(2010)

2010년 플래시 크래시(미국)

하버드의 연구에서는 스미스의 연구를 재현하되 중요한 가정 하나를 출발점으로 삼았다. 투기를 할 능력이 없다는 것과 고평가된 자산을 떠안을 '더 심한 바보'가 없다는 것이었다. 이렇게 신중하게 설정한 조건에서도 거품과 붕괴는 발생한다. 연구 보고서에서는 이렇게 말했다. "펀

더멘털 가치에서 멀어지게 되는 이유는 합리성에 대한 상식이 부족해서 투기가 조장되었기 때문이 아니라, 행동 자체가 비합리성의 요소를 내보이기 때문이었다는 결론이 나온다." 실세계에서는 존재하지 않을 인위적 제약을 가한 모의 시장에서도 실수와 공포심이 발현된다.

거품의 형태

거품을 진단하는 기준을 만들려는 로버트 실러의 노력은 감탄할 만하지만, 똑같은 거품은 없다는 것이 문제다. 모든 거품은 자산 가치가 부풀려진다는 공통점이 있지만, 그다음의 사건(이것이 중요하다)은 예측하기가 훨씬 힘들다. 로빈 그린우드Robin Greenwood, 안드레이 슐라이퍼Andrei Shleifer, 양 유Yang You는 거품 속성을 논하는 획기적 연구(《유진 파마Eugene Fama에게 바치는 거품》)를 통해 발견한 몇 가지 매력적인 사실을 발표했다. 가장 매력적인 결과는, 붕괴까지 이르는 대형 거품은 일부에 불과하다는 사실이다. 연구자들은 1928년부터 현재까지 40개의 거품(2년 이내에 100% 가격 상승)을 발견했지만, 그중 절반 남짓(2년 이내에 40% 가격 하락)만이 붕괴했다고 설명한다. 거품이 터졌을 때의 피해는 순식간에 멀리 퍼져 나갔다. "붕괴까지 이른 21개 거품 중 17개 사건에서 시장이 급락하는 동안 업종 전체의 수익률은 단 한 달 만에 -20%를 넘었다."

더 재미있는 사실은 시장 붕괴 규모는 거품의 크기에 비례한다는 점이었는데, 가격 상승 폭이 클수록 하락도 순식간이었다. 리솔츠자산운용Ritholtz Wealth Management의 마이클 배트닉Michael Batnick은 연구 결과를 이렇게 요약했다. "한 업종의 주식이 50%가량 올랐다면 다음 2년 동안 급락할 확률은 20% 정도다. 가격이 100% 올랐다면 붕괴 확률은 53%이고, 150% 이익을 거뒀다면 붕괴 확률이 80%까지 올라간다." 이해가 되는가? 터지는 거품은 절반일지라도, 터지면 끝장이다.

거품을 감지할 수 있는가?

노벨 경제학상 수상자인 로버트 실러의 설명에 따르면, 심리학자가 정신 질환 진단 기준을 사용해서 환자의 정신 건강을 평가할 때와 같은 방법으로 거품 확인을 위한 진단용 체크리스트를 만들 수 있다. 실러가 말하는 거품 진단의 출발점은 다음과 같다.

- 자산 가격이 급격히 올랐는가?
- 자산 가격 상승에 대중이 흥분하고 있는가?
- 언론도 대중의 흥분에 동조하고 있는가?
- 떼돈을 벌었다는 평범한 사람들의 이야기가 대중의 부러움을 자극하는가?
- 자산군에 대한 대중의 관심이 올라가고 있는가?
- '신시대new era' 이론이 등장하며 급격한 평가 가치 상승을 정당화하지는 않는가?
- 대출 기준이 낮아졌는가?

서사가 강력한 이유

나는 어린 시절 주일학교에서 악마를 조심해야 하는 이유는 악마가 대놓고 못된 짓을 해서가 아니라 교묘히 포장한 절반의 진실로 우리를 유혹하기 때문이라고 배웠다. 거품도 비슷하다. 거의 모든 거품도 시작은 한 톨의 진실이다. 인간의 서사를 거치면서 진실이 왜곡되고 나면 위험은 본격적으로 겉으로 드러나게 되는 것이다.

인터넷은 우리의 삶을 바꾸었고, 세상이 일을 처리하는 방식에도 일대 혁명이 일어났다. 그러나 닷컴이라는 이름이 붙은 회사라고 해서 전부 그런 혁명의 일원이 되는 것은 아니다. 거품이 태어나고 꺼지는 데는 근본적 이유가 있지만, 스토리를 원하는 우리의 욕구가 거품에 기름을 붓는다. 거품의 생몰 과정은 거의 비슷하다.

- 펀더멘털에 변화가 생겨서 자산 가격이 오른다.
- 자산 가격 상승이 관심을 끌어모은다.
- 가격 상승을 정당화하는 서사가 등장한다.
- 긍정적인 서사가 연이은 가격 상승과 거래량 증가를 부추긴다.
- 서사가 깨지면서 가격이 펀더멘털로 복귀한다.

로버트 실러는 거품을 일컬어 "가격 상승이 추가로 가격 상승을 불러오는 사회적 전염병"이라고 정의했다. 그리고 스토리는 펀더멘털 가치라는 작은 불꽃이 비합리성이라는 거센 불길로 타오르게 만드는 연료다.

프레스턴 티터Preston Teeter와 요르겐 샌드버그Jörgen Sandberg는 〈서사로 깨는 자산 거품의 수수께끼〉라는 재미있는 제목의 논문에서 스토리의 힘이 어떻게 거품을 만들고 유지하는지를 설명한다. 그들은 서사가 왜 그토록 강력한지에 대해 세 가지 이유를 댄다. 첫째, 자산은 일반적으로 역사적 선례가 드문 새 아이디어나 혁신이 등장할 때 생긴다. 이럴 경우 적정 가치에 대한 역사적 척도가 존재하지 않거나 있어도 적용할 수 없다. 역사적 데이터가 없으면 스토리가 지배권을 움켜쥔다. 둘째, 거품은 규제와 신용이 느슨할 때 많이 생기고, 이런 환경에서 발생하는 희열은 분석보다 스토리를 우선한다. 마지막으로, 투자 기회가 범람하는 고속의 세상에서는 우리가 이런 기회들의 복잡성과 숫자와 속도에 압도당해 각 기회마다 쏟을 수 있는 능력에도 한계가 생기게 된다. 시끌벅적한 세상에서 스토리는 엄청나게 조사하고 노력해야 하는 지루하고 머리 아픈 일들에서 한 가닥 쉴 틈을 선사한다. 데이터가 없어도, 진짜 가치와는 동떨어지게 계산된 가격일지라도 스토리가 있으니 다 괜찮다는 생각이 든다. 그러나 스토리가 변해도 정말 괜찮은가?

내 두 번째 TED 강연인 '섹스와 펀드, 로큰롤'에서 나는 연애와 관련된 결정은 광기에 휩싸였을 때의 재무적 의사 결정과 몇 가지 점에서 공통점이 있다고 말했다. 사랑에 빠지면, 그 대상이 사람이든 주식이든 우리는 그 사랑이 '영원할 것이라고' 믿으면서 현명한 선택에 도움이 되는 데이터는 무시한다.

아르투어 쇼펜하우어Arthur Schopenhauer는 판단력을 흐리는 성욕의 힘에 대해 이렇게 말했다. "친구 사이도 아니었던 두 사람의 결혼은 놀랄 일이 아니다. (…) 사랑은 (…) 성행위와는 별개로, 우리를 미워하고 경멸하고 혐오하게 될 사람들에게 깃든다. (…) 성행위가 끝나면 곧바로 악마의 웃음소리가 들린다." 일본에서는 이렇게 사랑을 나누고 난 후 제정신이 드는 것을 가리켜 '현자 타임賢者-time'이라고 한다.

성욕이 사라지고 나서야 우리는 자신의 결정을 조금은 더 합리적으로 평가한다. 그러고는 지난 밤의 결정을 후회하거나 왜 저 사람을 선택했는지 자신에게 의문을 던진다. 투자자도 마찬가지다. 거품을 키우는 자양분이었던 스토리가 시들고 제정신이 들면서 시장이 펀더멘털로 복귀하는 순간, '현자 타임'이 찾아온다. 사랑에서도 돈에서도 스토리의 힘은 딱 거기까지만이고, 결국에는 가혹한 현실을 마주해야 한다. 조금 더 냉정하게 말한다면, 행동투자자는 유혹을 받아도 즐길 것은 즐기되 잘못된 상대방과 결혼하지 않도록 충분히 조심하는 방법을 배워야 한다.

믿는 것과 입증하는 것은 다르다

정신을 차려야 한다. 회사 이름에 '테크'라는 말이 붙었다는 이유만으로 주가가 성층권으로 치솟는 미친 시장에 귀중한 당신의 돈을 맡긴다면 당신도 미친 것이다. 거품의 빈도와 크기를 이해하고 나면 패닉과 붕괴가 생길 때마다 아무리 담이 큰 투자자라도 정원에 돈을 숨기고 싶은 마음이 들 것이다. 그러나 인간의 실수와 두려움을 확실히 파악하는 것이 성공적인 투자 운용의 선제 조건이기는 해도, 실수와 두려움에 온 정신이 팔린 겁먹은 곰이 되어 움츠려서도 안 된다. 비관주의가 벌을 받는다는 것은 시장의 오랜 역사였고, 시장이 미쳐 돌아간다고 해서 당신까지 겁쟁이가 되어서는 안 된다는 사실은 두말하면 잔소리다.

예일대학교 경영학 교수 윌리엄 N. 괴츠만William N. Goetzmann은 다음과 같이 지적했다. "거품을 피하는 데 과도하게 무게추를 두거나 호황 뒤에 올 붕괴의 빈도를 오판하는 것은 장기 투자자에게 위험한 행동이다." 벤 칼슨도 '붕괴가 내 주위의 모든 것을 지배한다'라는 제목의 글에서 두려움의 비대칭성을 지적했다.

- 미국 주식은 1980년대에 400% 올랐지만, 우리는 1987년 시장 붕괴에 대해서만 말한다.
- 1990년대에 채권 투자자들이 번 총수익률은 100%가 넘었지만, 우리는 1994년의 금리 급등에 초점을 맞춘다.
- 신흥 시장 주식은 1990년대에 185% 올랐지만, 우리는 여전히 1997년 신흥 시장 통화위기에서 겪은 두려움을 떨치지 못한다.

행동투자자가 되려면 거품과 붕괴를 인정하고 의식하되 거기에 마비되어서는 안 된다. 부를 파괴하는 시장 붕괴에서 한 발짝 떨어지지 않는 것보다 더 정신 나간 행동은 두려움에 매몰되어 시장이 제공하는 좋은 기회를 모두 놓치는 것이다.

이런 균형을 유지하려면 규칙에 기반하여 필요할 때만 보수적인 태도가 되게 하는 시스템이 필요하다. 다시 말해, 스토리에 환호하는 우리의 단기 성향과 펀더멘털로 복귀하려는 시장의 장기 성향을 모두 이해하는 보수적인 태도를 갖춰야 한다. 행동투자자는 어느 한쪽의 투자 접근법에 노예가 되어서는 안 된다. 가치 투자든 모멘텀 투자든 상황과 시기에 따라 적절한 접근법을 사용해야 한다.

어떻게 두려움을 피할 것인가

2005년 8월 29일, 루이지애나 주 뉴올리언스 시민들을 보호해 주던 제방 50개가 무너졌고, 수백억 톤의 물이 10만여 채의 주택을 덮쳐 도시 전체가 물에 잠겼다. 피해 규모는 최악이었다. 1800명 이상이 실종되었고, 100만 명의 이재민이 발생했으며, 재산 피해는 1080억 달러에 달했다. 미국연방재난관리청FEMA은 허리케인 카트리나로 생긴 피해를 '미국 역사상 최악의 재난'으로 규정했다.

허리케인 카트리나로 생긴 피해는 신의 섭리에 따른 것이었지만, 인재라고 말할 수 있는 부분도 분명히 있었다. 최후의 든든한 보루가 되어 범람을 막아 줄 것으로 믿었던 제방이 결국에는 무너졌다. 원인은 복합적이었다. 제방 흙의 밀도를 잘못 계산했고, 제방의 3분의 1이 공사를 마치지 못했으며, 부실 자재를 사용했고, 제방 대부분 높이가 너무 낮아서 '범람'을 막지 못했다. 뉴올리언스 제방은 대부분 높이가 3미터 정도였기 때문에 이번 폭풍으로 발생한 7미터가 넘는 파도를 막기에는 역부족이었다. 역사상 최대였던 허리케인에 맞게 만들어졌을 뿐 더 큰 허리케인은 막을 수 없었던 것이다. 이는 금융에서도 고스란히 보이는 문제다.

은행과 위험관리사들이 사용하는 스트레스 테스트는 시장 폭락의 길이와 강도, 심각성 등에 대한 과거 정보를 돌아보며 테스트 과정이 역사적으로 잘 들어맞는지를 살핀다. 문제는 '역사상 최대의 폭락'이라는 왕좌는 더 큰 폭락이 올 때까지만 왕좌 자리를 유지한다는 것이다. 역사상 최대라고 해서 앞으로도 그럴 것이라는 보장이 없으며, 그렇게 믿을 만한 근거도 없다. 나심 탈레브는 이 파괴적인 생각을 고대 로마 시인이자 철학자의 이름을 본떠 '루크레티우스 문제lucretius problem'라고 이름 붙였다. 루크레티우스는 "바보는 자기가 본 가장 큰 산이 세상에서 가장 큰 산이라고 믿는다"는 말을 남겼다. 비슷한 의미로 바보 칠면조가 추수감사절에 즐거워했다는 뜻의 '칠면조 문제turkey problem'도 있다. 역사적 진실에만 의존하면서 즐거워하는 칠면조는 위험의 진짜 뜻을 크게 오해하게 될 것이다. 농부가 매일 곡식과 물이라는 선물을 들고 찾아오지만, 결국에는 도끼를 휘둘러 칠면조를 죽인다. 칠면조의 과거에는 이런 역사적 사건에 대한 선례가 존재하지 않지만, 그날이 닥치는 순간 칠면조는 확실하게 죽는다.

보통은 자비롭지만 한 번에 칼날을 휘두르는 농부처럼, 시장도 평소에는 관대하다가 한 번씩 무자비하게 칼날을 휘둘러 모든 것을 빼앗아 간다. 이럴 때는 아무것도 하지 않는 것이 능사다. '매매 후 보유buy and hold' 전략 주창자인 뱅가드는 아무 변화도 취하지 않은 계좌와 보유 종목에 변화를 취한 계좌의 실적을 비교했다. '아무것도 하지 않은' 계좌가 어설프게 변화를 꾀한 계좌의 수익률을 가뿐히 앞질렀다. 메이어 스태트먼은 스웨덴 연구 자료를 인용해, 초고빈도 트레이더들은 거래 비용과 잘못된 타이밍 때문에 매년 계좌 가치를 4%씩 잃으며, 이 결과는 세계 공통으로 나타난다고 말했다. 세계 주요 19개 증권거래소에서 고빈도 투자자들의 실적은 '매매 후 보유' 투자자들보다 매년 1.5% 정도 실적이 뒤졌다. 제이슨 츠바이크는 《악마의 금융 사전Devil's Financial Dictionary》에서 단타 매매자day trader를 정의하며 과도한 매매 활동이 얼마나 무익한지를 한마디로 일축한다. "바보IDIOT를 참조할 것."

시장 타이밍을 노리는 전략이 멍청한 짓이라는 증거가 많기는 해도, 매매 후 보유 전략 역시 가장 인내심 있는 투자자에게도 만족스러운 결과를 주지 못한다는 강력한 증거 역시 그 못지않게 많다. 마이클 배트닉이 발표한 다음의 표는 장기 실제 수익률도 낮을 수 있으며, 그런 일이 대단히 자주 발생한다는 것을 냉정하게 보여준다.

◆ 1달러의 실제 성장 ◆

1929~1943년	$1.08
1944~1964년	$10.83
1965~1981년	$0.94
1982~1999년	$11.90
2000년~현재	$1.35

금융 블로그 〈팻 피치The Fat Pitch〉(타자가 치기 좋은 공이라는 뜻의 야구 용어에서 유래한 말로, 주식시장에서 완벽한 기회를 뜻한다-옮긴이)의 기고자인 어번 카멜Urban Carmel도 "'매매 후 보유' 전략을 쓸 때와 쓰지 말아야 할 때"라는 제목의 게시글에서 무릎을 치게 만드는 통찰력을 제시했다. 그의 글에 따르면, S&P 500의 30년 뒤 실질 가치(즉 인플레이션 조정 가치)가 낮아

진 기간은 무려 15%나 되었다. 다시 말해, 1985년에 S&P 500의 실질 가치는 56년 전인 1929년 정점일 때의 가치보다 낮았다! 긍정적으로 생각하면 장기 인플레이션 조정 수익률이 85%의 기간에는 올라간다는 뜻일 수 있지만, 만약 당신이 투자하는 동안 운 나쁘게 마이너스 성장이 발생한다면 그 사실도 별로 위안이 되지 못한다.

카멀은 토빈의 Q$^{Tobin's Q}$ 이론을 이용하여 가치 평가가 가파르게 상승하고 나면 한동안 낮은 실적이 이어진다는 당연한 사실을 보여준다. 토빈의 Q 이론은 흔히 쓰는 P/E 비율과 비슷하지만, 이익이 아니라 재무상태표에 계상된 자산의 물리적 가치와 대체 가치를 이용한다는 점이 다르다. Q 값이 1보다 높아지면 그 후 20년은 마이너스 실적이 이어졌는데, 1929년의 Q 값은 1.07, 기술주 거품일 때는 1.64였고, 지금 이 글을 쓰는 시점에는 1.15이다.

실러의 CAPE(경기 조정 주가 수익 비율)를 이용해 배트닉이 말하는 저실적 기간을 다시 관찰하면, 장기간의 저실적은 대개가 오래 유지되지 못할 고평가에서 시작된다는 것을 알게 된다. 앞의 표에 나온 기간이 시작되는 해의 1월 1일에 시장들의 실러 CAPE 값은 다음과 같다.

- 1929년 - 27.06
- 1944년 - 11.05
- 1965년 - 23.27
- 2000년 - 43.77
- 현재 - 28.80
- 평균 - 16.67

지난 100년간 부를 창조하고 늘리는 글로벌 경제의 능력이 우리의 정신을 지배했고, 끝없는 비관적 태도가 들어서는 것도 막았다. 하지만 경제 번영이 글로벌 전체에 꽃피려면 세상 전체를 다 태우고 남을 정도로 커다란 변동성이 휘몰아쳐야 한다. 실제로도, 미베인 파버Mebane Faber는 이렇게 지적한다. "모든 G7 국가는 주식 가치가 75% 폭락하는 시기를 적어도 한 번은 경험했다. 75% 하락이라는 불행한 숫자일 때 투자자가 원금이라도 만회하려면 주가가 300%는 뛰어야 한다." 그의 지적은 계속 이어진다.

"1920년대 후반과 1930년대 초반의 미국 주식에, 1910년대와 1940년대 독일 자산군에, 1927년 러시아 주식에, 1950년대 중반 미국 부동산에, 1980년대 일본 주식에, 1990년대 신흥 시장과 원자재 시장에, 그리고 2008년에는 거의 모든 자산군에 투자한 개인들은 그 자산을 보유한 것이 대단히 현명하지 못한 행동이었음을 깨닫게 되었다. 위험 자산군의 거대한 낙폭에서 회복할 수 있을 만큼 오랫동안 자산을 보유할 여력이 있는 투자자는 별로 없다."

구매 후 보유는 누가 봐도 대체로 좋은 투자 전략이지만, 이 전략이 당신의 투자 기간과 상황에 딱 들어맞는 훌륭한 투자 방법이라고는 보장할 수 없다.

규칙과 예외

이렇게 해서 투자 철학을 고민하는 사람은 혼란스러운 갈림길에 서야 한다. 시장 타이밍 전략은 대개 실패로 끝나지만, 역사상 전체 시장이 모든 펀더멘털 가치 척도와 완전히 동떨어져 움직이는 시기가 있었던 것도 분명한 사실이다. 광란의 20년대, 60년대 후반과 70년대 초반의 니프티 피프티(S&P 500 중 상위 50대 종목), 기술주 거품과 주택 위기에 이르기까지 시장의 광기는 비교적 자주 일어나고 일반적인 가치 평가 방법으로도 쉽게 발견할 수 있으며, 그 결과로 극적인 부의 파괴를 몰고 왔다.

'시장 타이밍 전략을 쓰지 마라'가 규칙이라면, 이 규칙의 예외도 있지 않겠는가? 분명히 있을 것이다. 예외 규칙은 역발상 투자를 강조하는 행동투자에 부합할 것이고, 기회가 자주 오지는 않겠지만 실행을 하더라도 고통을 감내해야 할 것이며 느낌과는 정반대로 행동해야 할 것이다. 하워드 마크스의 말처럼 '위험'은 정말로 고약하다. 위험이 느껴지지 않을 때야말로 가장 위험할 때이기 때문이다.

따라서 행동투자자는 벼랑으로 떨어지지 않도록 몹시 신중하게 굴면서도 알맹이는 최대한 취할 수 있는 시스템을 만들어야 한다. 이 말인즉 어지간해선 투자에서 발을 빼지 말아야 한다는 뜻인데, 시장은 대부분 오르기 때문이다. 1872년부터 2003년까지 S&P 500이 오른 햇수는 63%였고 내린 햇수는 37%이기는 했다. 그러나 퍼스트트러스트First Trust 은행의 최근 연구를 보면 하락장에서는 행동투자에도 낙하산이 필요하다는 사실이 떠오른다. 강세장 평균 기간은 약세장 평균 기간보다 길기는 했지만(8.9년과 1.3년), 약세장에서의 누적 손실은 평균 41%나 되었다. 이런 재무적 대학살극으로도 모자라 행동투자의 피해는 훨씬 커질 수 있는데, 부가 41%나 사라지는 것을 고스란히 지켜보면서 위험 관리의 적정선을 유지할 수 있는 투자자는 거의 없기 때문이다.

지진이나 시장 붕괴나 똑같다. 언제 또 무너져 내릴지는 아무도 알지 못한다. 하지만 그렇다고 해서 지반이 흔들리기 시작할 때 최대한 조심하는 시스템을 만들지 못한다는 뜻도 아니다. 나심 탈레브의 말처럼 "이후의 쓰나미나 경제 재앙을 예측하지 못하는 것은 변명의 여지가 있지만, 그런 재앙에 무너지기 쉬운 것을 짓는 일에는 변명의 여지가 없다." 그리고 이 모든 것이 하나의 질문으로 이어진다. "그런 시스템은 어떤 모습인가?"

이런 비극적 손실을 미연에 막아 줄 시스템을 만들기 위해 일부 투자자들은 모멘텀 기반 투자 모델에 관심을 쏟는다. 가장 일반적으로 사용되는 모멘텀 투자 기법은 200일 이동평균을 일부 변형한 것으로, 가격이 200일 이동평균 이상인 한 자산을 그대로 보유하고 그 아래로 떨어지면 파는 모델이다. 물리학에서의 운동량이 그렇듯이, 가격 모멘텀 투자 모델에서도 강점과 단점은 그대로 이어진다. 제러미 시겔은 그의 역작 《주식에 장기투자하라》에서 다우지수와 나스닥에 적용한 결과를 설명했다. 그는 200일 이동평균보다 적어도 1% 이상에 근접했을 때는 다우지수를 샀고, 최소 1% 이하로 근접했을 때는 재무부 단기채권을 샀다. 시겔의 설명에 따르면, 이 단순하고 기계적인 전략으로 다우지수의 실적을 근소하게 앞질렀고, 1972년부터 2006년까지의 나스닥보다 매년 4% 이상씩 앞질렀다.

미베인 파버도 비슷한 접근법을 사용했다. 그는 사회과학 학술 논문

데이터베이스인 SSRN에서 다운로드 순위 2위인 〈전술적 자산 배분의 양적 접근법A Quantitative Approach to Tactical Asset Allocation〉에서 10개월 이동평균법을 시험한 결과를 설명했다. 파버는 매달 마지막 거래일 종장 시점에서의 10개월 이동평균을 측정한 후, 매달 가격이 10개월 이동평균보다 위일 때는 자산을 매수했고 월간 가격이 이동평균보다 낮을 때는 자산을 팔고 현금화했다. 파버의 단순한 접근법은 변동성을 낮추고 수익률을 높이는 극적인 결과를 보여주었다. 1901년부터 2012년까지 적용한 이 시장 타이밍 모델의 수익률은 매년 10.18%였던 반면에, S&P 500의 수익률은 9.32%였다. 더욱 놀라운 점은 17.87%였던 변동성이 11.97%로 크게 낮아졌으며, 정반대로 수익률은 증대되었다는 사실이다. 같은 기간 S&P 500에 투자한 100달러는 216만 3361달러로 늘어났지만, 파버의 시장 타이밍 모델에서는 무려 520만 5587달러로 늘어나 있었다.

매매 후 보유 전략, 다시 말해 장기 투자 전략의 주창자들은 투자에서는 모름지기 안전을 도모하면서 타이밍을 노려야 하는 순간도 드물게나마 있다는 내 말에 거부감을 느낄 것이다. 많은 가치 투자자가 워런 버핏이 있지 않냐고 말하는데, 시장 타이밍 전략에 맹렬히 반대하는 사람이 다 그렇듯 그 역시 자신이 좋아하는 보유 기간은 한평생이라고 거듭 말하곤 했다. 그러나 버핏의 말은 '내 말은 따르되 행동은 따르지 마라'의 전형적인 모범이다. 제시 펠더는 2017년 펠더 리포트에서 버크셔해서웨이의 현금 보유량이 사상 최대인 500억 달러를 넘어섰는데, 이때 주식들의 평가 가치는 기술주 붕괴나 대공황, 대침체기 시기에 맞먹을 정도로 높은 수준이었다고 말했다. 데이비드 롤프David Rolfe는 이 오마하의 현인을 다르게 평가한다. "그는 단순히 현금을 쓰기 위해 지출하는 것이 아니다. (그야말로) 내가 본 사람 중에 시장 타이밍 전략을 최고로 구사한다."

버크셔해서웨이의 1992년 주주들에게 보내는 편지는 조금 장황하기는 해도 버핏의 생각을 더 적절하게 드러내는 표현을 발견할 수 있다. "현금 흐름 할인 계산에 따라 가장 싸다고 입증된 투자야말로 투자자가 매수해야 할 종목입니다. (…) 게다가, 가치 방정식에서 대체로 주식이 채권보다 싸다고 나오기는 하지만, 그 계산을 항상 따라야 하는 것도 아닙니다. 계산에서 채권이 더 매력적인 투자라고 나오면 채권을 매수하는 것이 맞습니다."

이 오마하의 현인은 "언제나 주식만 고집하는" 투자자가 아니다. 그보다는 필요하면 시장 타이밍 전략도 구사하는 신중한 자산 배분가다. 버핏은 인터넷주 거품일 때 적기를 노리는 시장 타이밍 접근법을 구사했다. 그가 무모하게 투자하는 사람이어서가 아니라 확률을 이해했기 때문이다. 가격은 높은데 모멘텀이 지지부진하고 시장 분위기까지 부정적이었을 때는 언제나 저조한 실적이 이어졌다. 이번에는 다를 것이라는 말을 나는 믿지 않으며, 버핏도 마찬가지다.

피터 린치도 한 마디 일침을 가했다. "투자자들은 시장 조정을 준비하거나 조정을 예상하면서 잃는 돈이 조정 그 자체가 닥쳤을 때 잃는 돈보다 훨씬 많다." 그러나 제시 펠더가 펠더 리포트에서 지적했듯이, 린치의 말과 실적을 평가할 때는 그가 활동하던 시기까지도 같이 고려해서 받아들여야 한다. 린치가 한창 활동하던 1977년부터 1990년까지의 증시는 평균 평가가치(GDP 대비 시가총액)에서 1표준편차를 밑도는 수준에 머물러 있었다. 그러나 지금 증시는 똑같은 평가가치 척도로 따졌을 때

2표준편차를 웃도는 수준이다. 실제로 린치의 활동 시기에 시장이 가장 고점일 때도(1987년 9월) 최근 15년간 증시가 최악일 때의 수준과 비슷하다(2009년 3월). 시장 평가가치가 낮았기 때문에 린치의 수익률 전망은 밝았고, 당연히 매매 후 보유 전략도 매력적이었다. 키 180센티미터인 사람도 1미터 높이의 강에서 익사할 수 있다면, 장기 연평균 수익률이 10%인 시장일지라도 투자자는 얼마든지 익사할 수 있다.

규칙 기반 행동투자 전략은 첫째도, 둘째도 투자자에게 유리한 확률을 추구하는 것이다. 다시 말해, 주식시장 투자자는 인내심과 침착함, 무작정 움직이지 않는 것을 행동의 기본값으로 삼아야 한다. 또한 시장 타이밍을 노리는 투자 전략을 구사하더라도 진득히 움직여야 하며, 투자를 할 때는 그만한 이유가 있어야 한다.

투자 전문 블로그 〈철학적 경제학Philosophical Economics〉은 자산 배분과 비슷한 시각에서 시장 타이밍 전략을 바라보는 흥미로운 관점을 제시했다. 주식과 현금 배분을 40대 60으로 유지하는 투자자는 안전을 선호하는 것이기 때문에 높은 수익률을 기대하긴 힘들다. 어떤 투자 시스템이든 투자 인생의 60%를 관망하는 자세만 취한다면 영구 수익률은 크게 깎일 수밖에 없다. 그러나 신중한 투자자가 원금 보전과 정신 건강 유지를 위해 자산의 일정 부분을 위험도가 낮은 투자로 유지하듯이 행동투자자도 시장이 최악을 향해 달릴 때는 가끔 판에서 위험을 저 멀리 치워버리는 체계적 과정을 따라야 한다. 본능에만 충실하고 무분별한 고빈도 매매는 의심의 여지 없이 죄악이지만, 헤지펀드 매니저 클리프 애스니스Cliff Asness의 말도 유념해야 한다. "시장 타이밍 전략은 투자의 죄악이다. 그래도 이번만은 조금만 죄를 지으라고 권하고 싶다."

행동투자에는
절대자가 없다

고수익을 내는 것은 자산 운용 매니저들의 최대 책무다. 설명이 필요 없는 사실이다. 그런데 정반대 책무가 주어진다고 생각해 보자. 즉, 가능한 한 낮은 수익률을 내는 포트폴리오를 구축하는 책무가 주어졌다. 이 흉측한 괴물을 만들려면 어디서부터 시작해야 하는가?

첫 단계로는 좋은 투자의 기본 가정인 분산투자를 어기는 것에서부터 시작할 수 있다. 이를테면, 포트폴리오 구성 종목을 5개로만 꾸리는 것이다. 거기서 그치지 않고 수익률을 낮춘다는 목표로 조사한 결과를 가지고 평가가치가 높거나 거래가 뜸한 종목들만 매수한다. 그러나 아무리 부실한 포트폴리오를 구성하려고 노력해도 이 천덕꾸러기 주식들이 언젠가는 대박주로 변신할 수 있다는 사실도 알아야 한다.

보유 종목을 두세 개로만 한정하면 수익률이 낮아질 가능성이 올라가지만, 반대로 어느 순간 벤치마크 지수를 훌쩍 넘는 수익을 달성할 가능성도 그만큼 올라간다. 장기 투자의 관점에서야 비싼 주식(즉 평가가치가 높은 주식)은 잘못된 결정이겠지만, 단기적으로는 오히려 가장 밝은 미래를 선사하게 될 수도 있다. 애초의 책무와는 다르게, 가장 위험하게 조합된 포트폴리오가 누구나 부러워하는 결과를 만들어낼 수도 있는 것이다.

또 다른 상상을 해보자. 당신에게는 체스 게임에서 참패해야 한다는 임무가 떨어졌다. 그건 별일 아니라고? 당신이 나와 같다면 체스 게임에서 고의로 참패하는 것쯤이야 잘 두는 것에 비하면 아무 일도 아니다. 어떤 일이 요행수에 좌우되는지 실력에 좌우되는지를 알아볼 때는 위에서 말한 결과 망치기 게임을 해보면 된다고 마이클 모부신은 말한다. 다시 말해, 일부러 엉망의 결과를 내려고 노력하면 된다. 운이 중요한 판은 일부러 지기가 쉽지 않다. 룰렛 게임에서는 생각과 다르게 돈을 따는 결과가 나올 수도 있다. 그러나 실력이 중요한 게임에서는 의도적인 참패를 유도하기가 훨씬 쉽다. 여기서 한 가지 질문이 나온다. 투자는 요행수 게임인가, 실력 게임인가? 그리고 우리가 투자 결정을 내리는 방식에서 중요한 것은 무엇인가?

가치 평가 분야의 석학인 어스워스 다모다란Aswath Damodaran은 모부신이 제안한 행운-실력 테스트에 두 가지 조건을 추가한다. 다모다란은 성공이라고 말할 수 있으려면 시도해 본 횟수를 통해 정의와 측정 기준이 명확히 정립되어야 한다고 말한다. 야구나 체스처럼 실력 위주 게임에서는 이기거나 지거나 둘 중 하나다. 골프에서는 언더파나 오버파로 성공 여부가 분명하게 갈린다. 투자에서는 그 기준이 상당히 모호하고 복잡하다. 2008년에 10%의 손실만 본 펀드매니저가 있다고 가정해 보자. 상대적인 기준에서는 벤치마크를 무려 2800BP나 웃돌았으므로 엄청난 성공이다! 그러나 현실적인 관점에서는 여전히 실패로 볼 만한 소지가 다분하다. 어쨌거나 식품이나 주택을 살 때는 상대적인 수익률을 운운하지 않으며, 상대적으로 적은 손해여도 절대적으로는 커다란 손해가 될 수 있기 때문이다. 이 펀드매니저의 실적과 같은 경우를 성공이라고 간주해야 하는가?

시도 횟수에 초점을 두고 단 한 번의 3점 슛 성공만 가지고 농구 선수의 재능을 판단한다고 가정해 보자. 팔 힘이 좋은 사람이 운이 따르면 간간이 3점 슛을 성공하기는 하지만, 한 선수가 3점 슛에 강한지 아닌지는 적어도 수백 번 시도해 본 다음에야 드러난다. 자산 매니저의 활동 기간은 대개가 20~30년이고, 실적을 평가할 때 단기 기준이 1년이라면 슛 성공률을 평가하기에는 시도 횟수가 너무 적은 편이다. 현재 뮤추얼펀드 개수는 약 7000개 정도이고, 헤지펀드도 거의 비슷하다. 이 매니저들이 어떤 해에 벤치마크보다 낮거나 못한 성적을 거둘 가능성이 50대 50이라고 친다면, 모든 경우의 수를 다 운에 맡긴다고 하더라도 대략 420명의 매니저는 5년 연달아 벤치마크보다 나은 수익을 낼 것이라고 기대할 수 있다. 그리고 10년 연달아 벤치마크를 이기는 매니저도 10명 정도는 나올 것이라고 기대할 수 있다. 현실에서는 거의 실현 불가능한 성과이지만 말이다.

어떤 사람들은 '버핏이 있지 않은가?'라고 하면서 오랫동안 높은 성공을 누린 몇몇 투자의 대가들을 거론한다. 하지만 그러기에 앞서 실력과 상관없이 펼치는 게임에서 연달아 이기게 되는 경우가 얼마나 많은 지도 기억해야 한다. 혹여 실력이 관건이었다고 해도, 여러 증거는 한 개인의 타고난 재능보다 성공적인 과정(가치 투자 전략, 모멘텀 전략 등)이 지속적인 성공의 핵심 비결이었다는 사실을 보여준다. 이 모든 기준을 놓고 볼 때 투자에서는 행운이 더 많은 것을 좌우한다는 결론이 나온다. 우연으로도 성공은 이룰 수 있고, 실적 측정 기준은 모호하고, 똑같은 결과가 반복되는 것도 드물기 때문이다.

최후의 4할대 타자?

1903년에 대대적인 규칙 재정비와 함께 현대 야구가 시작되었다. 그 후 38년 동안 7명의 타자가 통산 12회에 걸쳐 4할대 타율을 달성했다(로저스 혼스비Rogers Hornsby, 타이 코브Ty Cobb, 조지 시슬러George Sisler는 모두 두 시즌 이상에서 4할대를 기록했다). 마지막으로 4할대를 기록한 빅리거는 1941년의 테드 윌리엄스Ted Williams였다. 그때부터 70시즌이 넘게 이어졌지만 4할대 타자는 양대 리그 어느 쪽에서도 나오지 않았고, 로저스 혼스비의 0.424 타율은 어지간해서 앞으로도 깨지지 않을 것으로 보인다.

이렇게 난공불락의 기록을 보유하게 된 것은 타자 본인들의 절대적 실력과는 아무 상관이 없었다. 만약 지금 날고 긴다는 앨버트 푸홀스Albert Pujols나 마이크 트라우트Mike Trouts 같은 타자들이 그때의 타선에 선다면 투수 학살극이 벌어질지도 모른다. 절대적인 실력에서는 푸홀스나 트라우트가 훨씬 높기 때문이다. 실력이 달라진 이유는 개선된 영양 상태, 더 좋은 훈련법, 그리고 더 견고한 장비들이 등장하면서 모든 보트를 물에 띄웠다는 데 있다. 펀드매니저이자 유명한 금융 칼럼니스트인 래리 스웨드로Larry Swedroe의 말처럼 "승부를 겨루는 많은 게임에서 결과를 좌우하는 데 더 중요한 역할을 하는 것은 '절대적' 실력이 아니라 '상대적' 실력이다. 체스도, 포커도, 투자도 다 그렇다. '실력의 역설'이란, 실력이 아무리 올라도 시합 전체의 수준이 같이 오른다면 운이 결과에 더 큰 영향을 미칠 수 있다는 것을 의미한다."[1] 타자들의 실력이 올랐지만 그들의 실력 향상과 함께 야구 전체의 수준도 같이 올랐다. 다시 말해, 투수와 내·외야수들의 실력도 같이 올랐다. 투자 운용이라는 승부 게임에서도 비슷한 현상이 펼쳐지고 있다.

야구 산업의 명예와 유명세, 높은 연봉 덕분에 운동 실력이 좋은 인재들이 몰리는 것처럼, 투자 운용 산업도 금전적 보상이 월등히 높다는 이유로 의료 등 더 중요한 산업으로 가야 할 젊은 인재들을 대거 빼앗아 왔다. 찰스 엘리스는 〈파이낸셜애널리스트저널Financial Analysts Journal〉에서 이렇게 말했다. "지난 50년 동안 승부의 장으로 뛰어드는 재능 있는 젊은 투자 전문가들의 수는 갈수록 늘어났다. (…) 그들은 선임자들보다 고도의 훈련을 받았고 더 훌륭한 분석 툴을 이용하며 더 많은 정보에 더 빠르게 접근하고 있다." 그리고 누구나 예상하는 결과가 나오고 있다. "현대 주식시장의 효율성이 높아져 시장에 필적하기가 힘들어졌고, 시장을 이기기는 훨씬 더 힘들어졌다. 비용과 수수료를 생각하면 결과는 더욱 처참하다." 테드 윌리엄스와 타이 코브가 마지막 4할대 타자였듯이, 워런 버핏과 피터 린치도 투자에서 마지막 4할대 타자가 될지도 모른다.

실력의 역설을 이론적으로 말하는 데 그치지 않고 경험적 실험법으로 검토한 연구가 있는데, 결과가 달갑지 않다. 〈뮤추얼펀드의 행운과 실력Luck Versus Skill in the Cross-Section of Mutual Fund Returns〉이라는 논문에서 유진 파마와 케네스 프렌치Kenneth French는 검토 대상에 포함한 뮤추얼펀드 매니저 중 상위 2%에서는 실력이 행운보다 더 중요하다고 주장했다. 마이크 서배스천Mike Sebastian과 수다카르 아타루리Sudhakar Attaluri는 〈확신 투자 Conviction in Equity Investment〉에서 수수료와 비용까지 다 제하고 나서도 수익을 내는 펀드매니저의 수가 20년 전에는 20%였지만 2011년에는 1.6%로 확 줄었다는 사실을 보여주었다. 연구 결과를 한마디로 요약해 달라는 요청에 서배스천은 전 세계 모든 기관형 주식투자 상품 중에서 98% 이상이 수수료와 비용을 차감한 후의 진짜 수익을 내지 못하고 있다고 답했다.

실력으로 위장한 행운

실력을 발휘하는 펀드매니저가 줄어드는 이유가 전적으로 벤틀리와 요트를 원하는 똑똑한 아이비리그 출신 젊은 인재들이 대거 금융계로 몰려들기 때문만은 아니다. 안타깝지만, 오늘날 매니저들이 실력 있어야 성공하는 액티브 운용의 상당수가 실제로는 액티브 운용과는 거리가 멀다. 말로는 액티브이지만 실제로는 패시브 운용인 클로젯 인덱싱 펀드는 투자자들에게 최악의 세상을 맛보게 한다. 별다른 차별화 없이 수수료만 잔뜩 높은 클로젯 인덱싱은 우리가 상상하는 것보다도 훨씬 넓게 퍼져 있다. 아테나인베스트의 토머스 하워드는 클로젯 인덱싱을 심층 조사하면서 "대체로 이런 펀드에서는 저확신 포지션이 고확신 투자보다 3배 가량 많다"[2]는 사실을 발견했다. 알파아키텍트Alpha Architect의 설립자 겸 운용자인 웨슬리 그레이Wesley Gray가 조사한 결과에서도, ETF는 8%, 뮤추얼펀드는 23% 정도만이 벤치마크 펀드보다 의미 있게 높은 수익을 냈을 뿐이었다. 더욱이 액티브 운용 펀드는 수수료와 비용도 비싸서 거래가 활발한 액티브 펀드의 평균 초과 수익은 128BP 정도에 불과했다. 결과는 분명하다. 대다수 액티브 운용 펀드는 벤치마크 펀드보다 의미 있는 초과 수익을 내지 못하기 때문에 매니저는 자신의 실력을 내보일 수 없고 투자자들만 엄청난 비용을 고스란히 떠안게 된다. 이처럼 고수수료-저확신 투자가 결합해 버리면 실력이 좋은 매니저라도 실력을 뽐내고 말고 할 환경이 만들어지지 않는다.

투자에서는 약간의 행운이 더 많이 개입하는 편이지만, 곧 실력이 의미 없다는 뜻은 아니다. 그러나 실력이 드러나는 것은 펀드매니저가 담력이 있을 때나 가능하다. 마타인 크레머스와 안티 페타지스토는 포트폴리오 운용 비중이 벤치마크와 비교해서 얼마나 다른지를 보여주는 액티브 투자 비중 개념을 2009년 논문에서 처음 소개했다. 두 사람의 연구 결과에 따르면, 진정한 액티브 매니저들(벤치마크 지수와 비교해서 60% 이상 운용 비중이 차이 나는 매니저들)은 역사적 실적이 지수를 뛰어넘었으며, 차이가 클수록 실적은 더 웃도는 편이었다.

2013년 논문에서 페타지스토는 액티브 투자 비중이 높은 포트폴리오의 실적은 1990년부터 2009년까지 월등히 높았고, 금융위기 동안에도 우세를 계속 유지했다고 적었다. "가장 적극적으로 포트폴리오를 운용하는 매니저들은 투자자들의 자산을 늘려 주는 능력이 있었다. 그들은 모든 수수료와 비용을 차감하고도 매년 약 1.26%씩 벤치마크 지수를 앞섰다."

실력만이 아니라 담력도 중요하다는 것이 드러나는 순간이다.

행운의 의미

존 말코비치, 에드워드 노턴, 그레첸 몰, 맷 데이먼이 출연한 영화 〈라운더스Rounders〉는 한때 개과천선했지만 친구의 빚까지 떠안게 되어 어쩔 수 없이 도박판으로 돌아오는 한 대학생의 이야기를 들려준다. 이 영화에서 내가 제일 좋아하는 장면은 데이먼이 연기한 마이크가 파트너인 조(그레첸 몰)에게 포커는 사실상 실력 게임이라고 말하는 부분이다. 분위기가 한창 달아올랐을 때 마이크가 외친다. "그 다섯이 나란히 포커 월드 시리즈 결승전에 진출할 거라고 믿는 건 아니겠지? 그놈들이 라스베이거스 최고의 행운남이 될 거라고? 포커는 실력이 중요해, 조." 포커에서 운수가 중요하다는 거야 다들 직관적으로 알지만 마이크는 핵심을 찌른다. 게임의 관건이 운이라면 그 다섯 명이 똑같이 우승할 수 있을 리 없지 않은가? 결국 중요한 것은 요행수를 따르기만 하는 것과 운수를 재빨리 움켜쥐는 것의 차이를 이해하는 것이다.

체스나 농구처럼 실력 위주 승부에서 이기려면 카네기홀 무대에 서는 것과 똑같은 관문을 거쳐야 한다. 연습이 가장 중요하다. 행운에 크게 좌우되는 게임에서는 다른 원칙이 필요하다. 이런 게임에서는 그 게임 나름의 규칙을 따르는 과정을 무수히 반복했을 때 승리를 얻을 수 있다. 이해가 가지 않을 수도 있지만 행운이 승부에 영향을 미치는 게임에서는 특정 사건의 결과가 아니라 결정의 질이 중요하다. 체스에서는 연습을 반복하다 보면 승률이 올라간다. 포커와 투자에서는 정신적 강인함을 길러야 승률이 올라간다. 포커 이론가 데이비드 스클랜스키David Sklansky는 포커판에서 자신이 가장 유리한 패를 들고 있다고 생각해야 한다고 말한다. 나타난 결과만 가지고 자신을 판단하는 것이 아니라, 돈을 다 건 상황에서 당신이 이길 확률이 가장 높다고 생각해야 한다는 것이다. 투자도 마찬가지다. 나타난 결과만 보고 판단하는 것이 아니라 자신이 내린 결정이 좋았는지 아닌지를 판단하면서 투자 승률을 조금씩 높여 나가는 것이야말로, 감정을 다스리고 성과를 적절히 측정하고 다음 날 또 맞서 싸우기 위한 관건이다.

워런 버핏은 '그레이엄과 도드 마을의 위대한 투자자들The Superinvestors of Graham and Doddsville'이라는 제목의 명강연에서 시장이 효율적으로 가격을 결정하고 성공은 순전히 운에 좌우된다고 믿는 사람들을 날카롭게 비난한다. 그는 동전 던지기를 하는 오랑우탄에 빗대어 말한다. 오랑우탄 2억 2500만 마리가 일제히 동전 던지기를 시작한다. 그중 이긴 오랑우탄이 다음 날 다시 동전을 던지고, 또 이긴 오랑우탄이 그다음 날 다시 동전을 던진다면 20일 연속해서 동전을 던지게 되는 오랑우탄의 수는 215마리가 된다.

"그 215마리 오랑우탄 중에서 40마리가 오마하 동물원 출신이라면 그 동물원에 뭔가 특별한 이점이 있다고 생각하게 될 것이다. 그래서 당신은 동물원으로 가서 사육사에게 무슨 특별한 사료를 먹이는지, 특별한 운동을 시키지는 않는지, 무슨 책을 읽는지, 그리고 뭔가 특별히 배운 점은 없는지 시시콜콜 물어볼 것이다. 다시 말해, 특별히 연달아 성공을 거두는 누군가를 본다면 원인이라고 생각될 만한 특징이 없는지 알아보려 할 것이다."[3]

버핏은 투자에서 행운이 큰 부분을 차지한다는 사실을 부인하지는 않지만, 더 중요한 진실을 간과하지 말아야 한다고 말한다. 운칠기삼의 환경에서도 누군가가 연달아 성공을 거둔다면 그것은 지켜야 할 규칙을 지켰기 때문이다. 버핏이 지킨 규칙은 가치 투자의 대가 벤저민 그레이엄이 말한 '싸게 사라'였다.

투자 운용에서 행운이냐 실력이냐는 단순한 이론적 토론을 뛰어넘어 행동투자자가 포트폴리오를 구축할 때 명심해야 하는 지침이기도 하다. 시장에서는 행운도 중요하고 실력도 중요하다. 이 사실은 우리가 연습보다는 규칙을 더 중시해야 한다는 것을 유념하게 해주고, 충분한 분산투자를 통해 불행을 방지하는 동시에 규칙 기반의 게임에서 승률을 높여 넉넉한 수익률을 거둘 수 있을 만큼 차별적인 운용도 해야 한다는 것을 알려준다.

행운의 역할을 인정하면 호경기에는 거만해지는 에고를 억누를 수 있고, 불경기에는 낙하 충격을 완화할 수 있다. 규칙을 엄격히 지키면서 거두는 성공은 NBA 선수가 3점 슛을 연습하는 것만큼 짜릿하거나 재미있지는 않지만, 그에 못지않은 보상 잠재력이 있다.

행동투자
실전 응용

마지막 장에서는 앞에서 배운 행동투자의 세 가지 시험대를 양대 자산 운용 철학인 가치 투자와 모멘텀 투자에 응용할 것이다. 세 가지 시험대에 따라 우리는 경험적 증거를 먼저 찾아보고, 다음으로는 이론적 설명을 자세히 관찰하고, 마지막으로 두 투자 철학의 행동적 근거에 들어맞는지도 알아볼 것이다. 이에 더해, 인간의 잘못된 인식과 반응으로 만들어지는 폭등과 붕괴 사이클을 설명하는 재귀성reflexivity이라는 투자 행동 흐름에서 이 세 가지 관문이 어떤 식으로 적용되는지도 살펴볼 것이다.

가치 투자를 위한 변론

벤저민 그레이엄이 기틀을 잡고 워런 버핏이 대중화한 가치 투자는 내재 가치보다 싸게 거래되는 것으로 보이는 주식을 매수하는 투자 접근법이다. 한마디로, 염가 구매라고 말할 수 있다. 세 가지 시험대(데이터, 이론, 행동)를 지속적으로 통과하는지 여부를 볼 때 싸게 사는 것이 비싸게 사는 것보다 이론적으로 당연히 더 낫다. 경험적으로 봐도 가치 투자는 훌륭한 투자 방법이다. 한 세기가 넘는 역사적 데이터가 이것을 증명한다. 로버트 비시니Robert Vishny, 요제프 라코니쇼크 Josef Lakonishok, 안드레이 슐라이퍼는 논문 〈역발상 투자, 외삽법, 위험Contrarian Investment, Extrapolation and Risk〉에서 PBR과 수익률의 관계를 분석했다. 저低PBR 주식(가치주)은 1년 중 73%의 기간 동안 고高PBR 주식보다 높은 수익률을 냈고, 3년 동안은 90%의 기간 동안, 그리고 5년을 봤을 때는 100%의 기간 동안 더 높은 수익률을 냈다.

예일대학교의 로저 이보스턴Roger Ibboston 교수는 〈1967~1985, NYSE 10분위 포트폴리오〉에서 PER에 따라 주식을 10분위로 나눈 뒤 1967년부터 1985년까지의 실적을 측정했다. 10분위의 최하위권에 놓인 종목들은 최상위에 놓인 종목들보다 많게는 600%가 넘는 우수한 실적을 냈고, '평균권'에 속한 종목들보다는 200%가 넘는 실적을 냈다. 비슷한 연구에서 유진 파마와 케네스 프렌치는 1963년부터 1990년까지 시장에서 거래된 모든 비금융권 주식을 PBR에 따라 10분위로 나눴다. 해당 기간 PBR이 가장 낮은 주식의 수익률은 최상위 PBR 주식의 거의 3배나 되었다.

다양한 가치 평가 요소를 가장 광범위하게 분석한 책은 제임스 P. 오쇼너시의 명저《월스트리트에서 성공하는 투자》다. 오쇼너시는 종목을 10분위로 구분해서 1963~2009년까지의 수익률을 관찰하는, 지금은 잘 알려진 방법을 사용했다. 그의 연구 결과는 가치 투자의 효과와 조금씩 올라가는 연간 수익이 복리로 쌓여(연간 복합 수익률을 의미한다-옮긴이) 마침내 거대한 부를 이루게 되는 것이 얼마나 큰 효력이 있는지 잘 보여준다. 그의 발견에 따르면, 최하분위의 PER 주식에 투자한 1만 달러가 16.25%의 연간 복합 수익률로 불어나서 마지막에는 1020만 2345달러가 되어 있었다. 똑같은 1만 달러를 11.22%의 연간 복합 수익률을 낸 지수연동형 펀드에 투자했다면 2009년까지 불어난 금액은 132만 9513달러에 불과했을 것이다. 저가 주식을 산 덕분에 900만 달러나 더 벌었고, 변동성은 오히려 더 낮았다. 고위험-고수익이라는 효율적 시장 개념을 머쓱하게 하는 결과다.[1]

그러나 가장 높은 PER 분위에 속하는 종목 중에서 인기 종목은 무엇인가? 최고분위 PER 종목들에 투자한 1만 달러는 2009년까지 11만 8820달러가 되어 있었는데, 지수연동형 펀드보다 100만 달러 이상 적었고 최하분위 PER 종목들보다는 1000만 달러나 적었다. 워런 버핏의 말을 강력하게 입증하는 결과다. "주식시장에서는 들뜬 합의가 있을 때 아주 비싼 값을 치르게 된다. 불확실성은 솔직히 말해 장기적인 가치 투자자의 친구다."[2] 지금까지의 설명으로도 내 주장이 충분히 입증되었다고 생각한다. 가치주는 수익률이 더 높고 변동성이 더 낮으며 놀랍도록 꾸준한 수익을 낸다. 정말로 훌륭한 투자 방법 아닌가? 그리고 가치 투자가 지금까지도 그렇고, 앞으로도 훌륭한 투자 방법으로 지속될 수 있는 심리학적 근거 역시 존재한다.

가치 투자의 심리학

가치 투자의 행동적 근원은 파인애플에서 찾을 수 있다. 인생학교School of Life의 '우리는 왜 값싼 것을 싫어하는가?' 강연에서 말했듯이, 크리스토퍼 콜럼버스Christopher Columbus는 파인애플을 처음 맛본 유럽인이었고, 그는 곧바로 이 이상하게 생겼지만 새콤달콤한 과일에 매료되었다. 콜럼버스는 솔방울처럼 생긴 보물을 배에 실어 구대륙으로 가져가려 했지만, 긴 항해에 남은 파인애플은 아주 적었다. 결국 콜럼버스 시대에 이 진귀한 과일 하나를 먹으려면 무려 5000달러나 치러야 했다! 몸값이 치솟은 파인애플은 왕실의 사랑을 듬뿍 받았다. 러시아의 예카테리나 여제Catherine the Great와 영국의 찰스 2세Charles II도 파인애플 예찬론자로 유명했지만, 이 사랑도 식민지 미국의 총독이며 파인애플을 기리는 사원까지 지은 던모어Dunmore 총독에 비하면 아무것도 아니었다. 그러나 19세기로 오면서 사정이 달라지기 시작했다. 하와이에 대형 파인애플 농장이 생기고 운송 기술이 발달하여 구하기가 훨씬 쉬워졌다. 파인애플의 희귀성이 떨어지면서 귀한 대접이 사라졌고, 오늘날에는 하나에 1.50달러 정도밖에 하지 않는다. 예전이나 지금이나 같은 파인애플이지만 가격이 떨어지면서 그것을 인식하는 가치도 확 낮아졌고, 심지어는 품질에 대한 인식마저 낮아졌다. 지금 우리는 파인애플이 들어간 과일 샐러드에 예카테리나 여제만큼 강렬한 기쁨을 느끼지는 않는다.

파인애플의 가치 하락 사례는 스탠퍼드대학교의 바바 시브Baba Shiv 교수가 '수평적 와인 시음회' 연구를 통해 예술적으로 입증한, 가격과 인지된 가치 사이의 밀접한 관련성을 잘 보여준다. 시브는 참가자들을 fMRI에 똑바로 눕게 하고 가격을 써 붙인 여러 종류의 와인을 정량씩 마시게 했다. 그리고 참가자들이 와인을 마실 때 가격과 대뇌 처리 과정에 어떤 관계가 존재하는지 알아보기 위해 그들의 뇌 활동을 촬영했다. 더 구체적으로 말해, 시브가 관찰한 뇌 영역은 쾌락을 담당하는 것으로 알려진 복내측전전두피질이었다.

당연히 참가자들은 10달러짜리 와인보다 90달러짜리 와인을 마실 때 뇌의 쾌락 중추 활동이 올라갔다. 문제는 전부 10달러짜리 와인이라는 점이었다! 모든 실험 조건에서 참가자들은 똑같은 와인을 마셨지만, 뇌의 쾌락 중추 활동은 와인의 품질이 아니라 가격의 차이에 직접적인 영향을 받았다. 다른 모든 조건이 동일하다면, 우리는 가격이 품질을 결정하는 최대 요인이라고 생각한다.

산업 시대 이전에는 가격과 가치를 동일하게 생각하는 것이 거의 당연했다. 장인들이 모든 것을 수작업으로 만들던 시대에는 정성을 많이 쏟은 물건일수록 품질도 좋았다. 자동화되고 천연자원을 값싸게 얻을 수 있는 오늘날에는 비용이 많이 든다고 가치가 올라가지는 않으며, 자본시장에서는 오히려 그 반대일 수도 있다. 다시 말해, 비싼 값을 치를수록 얻는 가치는 적어진다. 행동투자자는 가격과 가치의 허무맹랑한 정신적 상관관계를 끊고 아이처럼 생각하는 프로세스를 만들어야 한다. 아이는 장난감의 가격이나 출처에 대해서는 아무것도 모르기 때문에 진짜로 재미있는 장난감 상자 자체에만 집중한다.

가치 투자가 지속적으로 효과를 내게 되는 두 번째 심리적 근원은 대니얼 카너먼이 말하는 WYSIATI로, 풀어쓰면 '당신에게 보이는 것이 세상의 전부다What You See Is All There Is'라는 뜻이다. 이 개념에 따르면 어떤 메시지든 스토리와 그 스토리의 출처라는 두 가지 부분으로 나눠서 평가할 수 있다. 스토리는 자동적 사고('시스템 1 사고')를 촉발하며, 결정을 내릴 때 가장 쉽게 즉각적으로 사용하는 수단이 된다. 반면에 스토리 출처를 평가할 때는 시간이나 주의 집중, 지적 노력이 훨씬 많이 필요하기 때문에 충분한 관심을 기울이지 못할 소지가 다분하다. 카너먼의 설명처럼 우리는 메시지 내용에 반사적으로 반응할 뿐 그 스토리의 출처가 휴게실의 '뒷담화'인지, 아니면 〈뉴욕타임스〉인지는 따지지 않는다. 카너먼은 《생각에 관한 생각》에서 이렇게 설명했다. "시스템 1은 인상과 직관을 불러일으키는 정보의 질에도, 양에도 극단적으로 무감각하다."[3]

'당신에게 보이는 것이 세상의 전부다'는 가치 투자에 응용하면 주가가 스토리이고, 그 주가의 바탕이 되는 펀더멘털이 스토리의 근원이라고 생각할 수 있다. 반사적 사고가 습관이 되어 있고 인지적 사고에는 게으른 대다수 투자자는 스토리에만 반응하고 그 스토리의 진위에 대해서는 거의 고민하지 않는다. N. 바베리스N. Barberis, A. 무케르지 A. Mukherjee, B. 왕B. Wang도 논문 〈전망 이론과 주식 수익률: 실증적 분석 Prospect Theory and Stock Returns: An Empirical Test〉에서 이 점을 설명했다. 그들의 연구에 따르면, "해당 종목의 과거 수익률 분포는 상당수 투자자들에게는 그 종목을 정신적으로 대변하는 역할을 한다. 이런 정신적 대변이 받아들여지는 이유는 과거 수익 분포야말로 자신들의 진짜 관심 대상인 미래 수익률 분포를 쉽게 확보하게 해주는 훌륭한 대리인이라고 투자자들이 믿기 때문이다." 투자자들은 과거 수익률이 급등한 주식이 미래에도 급등할 것이라고 생각하며 대거 투자한다. 바베리스 연구진이 1926년부터 2010년까지 46개 국가 시장을 실증 분석해서 나온 결과다.

지금 눈에 보이는 것이 앞으로도 존재할 것이라는 생각이 우리의 사고를 지배한다. 좋은 투자가 그토록 어려운 이유는 '보이는 것은 앞으로 얻을 것의 정반대다'라는 사실에 있다. 지금까지 3~5년 동안 고수익을 낸 주식은 앞으로 몇 년은 부진할 가능성이 높다. 고빈도 거래자는 저빈도 거래자보다 낮은 수익을 낼 소지가 크다. 이렇게 흑이 백이 되고 모가 도가 되는 세상인 '월스트리트의 비자로 월드'가 가치 투자를 효과적으로 유지해 주는 힘이기도 하다.

그러나 가치 투자는 반직관적인 투자일 뿐 아니라 실제로 신체에 고통을 불러일으키기도 한다. 아이젠버거N. I. Eisenberger와 리버먼M. D. Lieberman은 사회적 고립이 신체적 통증을 불러올 수 있다는 가설을 시험하기 위해 참가자들에게 컴퓨터 게임을 하게 했다. 실험 참가자들은 자신을 포함해 셋이 한 팀으로 공 던지기 게임을 한다고 생각했다. 그러나 다른 두 참가자는 사람이 아니라, 얼마간 공을 주고받는 척하다가 실제 참가자를 따돌리도록 프로그래밍 된 컴퓨터였다. 이른바 '왕따'를 당한 참가자의 뇌에서는 신체적 통증을 느낄 때 활성화하는 부위인 측대상피질과 뇌섬엽 활동이 올라갔다. 가치 투자 전략은 내 쪽으로 공을 던지는 사람이 아무도 없는 것과 같다. 남들이 저쪽으로 갈 때 나 혼자 이쪽으로 가야 하는 것이다.

이러니 성장주 펀드가 가치주 펀드보다 무려 70%나 많은 것도 당연하다. 가치 투자는 합당한 이론, 경험적 증거, 행동상의 근거라는 행동투자의 세 가지 시험대를 모두 통과하지만, 문제는 심리적으로도 신체적으로도 실행하기가 대단히 어렵다는 데 있다. 가치 투자는 아주 좋은 투자 전략이다. 그러나 누구도 쉽다고는 자신하지 못한다.

모멘텀 투자를 위한 변론

모멘텀 투자는 등속 운동 중인 모든 물체는 그 등속 운동을 계속하려는 성질이 있다는 뉴턴의 운동 제1법칙인 관성의 법칙을 금융 투자에 적용한 것이다.[4] 뉴파운드리서치Newfound Research의 코리 호프스타인Corey Hoffstein은 모멘텀 투자를 이렇게 설명한다. "모멘텀 투자는 최근 수익률을 기준으로 매매하는 투자 방법이다. 모멘텀 투자자는 수익률이 우수한 증권을 매수하고, 수익률이 낮은 증권을 피하거나 공매空賣한다. 모멘텀 투자자는 뚜렷한 역풍이 불지 않는 한 실적이 좋은 증권은 계속 높은 수익을 낼 것이라고 가정한다."[5]

좀 더 깊이 들여다보면, 모멘텀 투자도 절대 모멘텀과 상대 모멘텀 두 유형이 있다. 절대 모멘텀은 주식의 최근 실적과 역사적 실적을 비교하고, 상대 모멘텀은 해당 종목과 다른 종목들의 수익률을 비교한다. 두 유형은 공통적으로 강세장도, 약세장도 단기간은 이어진다는 것을 원칙으로 삼는다.

이 책에서는 모멘텀 투자의 역사를 간략하게만 설명하려 한다. 종합적인 역사를 알고 싶은 사람은 게리 안토나치Gary Antonacci의 《듀얼 모멘텀 투자 전략Dual Momentum Investing》과 코리 호프스타인의 보고서 〈200년 모멘텀 역사Two Centuries of Momentum〉를 참조하기 바란다. 일부 가치 투자자들은 모멘텀 투자를 미신 추종이나 다를 바 없다며 폄훼하지만, 엄연히 200년이나 되는 경험적 증거의 역사가 모멘텀 투자를 뒷받침한다.

1838년에 제임스 그랜트James Grant는 영국 경제학자 데이비드 리카도David Ricardo가 크게 성공을 거둔 트레이딩 전략을 소개하는 책 한 권을 출간했다. 그랜트는 리카도의 성공을 이렇게 설명했다.

"앞서 리카도라는 이름을 언급했지만, 나는 그가 이른바 세 가지 황금률에 각별히 주의를 기울임으로써 막대한 부를 축적했다는 것을 발견했다. 그는 친한 친구들에게도 황금률을 준수해야 한다고 강조했다. '옵션을 얻을 수 있다면 절대 거부하지 마라.' '손실은 일찍 끊어라.' '투자 수익은 계속 발생하게 하라.' 여기서 손실을 일찍 끊는다는 것은 주식을 매수하고 나서 이후 가격이 떨어지기 시작하면 곧바로 팔아야 한다는 뜻이다. 투자 수익을 계속 발생하게 하라는 것은 매수한 주식의 가격이 오른다면 주가가 고점에 올랐다가 떨어지기 시작하기 전까지는 팔지 말아야 한다는 뜻이다. 이것은 진정한 황금률이며, 증권거래소 외의 수없이 많은 다른 거래에도 훌륭하게 적용될 수 있다."[6]

모멘텀 투자는 학술적 연구 없이 오랫동안 실전에서 쓰이다가 1937년에 이르러서야 허버트 존스Herbert Jones와 앨프레드 콜스 3세Alfred Cowles Ⅲ가 최초로 본격적인 경험적 연구를 진행했다. 존스와 콜스의 분석 결과에 따르면, 1920년부터 1935년까지 "1년 단위로 측정했더니 한 해에 중앙값을 초과해 수익을 낸 주식들은 다음 해에도 중앙값을 초과하는 수익을 내는 성향이 뚜렷하게 나타났다."[7]

1950년대에 투자 소식지 저자인 조지 체스트넛George Chestnutt은 모멘텀 전략을 다음과 같이 설명했다.

"어느 것이 최고의 전략인가? 선두에서 이끄는 강한 주식을 살 것인가,

언젠가는 따라잡기를 바라면서 잠자고 있는 주식이나 시장보다 느리게 오르는 주식을 살 것인가? 수천 건의 개별 사례를 분석한 통계학을 기준으로 판단해 보면, 어느 전략이 더욱 확률이 높은지가 분명하게 나온다. 대부분은 대장주leader를 매수하고 소외주leggard는 건드리지 않는 것이 낫다. 인생도 그렇지만 시장에서도 강자는 더 강해지고, 약자는 더 약해지기 마련이다."[8]

체스트넛과 같은 시대에 활약한 니컬러스 다바스Nicholas Darvas는 주식이 기존 박스권을 뚫고 나와 새 고점에 오르면 사고, 투자를 보호하기 위해 박스가 뚫리기 전에 빠른 손절매를 걸어 두었다. "나는 약세장에는 투자하지 않으며, 위대한 주식은 시장 추세에 따라 돈을 잃는 위험에도 아랑곳하지 않는 사람들을 위해 남겨 둔다."[9] 로버트 레비Robert Levy가 1960년대 후반에 상대적 강도relative strength 전략이라는 모멘텀 개념을 처음 소개했는데, 그 후로도 모멘텀 투자는 거의 30년 동안 찬밥 신세를 면치 못했다.

벤저민 그레이엄과 워런 버핏의 펀더멘털 투자 전략이 대세로 떠오르면서 모멘텀 투자를 삐딱하게 보는 시선은 더 늘어났다. 워런 버핏은 주가 모멘텀을 추종하는 투자에 대해 대놓고 혐오감을 드러낸다. "주가와 거래량 움직임에 대해 그토록 많은 분석이 이뤄지는 것을 볼 때마다 깜짝깜짝 놀랍니다. 그게 차트쟁이chartist들이 하는 일이죠. 당신이라면 지난주와 지지난주에 주가가 껑충 올랐다는 한 가지 이유만 가지고 그 회사를 통째로 사겠습니까?"[10]

그나마 최근에는 모멘텀 투자가 학술적으로도 어느 정도 인정받는 분위기인데, 인간 특유의 기질이 모멘텀을 만들고 지속시키고 재발시킨다는 것을 부인할 수 없기 때문이다. 나라시만 제가디시Narasimhan Jegadeesh와 셰리든 티트먼Sheridan Titman의 논문 〈승리주를 매수하고 패배주를 팔 때의 수익률: 주식시장 효율성에 미치는 영향Returns to Buying Winners and Selling Losers: Implications for Stock Market Efficiency〉을 보면, 1965년부터 1989년까지 승리주는 패배주보다 이후에도 평균 6~12개월은 더 높은 실적을 낸 것으로 드러났다. 수익률 차이도 매우 컸는데, 다른 위험 요인으로 인한 수익률 차이를 조정한 뒤에도 매달 1%나 차이가 났다.[11]

심지어 모멘텀 효과는 시장이나 장소, 시간에 국한되지 않고 광범위하게 발생하는 편이다. 크리스 게치Chris Geczy와 미하일 사모노프Mikhail Samonov는 이른바 '세계 최장 백테스트'로 부르기에 충분한 연구를 통해 미국에서는 모멘텀 효과가 1801년 이후로 지속되어 왔다는 사실을 밝혔다.[12] 모멘텀 신호는 영국에서는 빅토리아 시대 때부터 신호로서의 위력이 있었고(Chabot, Ghysels and Jagannathan, 2009), 40개 국가와 10여 개 이상의 자산군에서도 모멘텀 신호의 위력과 지속성이 입증되었다.[13] 따라서 모멘텀을 바라보는 우리의 깊은 심리적 성향은 이렇게 설명할 수 있다. "모멘텀 프리미엄은 학자들이 그것을 학술적으로 연구하기 훨씬 이전에 그것이 존재하기 시작했을 때부터 시장의 일부로 자리 잡았다." 제1차 관문인 경험적 증거라는 시험대는 통과한다고 볼 수 있다. 다음으로는 모멘텀이 존재하는 이유와 그 이유에 행동투자의 근거가 있는지를 검토해 보자.

모멘텀의 심리학

현재 상태를 미래에 무기한 투영하는 것은 인류의 타고난 성향이다. 그럼으로써 가장 중요하면서도 활용도가 높은 시장 비정상, 다시 말해 모멘텀이 탄생하게 된다.

대다수 학술 연구에서는 위험과 보상 사이에는 직접적이고 선형적인 관계가 존재한다는 것을 사실로 상정한다. 더 높은 수익을 원하는가? 그럼 위험을 높여야 한다는 식이다. 그러나 제가디시와 티트먼(1993), 그리고 파마와 프렌치(3요소 모델)는 고위험/고수익으로는 모멘텀 효과를 설명할 근거가 없다는 사실을 발견했다. 기본적으로 모멘텀은 금융물리학 법칙을 따르지 않으며, 위험이 커지지 않아도 더 큰 보상을 가능케 했다. 초과 수익의 원인을 고위험 감수로는 설명할 수 없게 되자 학자들은 투자자들의 행동에서 모멘텀 효과 발생의 원인을 찾기 시작했다.

켄트 대니얼Kent Daniel, 데이비드 허시라이퍼David Hirshleifer, 아바니다르 수브라마니암Avanidhar Subrahmanyam은 모멘텀 효과의 발생 원인으로 자기귀인自己歸因과 과잉 확신을 지목했다. 과잉 확신은 다들 잘 아는 편향이다. 자기귀인 편향이 무엇인지는 도로 주행을 생각하면 쉽게 이해된다. 출근길에 내가 새치기를 하면 순전히 실수이거나 카페인이 부족하기 때문이라고 변명할 것이다. 반대로, 누군가 내 앞을 새치기하면 그렇게 관대하게 생각하지는 않을 것이다. 우리는 내 성공은 내가 잘해서이고 내 실수는 남 탓으로 돌리지만, 남의 실패는 순전히 그들의 품성과 능력이 부족하기 때문이라고 말하는 성향이 있다. 내가 당신을 새치기한 이유는 카페인 부족 때문이고, 당신이 나를 새치기 한 이유는 당신이 나쁜 사람이기 때문이다.

투자자들은 원래가 능력이나 정보 출처에 대한 과잉 확신이 심하고, 운이 좋아서든 실력이 있어서든 주가가 올라 투자 이득이 커지면 이 과잉 확신이 훨씬 심해진다. 과잉 확신과 자기귀인은 쉽게 짝을 이룬다. 그래서 그들은 주가가 오르면 자신들의 종목 발굴 능력이 탁월하기 때문이라고 자찬한다. 행운과 능력이 맞아떨어져서 그런 결과가 나왔을 공산이 크지만 그 부분은 잘 인정하려 들지 않는다.

과잉 확신과 자화자찬이 맞물리면서 오른 주가는 계속 올라간다. 시장이 투자자가 처음 예상한 것과 반대되는 방향으로 움직인다면, 그것은 물론 운이 나빠서다. 그럼으로써 에고와 자화자찬은 녹슬지 않고 그대로 남아 다음번 행운에도 발휘될 수 있다.

모멘텀 효과의 이유를 다른 데서 찾는 연구도 있기는 하지만, 운전대를 거머쥐고 있는 것은 여전히 투자자 행동이다. 에드워즈(1968), 트버스키와 카너먼(1974)의 논문에서는 앵커링 효과anchoring와 불충분한 조정이 모멘텀 효과를 불러오는 행동 편향이라고 설명한다. 앵커링 효과를 설명하는 가장 좋은 예는 비듬약 광고다. "첫인상을 바꿀 두 번째 기회는 오지 않습니다." 상대방의 첫인상은 처음 몇 초 안에 만들어진다. 따라서 첫인상, 즉 앵커링 효과는 앞으로 만들어질 그 사람에 대한 인상을 좌우하는 가드레일이나 다름없다. 친절하고 다정한 사람이라는 첫인상이 만들어지면, 앞으로도 우리는 그 사람을 친절하고 다정한 사람이라고 생각하게 될 것이다. 투자에서도 비슷하다. 투자자는 지금의 주식 가격과 움직임에 정신적 닻을 내리고는 미래에도 주가가 그 추세대로 움직일 것이라고 언제까지나 가정한다. 첫인상에 닻을 내린 우리는 심지어 더 확실한 추가 데이터가 등장해도 그 주식에 대한 기존 생각을 웬만

해서는 갱신하려 하지 않는다.

영국 심리학자 피터 웨이슨Peter Wason(1960)은 모멘텀 효과의 원인으로 확증 편향과 대표성을 지목한다. 투자자는 자신의 믿음대로 투자하고 ("이 주식은 오를 거야!"), 이 믿음이 틀렸다고 입증되는 상황을 원하지 않으며(확증 편향), 그래서 최근의 주가 변동을 지표 삼아 미래의 주가 변동을 예상하려 한다(대표성).

모멘텀 효과를 불러일으키는 마지막 행동상 원인은 투자자가 정보에 반응하는 태도와 관련이 있다. 과잉 행동과 과소 행동도 모멘텀 효과가 지속되는 원인이 될 수 있다. 과잉 행동하는 투자자들은 수익률만 좇으면서 주가를 더욱 높이려고 하는 탐욕스러운 바보들이다. 과소 행동에서는 주의 부족, 유동성 제약, 보수주의 성향 등 여러 이유로 정보가 주가에 늦게 반영된다.

모멘텀 효과가 나오는 행동상의 이유를 몇 가지 설명하기는 했지만, '정답'이 무엇인지를 가려낼 생각은 없다. 모멘텀 효과가 존재하는 구체적인 이유가 무엇이건 간에 투자자 행동에 이유가 있다는 것만으로 충분하다. 시장의 모멘텀은 수백 년 동안 유지되었으며, 학술적 연구가 이뤄지고 20년이 지나서도 계속 이어졌다. 혈안이 된 차익 거래자들이 득실대는 자본시장에서 이만한 지속력이라면 인간 심리의 고유 특징으로 정의하기에도 충분하다.

많은 전문가는 모멘텀이 여러 요인 중 하나가 아니라 절대적 요인이라고 말한다. 파마와 프렌치도 모멘텀의 위력을 인정한다. "최고의 시장 비정상은 모멘텀이다. 지금까지 10년 동안 저수익이었던 주식은 앞으로 몇 달 동안도 저수익일 소지가 크고, 고수익이었던 주식은 당분간은 고수익일 소지가 크다." 제임스 오쇼너시도 한 소리 거든다. "월스트리트에는 많은 투자론이 있지만, 효율적 시장 이론가들을 대성통곡하게 만드는 것은 가격 모멘텀이다." 완벽한 세상에서라면 주가가 상승세라는 이유 하나만으로 회사의 어제 가치보다 오늘 가치가 올라간다는 것은 말이 되지 않는다. 그러나 인간의 행동에 지배되며 온갖 성향과 편향이 난무하는 자본시장은 완벽한 세계가 아니다.

◆ 가치, 규모, 베타, 모멘텀 투자의 연간 프리미엄, 1927~2014년 ◆

가치 투자	5.0%
규모 투자	3.4%
베타 투자	8.4%
모멘텀 투자	9.5%

자료: B. Carlson, 'Why Momentum Investing Works,' July 7, 2015.

재귀성: 가치와 모멘텀의 협주

"그런가, 자네들한테는 아니라는 말이군. 하긴 좋은 것도 나쁜 것도 없지. 다 생각하기 나름이야."

— 윌리엄 셰익스피어(William Shakespeare), 《햄릿(Hamlet)》

피넛버터와 초콜릿처럼, 가치 투자와 모멘텀 투자는 따로도 훌륭하지만 함께했을 때는 시너지가 생긴다. 클리프 애스니스는 〈새로운 핵심 주식 투자 패러다임A New Core Equity Paradigm〉이라는 논문에서 둘의 결합을 훌륭하게 설명했다.

"가치와 모멘텀은 지난 30년의 학술 연구와 현직 연구 모두에서 가장 강력한 2개의 결과다. 학계는 높은 위험 조정 초과 수익을 달성해 주는 새로운 시장 비정상을 자주 식별해내고, 월스트리트에서는 팔릴 만한 스토리를 줄곧 만들어내지만, 가치와 모멘텀이 다른 투자 방법보다 월등히 훌륭하다는 사실에는 변함이 없다. 그 오랜 시간 많은 곳에서 두 투자 방법만큼 훌륭한 수익을 내지는 못했다. 가치 투자도 모멘텀 투자도 오랜 역사 동안 매력적인 수익률을 가져왔고, 모든 시장과 자산군에서 훌륭한 실적을 보여주었으며, 처음 발견된 이후로 수십 년 동안 꾸준히 이용되었다. 무엇보다도, 두 전략의 결합은 훨씬 좋은 실적을 낸다."

가치 투자와 모멘텀 투자가 따로도, 함께도 좋은 성적을 내는 이유는 경험적 증거와 이론적 타당성, 그리고 행동상의 근거라는 투자의 시험 관문 세 가지를 모두 통과하기 때문이다. 힘의 영향력이 변질되는 것을 입증하기 위해 진행한 대단히 유명한 심리학 실험도 인간에게는 현재를 구체화해서 그 모습을 미래에 무한정 투영하려는 성향이 있다는 교훈을 강력하게 가르친다.

심리학 기본 강좌에서 가장 많이 접하게 되는 소재는 아마도 스탠퍼드대학교 감옥 실험일 것이다. 스탠퍼드대학교 연구진은 죄수와 교도관 사이의 힘의 차이가 미치는 영향력을 분석하기 위해 지하에 가짜 감옥을 만들었다. 대다수가 중산층에 백인인 24명의 학생이 피험자로 자원했으며, '교도관 역'과 '죄수 역'은 무작위로 정해졌다. 교도관 역 학생들은 죄수 역 학생들에게 신체적 위해를 가하거나 식사를 주지 않는 등의 행동을 해서는 안 된다는 지침을 들었다. 죄수들은 자택에서 진짜 팰로앨토 경찰관에게 '체포'당했고, 진짜 범죄자들이 하는 것과 똑같은 입감 절차를 밟았다. 무작위로 주어진 역할이었는데도 피험자들은 맡은 배역에 따라 잔인한 모습을 보이거나 무기력한 모습을 보였다.

처음 예정된 실험 기간은 2주였지만, 교도관들이 죄수들을 비인간적으로 대하면서 실험은 6일 만에 전면 중단되었다. 첫날은 아무 탈 없이 지나갔으나, 이틀째부터는 죄수들이 들고일어나 매트리스로 방에 바리케이드를 쳤다. 작은 소동에 화가 난 교도관들은 보복 조치로 규율을 어긴 죄수들을 독방에 감금하고 음식과 물을 주지 않았다. 교도관들은 일부 죄수들에게 견디기 힘든 언어폭력을 가했고, 항의하는 죄수들에게는 얌전히 있는 죄수들을 괴롭히고 조롱하게끔 유도했으며, 볼일을 보는 작은 배변통을 비우고 세척하는 것도 하지 못하게 했다. 연구 책임자인 필립 짐바르도Philip Zimbardo 교수마저 분위기에 동화되어서는 교도관들이 죄수들을 부당하게 대우하는 데 일절 간섭하지 않았다. 그의 여자친구였고 지금은 아내가 된 동료 연구자 크리스티나 마슬락Christina Maslach이 교도소로 찾아와 몇몇 실험 참가자들을 만나 보고, 교도소 내에 떠도는 공포 분위기를 지적하고 실험을 중단해야 한다고 조언한 뒤에야 이 교도관-죄수 실험은 중단되었다.

짐바르도가 이번 실험에서 경험한 양의 피드백 고리는 금융시장부터 결혼, 자연계에 이르기까지 어디에서나 발생한다. 양의 피드백 고리는 어떤 사건이 발생하면 그 사건 자체가 사건을 키우는 증폭제 역할을 하는 것을 의미한다. 화학반응으로 발생한 열은 더 큰 화학반응을 부추기는 촉매제가 된다. 소 한 마리가 움직이면 다른 세 마리가 움직이고, 이것이 무리 전체를 움직이게 한다. 폰지 사기는 규모가 커지며 가짜 배당금을 지급하는 능력이 늘어날수록 새로운 희생자를 끌어들이는 능력도 훨씬 향상된다.

짐바르도 실험에서 양의 피드백을 작동한 기폭제는 교도관과 죄수들의 엄격한 역할 분담이었다. 피험자들이 진짜 교도관과 죄수처럼 행동하면서 모의 교도소는 진짜 교도소처럼 굴러가기 시작했다. 이 양의 피드백 고리가 작동했을 뿐인데도 스탠퍼드대학교의 대학원생들은 실험에 매몰되었고, 며칠도 지나지 않아 교도관 역 학생들은 고함을 질러대고 죄수 역을 맡은 동료 학생들을 더러운 배변통 옆에서 자게 했다.

그러나 영원한 것은 없고, 최강의 증폭성을 지닌 피드백 고리도 결국에는 스스로 소멸하기 마련이다. 도넬라 메도스Donella Meadows는 이런 특징을 훌륭하게 설명했다. "양의 피드백 고리는 계系의 성장, 폭발, 침식, 붕괴의 원천이다. 통제되지 않는 피드백 고리를 가진 계는 결국 자멸한다. 이는 양의 피드백 고리가 그토록 적은 이유이기도 하다. 언젠가는 음의 피드백 고리가 작동하게 될 것이다." 결국 과도하게 증폭되는 피드백 고리는 소멸 상태로 접어들고, 전체 과정이 거꾸로 움직이기 시작한다. 동료의 피를 밟고 올라서는 인간 행위자들이 주도하는 자본시장도 적정 가치라는 신화적 개념을 향해 돌진했다가 다시 죽어라 도망가는 일련의 양의 피드백과 음의 피드백 고리와 다를 것이 없다. 이렇게 돌고 도는 인과관계를 '재귀성'이라고 한다.

재귀성 개념을 가장 명쾌하게 설명한 사람으로 조지 소로스George Soros

가 있다. 그는 재귀적 시장이 존재하려면 두 가지 조건이 충족되어야 한다고 말한다. 첫째, 참가자들의 세계관이 편파적이고 왜곡되어 있다. 둘째, 이런 왜곡된 견해가 자기강화될 수 있다. 시장 참가자들이 쉽게 보이는 사회학적·생리학적·신경학적·심리학적 왜곡에 대해서는 앞에서 자세히 설명했고, 모멘텀과 WYSIATI(당신에게 보이는 것이 세상의 전부다)를 설명하면서 믿음이 어떻게 자기강화될 수 있는지를 보여주는 증거를 충분히 제시했다. 재귀성의 두 가지 조건이 충족되면 가끔은 비효율적이고 전체적으로는 효율성을 향한 인력에 이끌리는 시장이 만들어진다. 시장은 완전히 효율적이지도 않고, 무작정 비효율적인 것도 아니다. 시장의 효율성과 비효율성에 대한 오해 때문에 다양한 학파들의 의견 충돌이 발생하고, 자산 운용에 대한 잘못된 정책이 생겨난다.

패시브 운용의 강경 예찬론자들은 시장 효율성의 인력을 지나치게 강조하고, 전체적 추세를 절대적 진리로 착각한다. 그래서 그들은 행동투자자들이 이용하는 귀중한 수익 향상 기회를 놓치고 만다. 전통적인 액티브 운용 옹호자들은 시장에 나타나는 참가자 행동의 비정상성은 빠르게 간파하지만, 어쩌다 시장 비효율성을 활용하는 것에 불과한데도 이것을 시장 행동을 간파하고 적절하게 대응하는 능력이라고 착각한다. 시장 효율성의 두 가지 조건(가격은 언제나 모든 정보가 반영된 적정 가격이고, 공짜 점심은 없다)은 액티브 운용 강경론자들이 생각하는 만큼 동시에 충족되지는 않는다. 시장이 적정 가치를 크게 벗어나 요동칠 때도 시장을 이기기는 여전히 어려울 수 있다. 시장의 재귀성을 이해하려면, 시장은 대체로 효율성을 향해 움직이는 규칙적인 시스템을 갖췄지만 조금이라도 비효율적인 기미가 보이면 그 틈을 놓치지 않는다는 시각을 유지해야 한다. 살아남으려면 그 길밖에 없다.

재귀성의 두 가지 조건(왜곡되고 편파된 시각, 이런 시각들의 자기강화)으로 돌아오면, 피드백 고리가 어떻게 작동하기 시작하는지 쉽게 이해된다. 피드백 고리 과정에 불을 붙일 촉매제로 귀를 솔깃하게 만드는 뉴스나 정보가 필요하다. 매달 4만 5000건의 경제 데이터를 발표하는 연방준비제도 이사회와 주야로 쉬지 않는 언론 매체들이 이 의무를 기꺼이 전담한다. 시장 참가자들은 각자의 문화적·심리적·경험적 차이에 따라 주관적 판단하에 정보를 받아들인다. 정보를 넣고 갈아 만든 이른바 이성은 결국 편파적이고 불완전하다. 소로스의 첫 번째 조건이 거의 완벽하게 충족된다. 가공 처리를 마친 정보는 언제라도 자기강화를 할 준비가 되어 있다.

아마존Amazon을 예로 들어 보자. 아마존은 '세계 최대 서점'이라는 명패를 내걸고 1997년에 처음으로 IPO를 했다. 이 초보 상장회사의 등장으로 따분한 옛 산업이 파괴될 것으로 전망되었고, 언론은 대대적인 관심을 쏟아부었다. 모두의 관심에 힘입어 주가는 불과 20년 만에 18달러에서 1000달러까지 날개를 달고 치솟았다. 긍정적 전망 덕분에 하루가 다르게 상승한 시가총액으로 무수한 부대 이득이 생겨났다. 아마존은 낮은 금융 비용으로 자본을 조달해 더 큰 성장을 꾀할 수 있었다. 회사 평판이 올라가면서 IT 산업에서 최고의 인재들을 채용할 수 있었고, 스톡옵션이 직원 보상 패키지의 큰 부분을 차지했기에 비용도 감출 수 있었다. 아마존이 빛 좋은 개살구라는 뜻이 아니다. 내가 보기에도 아마존은 한 세대에 한 번 등장할까 말까 한 위대한 브랜드다. 그렇다고 해도, 아마존은 한 회사에 대한 긍정적이거나 부정적인 믿음이 어떻게 상상을 경제적 현실로 만드는지를 여실히 보여주는 증거다. 아마존의 성공은 절대적으로 엄청난 노력과 위대한 재능, 그리고 제품 혁신에 따른 결과였지만, 반드시 성공할 것이라는 주관적인 믿음이 빠른 성공을 만들어낸 것도 사실이다.

나쁜 소식이 퍼질 때도 비슷한 피드백 고리가 시작될 수 있다. 그리고 그 기세는 훨씬 매서울 수 있다. 1973년의 석유파동 때는 두루마리 휴지 공급이 부족해질 것이라는 소문이 돌았다. 두려움에 빠진 시민들은 너도나도 마트로 달려가 휴지를 사재기했다. 짐작하겠지만, 순전히 믿음에서 비롯한 사재기 현상이 진짜로 두루마리 휴지 공급 부족 사태를 초래하고 말았다.

2000년대 말의 주택 위기 때는 파장이 더 컸다. 집값이 급락하면서 많은 자가 주택 소유자들의 집이 '깡통 주택'이 되었다. 다시 말해, 집값이 대출금보다 더 떨어진 것이다. 사람들이 집을 포기하고 파산을 선언해 채무에서 자유로워지려는 이유로 충분했다. 집을 포기하니 주택 소유에 연연하지 않게 되었고, 따라서 공급이 늘어나고 결국 가격이 떨어지면서 주택은 다시 외면받게 되었다. 재무상태표에서 담보대출이 큰 비중을 차지하는 은행으로 들어가는 돈이 줄어들기 때문에 대출을 늘릴 수가 없고, 그래서 추가 경기 부양이 힘들어진다. 이런 자본 흐름의 부족은 실업률을 높이고, 높아진 실업률은 담보대출 연체율을 높인다. 악순환이 처음부터 다시 시작되는 것이다.

자연의 재귀성

자연에서 생기는 피드백 고리는 금융시장의 주고받기give and take를 이해하는 데 많은 도움이 된다. 꽃의 꿀을 먹는 새들과 식물들이 벌이는 이른바 '진화적 군비경쟁evolutionary arms race'을 예로 들어 보자. 벌새 등을 비롯해 꿀을 먹는 새들은 꽃의 꿀을 잘 따먹기 위해 긴 부리를 가지도록 진화한다. 반대로 꽃들은 새들이 꿀에 접근하는 것을 막기 위해 갈수록 더 긴 관 모양으로 진화한다. 여기에 맞서 새들의 부리도 더 길어진다. 주거니 받거니가 이어진다. 완전히 효율적이거나 완전히 비효율적이라고 도매금으로 넘기는 것을 거부하는 금융시장에서도 이런 진화적 군비경쟁 관계가 존재한다.

재귀적 과정의 시작은 진실 한 알이지만(예컨대, 아마존은 책의 판매 방식을 바꿀 것이다), 이 한 알의 진실이 주관적 필터를 거치는 동안 자기강화적 피드백 고리가 만들어진다. 이 고리는 한 시즌 내내 이어지다가 마침내 정반대 방향의 새로운 주관적 정보 해석에 밀려 사라진다.

효율적 시장 옹호론자들은 가격은 언제나 옳다고 확신하면서 시장 전체를 사야 한다고 말하고, 시장의 비효율성을 말하는 사람들은 적정 가격과 동떨어져 움직이는 주식을 사야 한다고 말한다. 행동투자자들은 '이 주가가 옳은가?'가 아니라 '가격이 어느 방향으로 움직이는가?'를 물어야 한다는 사실을 잘 알기 때문에 중도를 걷는다.

행동투자의 관점에서 보면 지금의 가격은 절대로 옳지 않지만, 크게 잘못되지도 않았기에 충분히 예상 가능하다. 행동투자자는 가치 투자와 모멘텀 투자, 그리고 재귀성을 결합한다. 그리고 불완전한 주관적 해석으로 부당하게 해를 입지만 긍정적 피드백 고리가 곧바로 보상을 주면서 적정 가치를 향해 치솟는 주식 포트폴리오를 꾸리려 노력한다. 시장의 재귀성을 여행이라고 친다면, 가치는 여행 거리이고 모멘텀은 여행 속도다. 가치와 모멘텀을 결합한 투자는 최대한 먼 거리를 가능한 한 단시간에 주파하는 전국 횡단 고속열차를 타는 것과 같다.

금융시장은 한 발 다가가면 한 발 또 멀어지는 진정한 가치를 향해 언제나 나아간다. 개별 기업에 대한 분석을 우선시하는 상향 펀더멘털 bottom-up fundamentals 분석을 끈질기게 고수하는 자산 운용 접근법은 감정이 이성을 이기는 시간이 길어질수록 효력을 잃는다. 반대로, 시장의 비정상성을 강조하는 사람들은 시장이 대부분은 효율적으로 움직인다는 사실을 깨닫지 못한다. 행동투자를 하는 사람들은 펀더멘털도, 추세도 중요하다는 사실을 알기 때문에 시장의 재귀성을 포용한다.

끝날 때까지 참아야
진짜 승리하는 것이다

"주식시장에서 상상의 돈으로 모의 투자를 하고는 자신이 옳았다는 생각에 즐거워하는 사람들이 있기는 하다. 그들은 이 상상의 매매로 수백만 달러를 벌기도 한다. 그런 상상의 도박꾼이 되는 것이 뭐가 어렵겠는가. 이것은 오래전부터 내려오는, 다음 날 결투를 앞둔 한 남자의 이야기와 비슷하다.

결투 입회인이 남자에게 물었다. '총 좀 잘 쏩니까?'

'그런 편입니다. 스무 걸음 떨어진 곳에서 와인 잔 목을 맞힐 수 있습니다.' 남자가 짐짓 겸손하게 대답했다.

'꽤 잘 쏘시는군요.' 입회인이 시큰둥한 어조로 답했다. '그런데 와인 잔이 장전한 총으로 당신 심장을 똑바로 겨누고 있다면, 그때에도 와인 잔 목을 맞힐 수 있다고 자신할 수 있습니까?'"

— 에드윈 르페브르(Edwin Lefèvre), 《어느 주식 투자자의 회상(Reminiscences of a Stock Operator)》

이제는 말할 수 있다. 당신은 행동투자의 안팎을 속속들이 익힌 최고의 집단에 속하게 되었다. 그러나 행동투자를 훌륭하게 교육받은 사람이 되는 데 가장 중요한 것은 교육의 역할이 지극히 미미하다는 사실을 깨닫는 것이다. 세상에는 훌륭한 지식을 익히고도 멍청한 선택을 하는, 과학자들이 말하는 이른바 '합리성 장애dysrationalia'에 걸린 사람이 수두룩하다. 지능지수 상위 2% 이내인 사람들만 가입할 수 있는 캐나다멘사클럽Canadian Mensa Club 회원들에게 실시한 설문조사에서 이 사실이 잘 드러난다. 설문에 응한 사람의 44%는 점성술을 믿었고, 51%는 바이오리듬을 맹신했으며, 56%는 외계인이 지구를 방문했을 것이라고 믿었다.

존경받는 독일 철학자 마르틴 하이데거Martin Heidegger도 나치를 지지한 자신의 부끄러운 행동을 방어하기 위해 똑똑한 머리를 거짓 주장을 만들어내는 데 썼다. 탈륨을 발견한 영국 화학자 윌리엄 크룩스William Crookes는 영매한테 번번이 사기를 당했으면서도 강령술을 그만 믿으라는 말에는 꿈쩍도 하지 않았다. 시장의 속성을 완전히 오판한 아이작 뉴턴Isaac Newton은 남해주식회사 거품 때문에 거액을 잃었다. 누구나 인정하는 똑똑한 사람들도 합리적으로 행동할 것이라는 보장이 없다.

지금까지 배운 교훈들은 가장 필요한 순간에 최소한의 도움이 되어줄 것이다. 스트레스가 심해지면 인지능력이 13%까지 사라진다는 연구 결과는 나심 탈레브의 말에 신빙성을 더한다. "자신이 가진 편향을 의식한들 소용이 없다. 우리는 지식이 곧 행동은 아니라는 사실을 인정해야 한다. 행동 결정의 착오에 적어도 일부나마 면역력이 있는 투자 과정을 설계하고 채택하는 것만이 답이다." 이 책을 읽고 나서 당신이 진짜로 훌륭한 투자 실적을 거둔다고 해도, 그것은 당신이 천재이기 때문이 아니라 인간으로서 중도 노선을 받아들였기 때문일 것이다.

당신은 무엇에든 견디는 위대한 투자자가 아니다. 사회학도, 생리학도, 신경학도 그 사실을 입증한다. 그러나 당신 안에 위대한 투자자가 될 만한 불씨가 없다는 뜻도 아니다. 행동투자자가 되는 기본은 다른 데 있지 않다. 그동안 빠져 있던 잘못된 교훈과 그릇된 시야를 박박 문질러 없애고, 적게 행동하는 것이 더 많이 움직이는 것이라는 사실을 깨달으면 된다. 특별해지고 싶다는 욕구가 줄어들수록 더 특별한 존재가 될 것이라는 사실을 이해하면 된다. 무엇보다, 자신을 알면서 부도 쌓는 것은 평행선 걷기와 비슷하다는 사실을 깨달아야 한다. 이 평행선을 걸으려면 당신이 지극히 평범한 인간에 불과하다는 것을 인정하는 용기도 필요하다. 이런 사실들을 깨달을 때 훨씬 더 큰 성공의 길이 펼쳐질 것이다. 당신에게는 위대함이라는 생득권과 특별함이라는 균형추가 있다. 무작정 열심히 노력하는 것이 다는 아니다. 이때다 싶은 순간 움켜쥘 줄도 알아야 한다.

|주|

Chapter 01 • 사회학적 장애물

1. Yuval Noah Harari, "Bananas in heaven," TEDx (2014).

2. Yuval Noah Harari, *Sapiens* (Harper, 2015), p. 24. (국내 출간《사피엔스》, 김영사, 2015)

3. Harari, *Sapiens*. p. 25.

4. Harari, *Sapiens*. p. 180.

5. Hugo Mercier, *The Engine of Reason* (Harvard University Press, 2017).

6. Elizabeth Kolbert, "Why facts don't change our minds," *The New Yorker* (February 27, 2017).

7. Steven Hawking, *A Brief History of Time* (Bantam, 1998). (국내 출간《짧고 쉽게 쓴 시간의 역사》, 까치, 2006).

8. Lewis Thomas, *Late Night Thoughts on Listening on Mahler's Ninth Symphony* (Penguin, 1995).

9. Leonard J. Savage, *The Foundations of Statistics* (Wiley, 1954).

Chapter 02 • 뇌에 투자하라

1. Jason Zweig, *Your Money and Your Brain: How the New Science of Neuroeconomics Can Help Make You Rich* (Simon & Schuster, 2008), p. 62. (국내 출간《머니 앤드 브레인》, 까치, 2007)

2. Lisa Kramer, "Does the caveman within tell you how to invest?" *Psychology Today* (August 18, 2004); and M. J. Kamstra, L. A. Kramer, D. Levi and R. Wermers, "Seasonal Asset Allocation: Evidence from Mutual Fund Flows" (December 2013).

3. Camelia M. Kuhnen and Brian Knutson, "The Influence of affect on beliefs, preference, and financial decision," *Journal of Financial and Quantitative Analysis* (June 2011).

4. Harari, *Sapiens*, p. 9

5. Kabir Sehgal, "What happens to your brain when you negotiate about money," *Harvard Business Review* (October 26, 2015).

6. Ibid.

7. João Vieito, Armando F. Rocha and Fábio T. Rocha, "Brain activity of investor's stock market financial decision," *Journal of Behavioral Finance* (November 2014).

8. Zweig, *Your Money and Your Brain*, p. 35.

9. Richard L. Peterson, "The neuroscience of investing: FMRI of the reward system," *Brain Research Bulletin* (2005).

Chapter 03 • 투자자의 생리학

1. Rose McDermott, James H. Fowler and Oleg Smirnov, 'On the evolutionary origin of prospect theory preferences,' *The Journal of Politics* (April 2008).

2. C. Camerer, G. Loewenstein, and D. Prelec, 'Neuroeconomics: How neuroscience can inform economics,' *Journal of Economic Literature* (March 2005), p. 27.

3. F. G. Ashby, V. V. Valentin and U. Turken, 'The effects of positive affect and arousal on working memory and executive attention,' in S. Moore & M. Oaksford (eds.), *Emotional Cognition: From Brain to Behavior* (John Benjamins, 2002), pp. 245-287.

4. E. Yong, 'Justice is served, but more so after lunch: how food-breaks sway the decisions of judges,' *Discover* (April 11, 2011).

5. M. A. Tuk, D. Trampe and L. Warlop, 'Inhibitory Spillover,' *Psychological Science* (April 2011).

6. A. W. Lo, 'The Adaptive Markets Hypothesis: Market Efficiency from an Evolutionary Perspective' (August 2004).

7. J. Coates, 'The biology of risk,' *New York Times* (June 7, 2014).

8. N. Kandasamy, B. Hardy, L. Page, M. Schaffner, J. Graggaber, A. S. Powlson, P. C. Fletcher, M. Gurnell and J. Coates, 'Cortisol shifts financial risk preferences,' *Proceedings of the National Academy of Sciences of the United States of America* (March 4, 2014).

Chapter 04 • 예고

1. Nathaniel Branden, *The Psychology of Self-Esteem: A Revolutionary Approach to Self-Understanding that Launched a New Era in Modern Psychology* (Jossey-Bass, 2001).

2. Daniel Crosby, *You're Not that Great* (World Association Publishers, 2012).

3. Dan Gilbert, 'The surprising science of happiness' TED Talk (February 2004).

4. Ibid.

5. Lee Ross and Craig Anderson, 'Shortcoming in the attribution process: On the origins and maintenance of erroneous social assessment,' in Daniel Kahneman, Paul Slovac and Amos Tversky (eds.), *Judgement Under Uncertainty: Heuristics and Biases* (Cambridge University Press, 1982), pp. 129-152.

6. 2014 NTSB US Civil Aviation Accident Statistics.

7. Gerd Gigerenzer, *Risk Savvy: How to Make Good Directions* (Penguin, 2015). (국내 출간《지금 생각이 답이다》, 추수밭, 2014)

8. Justin Kruger and David Dunning, 'Unskilled and unaware of it: How difficulties in recognizing one's own incompetence lead to inflated self-assessments,' *Journal of Personality and Social Psychology* 77:6 (1999), pp. 1121-34.

Chapter 05 · 보수주의

1. Joel Hoomans, '35,000 decisions: The great choices of strategic leaders,' *Roberts Wesleyan College Leading Edge Journal* (March 20, 2015).

2. Samuelson and Zeckhauser, 'Status quo bias in decision making,' *Journal of Risk and Uncertainty* (1988), p. 9.

3. Brian Wansink and Jeffrey Sobal, 'Mindless eating,' *Environment and Behavior* (January 1, 2007).

4. W. Edwards, 'Conservatism in human information processing,' in B. Kleinmutz (ed.), *Formal Representation of Human Judgement* (Wiley, 1968).

5. D. Kahneman and A. Tversky, 'Choices, values and frames,' *American Psychologist* (1984), pp. 341-350.

6. Russell A. Poldrack, 'What is loss aversion?' *Scientific American*.

7. Gus Lubin, 'Here's the real difference between Coke and Pepsi,' *Business Insider* (December 19, 2012).

Chapter 06 · 주의 집중

1. Zweig, *Your Money and Your Brain*, p. 22.

2. Greg B. Davies, *Behavioral Investment Management: An Efficient Alternative to Modern Portfolio Theory* (McGraw-Hill, 2012), p. 53.

3. Nate Silver, *The Signal and the Noise: Why So Many Predictions Fail – but Some Don't* (Penguin, 2015), p. 185. (국내 출간《신호와 소음》, 더퀘스트, 2014)

Chapter 07 · 감정의 지배

1. D. Shull, *Market Mind Games* (McGraw-Hill, 2011).

2. R. B. Zajonc, 'Feeling and Thinking,' *American Psychologist* (1980).

3. P. Slovic, E. Peters, M. L. Finucane and D. G. MacGregor, 'Affect, risk, and decision

making,' *Health Psychology* (2005).

4. A. W. Lo and D. V. Repin, 'The psychophysiology of real-time financial risk processing,' *Journal of Cognitive Neuroscience* 14:3 (2002), pp. 323-339.

5. A. M. Isen, 'Positive affect and decision making,' in M. Lewis & J. M. Haviland (eds), *Handbook of Emotions* (Guilford Press, 1993), pp. 261-277.

6. G. V. Bodenhausen, G. P. Kramer and K Süsser, 'Happiness and stereotypic thinking in social judgment,' *Journal of Personality and Social Psychology* 66:4 (1994), pp. 621-632.

7. J. P. Forgas and K. Fiedler, 'Us and them: Mood effects on intergroup discrimination,' *Journal of Personality and Social Psychology* 70 (1996), pp. 28-40.

8. Dan Ariely, *Predictably Irrational* (HarperCollins, 2009). (국내 출간《상식 밖의 경제학》, 청림출판, 2018)

9. B. N. Steenbarger, *The Psychology of Trading: Tools and Techniques for Minding the Markets* (Wiley, 2007), p. 54.

10. Y. Rottenstreich and C. K. Hsee, 'Money, kisses, and electric shocks: On the affective psychology of risk,' *Psychological Science* (2001).

11. G. F. Loewenstein, E. U. Weber, C. K. Hsee and N. Welch, 'Risk as feelings,' *Psychological Bulletin* 127:2 (2001), pp. 267-286.

12. Andrew W. Lo, Dmitry V. Repin and Brett N. Steenbarger, 'Fear and Greed in Financial Markets: A Clinical Study of Day-Traders,' MIT Sloan Working Paper No. 4534-05 (March 2005).

PART 03 · 행동투자자란

1. Mo Costandi, 'Reconstructive memory: Confabulating the past, stimulating the future,' *Neurophilosophy* (January 9, 2007).

Chapter 08 · 행동투자자는 예고를 극복한다

1. 오하이오 주에서 진행한 연구에 따르면, 개업하고 3년 이내에 망하는 식당은 80%이다. Lorri Mealey, '10 reasons restaurants fail,' *The Balance Small Business* (October 10, 2016).

2. T. Sharot, 'The optimism bias' (May 2012).

3. D. Shariatmadari, 'Daniel Kahneman: 'What would I eliminate if I had a magic wand' Overconfidence',' *Guardian* (July 18, 2015).

4. D. Moore and S. A. Swift, 'The three faces of overconfidence in organizations,' in David De Cremer, Rolf van Dick and J. K. Murnighan (eds.) *Social Psychology and Organizations*

(Routledge, 2012).

5. J. Zweig, in Benjamin Graham, *The Intelligent Investor* (HarperBusiness, 2006), p. 374. (국내 출간《현명한 투자자》, 국일증권경제연구소, 2020)

6. C. H. Browne, *The Little Book of Value Investing* (Wiley, 2006). (국내 출간《가치 투자의 비밀》, 흐름출판, 2007)

7. B. Malkiel, *A Random Walk Down Wall Street* (W. W. Norton & Company, 2016). (국내 출간《랜덤워크 투자수업》, 골든어페어, 2020)

8. D. D. P. Johnson and J. H. Fowler, 'The evolution of overconfidence,' *Nature* (2011).

9. M. Muthukrishna, S. J. Heine, W. Toyakawa, T. Hamamura, T. Kameda and J. Henrich, 'Overconfidence is universal? Depends what you mean' (2015).

10. J. Allen, F. F. Reichheld, B. Hamilton and R. Markey, 'Closing the delivery gap,' Bain & Company (2005).

11. M. W. Riepe, 'Is overconfidence affecting your investing outcomes?' Charles Schwab (February 12, 2018).

12. M. Statman, S Thorley and K. Vorkink, 'Investor overconfidence and trading volume,' AFA 2004 San Diego Meetings (2003).

13. D. A. Moore, T. R. Kurtzberg, C. R. Fox and M. H. Bazerman, 'Positive illusions and forecasting errors in mutual fund investment decisions,' *Organizational Behavior and Human Decision Process* 79:2 (August 1999), pp. 95-114.

14. M. Glaser and M. Weber, 'Why inexperienced investors do not learn: They do not know their past portfolio performance,' *Finance Research Letters* 4:4 (2007).

15. J. Stillman, '4 tricks to avoid overconfidence,' Inc. (December 1, 2014).

16. S. M. Herzog and R. Hertwig, 'The wisdom of many in one mind,' *Psychological Science* 20:2 (2009).

17. R. M. Hogarth, 'A note on aggregating opinions,' *Organizational Behavior and Human Performance* 211 (February 1978), pp. 40-46.

18. Herzog and Hertwig, 'The wisdom of many in one mind.'

Chapter 09 • 행동투자자는 보수주의를 정복한다

1. W. Samuelson and Richard Zeckhauser, 'Status quo bias in decision making,' *Journal of risk and Uncertainty* 1:1 (March 1988), pp. 7-59.

2. R. Henderson, 'How powerful is status quo bias?' *Psychology Today* (September 29, 2016).

3. Simon Rooze's review of R. Thaler and C. Sunnstein's *Nudge*(Penguin, 2009) in *Amsterdam*

Law Forum 1:4 (2009).

4. S. M. Fleming, C. L. Thomas and R. J. Dolan, 'Overcoming status quo bias in the human brain,' *Proceedings of the National Academy of Sciences of the United States of America* 107:13 (February 2010), pp. 6005-6009.

5. A. Nicolle, S. M. Fleming, D. R. Bach, J. Driver and R. J. Dolan, 'A regret-induced status quo bias,' *Journal of Neuroscience* 31:9 (March 2011), pp. 3320-3327.

6. 'Overcoming home bias in equity investing,' Janus Henderson Investors (September 2017).

7. M. Hulbert, 'A plan to overcome investors' home bias,' *New York Times* (January 23, 2000).

8. D. Sassoon, *Becoming Mona Lisa* (Harvest Books, 2003).

9. S. Butler, 'To get rich, stifle emotion-driven investment picks,' *USA Today* (January 25, 2015).

10. N. Nicholson, E. Soane, M. F.-O'Creevy and P. William, 'Personality and domain-specific risk taking,' *Journal of Risk Research* 8:2 (2005).

11. A. W. Lo, D. V. Repin and B. N. Steenbarger, 'Fear and Greed in Financial Markets: A Clinical Study of Day-Traders,' MIT Sloan Working Paper No. 4534-05 (March 2005).

12. Lo, Lepin and Steenbarger, 'Fear and Greed in Financial Markets.'

13. R. Schmidt, 'Frozen: Using behavioral design to overcome decision-making paralysis,' *Deloitte Insights* (October 7, 2016).

14. T. Howard, *Behavioral Portfolio Management* (Harriman House, 2014), p. 95.

15. B. Frick, 'How to beat our status-quo bias,' Kiplinger (December 2, 2010).

16. E. Inglis-Arkell, 'The frozen calm of normalcy bias,' Gizmodo (May 2, 2013).

17. A. Ripley, 'How to get out alive,' *Time Magazine* (April 25, 2005).

18. N. Bostrom and T. Ord, 'The reversal test: Eliminating status quo bias in applied ethics,' *Ethics* 116 (July 2006), pp. 656-679.

Chapter 10 • 행동투자자는 주의 집중을 갈고닦는다

1. D. Greller, 'Jumping to conclusions—base rate neglect,' *Invisible Laws* (September 11, 2011).

2. T. Rogoway 'This is why the space shuttle's external fuel tank stopped being painted white,' *Foxtrot Alpha* (October 16, 2015).

3. R. Kinnel, 'How fund fees are the best predictor of returns,' Morningstar (October 4, 2016).

4. C. S. Taber and M. Lodge, 'Motivated skepticism in the evaluation of political beliefs,' *American Journal of Political Science* 50:3 (July 2006), pp. 755-769.

5. C. Roche, 'Great investors think in terms of probabilities,' Pragmatic Capitalism (November 10, 2014).

Chapter 11 • 행동투자자는 감정을 관리한다

1. R. Thaler and C. Sustein, *Nudge: Improving Decisions About Health, Wealth, and Happiness* (Penguin, 2009). (국내 출간《넛지》, 리더스북, 2009)

2. A. Kings 'Important money lessons from Nobel Prize in Economics winner Richard Thaler,' Born2Invest (October 11, 2017).

3. J. Voss, 'Meditation for investment professionals,' *Enterprising Investor* – CFA Institute (February 29, 2016).

4. A Lueke and B. Gibson, 'Mindfulness meditation reduces implicit age and race bias,' *Social Psychological and Personality Science* (November 24, 2014).

5. M. Goyal, S. Singh and E. M. S. Siblinga, 'Meditation programs for psychological stress and well-being,' *JAMA Internal Medicine* 174:3 (2014), pp. 357-368.

6. B. Stetka, 'Changing our DNA through mind control?' *Scientific American* (December 16, 2014).

7. J. S. Lerner, Ye Li and E. U. Weber, 'The financial cost of sadness,' *Psychological Science* (2012).

8. H. Aarts, K. I. Ruys, H. Veling, R. A. Renes, J. H. B. de Groot, A. M. van Nunen and S. Geertjes, 'The art of anger,' *Psychological Science* (September 20, 2010).

Chapter 12 • 제3의 부의 원칙

1. N. N. Taleb, *Antifragile: Things That Gain from Disorder* (Random House, 2014), p. 5. (국내 출간《안티프래질》, 와이즈베리, 2013)

2. B. Carlson 'How market crashes happen,' A Wealth of Common Sense (January 8, 2017).

Chapter 13 • 행동투자자는 규칙에 기반한다

1. W. Gray and T. Carlisle, *Quantitative Value: A Practitioner's Guide to Automating Intelligent Investment and Eliminating Behavioral Errors* (Wiley, 2012), p. 27. (국내 출간《퀀트로 가치투자 하라》, 에프엔미디어, 2019)

2. Gray and Carlisle, *Quantitative Value*, p. 27.

3. B. Carlson, *A Wealth of Common Sense* (Bloomberg, 2015), p. 93.

4. W. Gray, J. Vogel and D. Foulke, *DIY Financial Advisor: A Simple Solution to Build and Protect*

Your Wealth (Wiley, 2015), p. 23.

5. M. Lindstrom, *Buyology: Truth and Lies About Why We Buy* (Crown Business, 2010), p. 158.

Chapter 15 • 행동투자에는 절대자가 없다

1. L. Swedroe, 'Why alpha's getting more elusive,' ETF.com (November 21, 2014).

2. T. Howard, *Behavioral Portfolio Management* (Harriman House, 2014).

3. W. Buffet, 'The Superinvestors of Graham-and-Doddsville,' Columbia Business School (May 17, 1984)

Chapter 16 • 행동투자 실전 응용

1. J. P. O'Shaughnessy, *What Works on Wall Street* (McGrow-Hill, 2011) p. 85.

2. LouAnn Lofton, *Warren Buffet Invests Like a Girl: And Why You Should, Too* (HarperBusiness, 2012), p. 71.

3. D. Kahneman, *Thinking, Fast and Slow*, p. 86. (국내 출간《생각에 관한 생각》, 김영사, 2018)

4. G. Antonacci, *Dual Momentum Investing: An Innovative Strategy for Higher Returns with Lower Risk* (McGraw-Hill, 2014), p. 13. (국내 출간《듀얼 모멘텀 투자 전략》, 에프엔미디어, 2018)

5. C. Hoffstein, 'Two Centuries of Momentum,' Newfound Research.

6. Hoffstein, 'Two Centuries of Momentum.'

7. Antonacci, *Dual Momentum Investing*, p. 15.

8. Antonacci, *Dual Momentum Investing*, p. 16.

9. Hoffstein, 'Two Centuries of Momentum.'

10. Buffet, 'The Superinvestors of Graham-and-Doddsville.'

11. N. Jegadeesh and S. Titman, 'Returns to buying winners and selling losers: Implications for stock market efficiency', *The Journal of Finance* 48:1 (March 1993), pp. 65-91.

12. C. Geczy and M. Samonov, 'Two centuries of price return momentum,' *Financial Analysts Journal* 72:5 (September/October 2016).

13. C. S. Asness, A. Frazzini, R. Israel and T. J. Moskowitz, 'Fact, fiction and momentum investing,' *Journal of Portfolio Management* (Fall 2014).

행동투자학의 최전선에서 밝혀낸
제3의 부의 원칙

1판 1쇄 발행 2020년 7월 10일
1판 4쇄 발행 2021년 12월 10일

지은이 대니얼 크로스비
옮긴이 조성숙
펴낸이 고병욱

책임편집 장지연 **기획편집** 윤현주 유나경 조은서
마케팅 이일권 김윤성 김도연 김윤성 김재욱 이애주 오정민
디자인 공희 진미나 백은주 **외서기획** 이슬
제작 김기창 **관리** 주동은 조재언 **총무** 문준기 노재경 송민진

펴낸곳 청림출판(주)
등록 제1989-000026호
본사 06048 서울시 강남구 도산대로 38길 11 청림출판(주) (논현동 63)
제2사옥 10881 경기도 파주시 회동길 173 청림아트스페이스 (문발동 518-6)
전화 02-546-4341 **팩스** 02-546-8053
홈페이지 www.chungrim.com
이메일 cr1@chungrim.com
블로그 blog.naver.com/chungrimpub
페이스북 www.facebook.com/chungrimpub

ISBN 978-89-352-1319-1 03320

- 이 책은 저작권법에 따라 보호를 받는 저작물이므로 무단 전재와 무단 복제를 금지합니다.
- 책값은 뒤표지에 있습니다. 잘못된 책은 구입하신 서점에서 바꾸어 드립니다.
- 청림출판은 청림출판(주)의 경제경영 브랜드입니다.
- 이 도서의 국립중앙도서관 출판예정도서목록(CIP)은 서지정보유통지원시스템 홈페이지
  (http://seoji.nl.go.kr)와 국가자료공동목록시스템(http://www.nl.go.kr/kolisnet)에서
  이용하실 수 있습니다.(CIP제어번호: CIP2020024023)